基础教育改革与教师专业发展丛书

新课程教学探索系列

# 新课程历史怎么教

XIN KECHENG LISHI ZENME JIAO

王德民　赵玉洁◎编著

安徽师范大学出版社

责任编辑:吴毛顺
装帧设计:丁奕奕

**图书在版编目(CIP)数据**

新课程历史怎么教 / 王德民,赵玉洁编著.—芜湖:安徽师范大学出版社,2013.11
(基础教育改革与教师专业发展丛书)
ISBN 978-7-5676-0307-3
Ⅰ.①新… Ⅱ.①王… ②赵… Ⅲ.①中学历史课-教学法 Ⅳ.①G633.512

中国版本图书馆CIP数据核字(2012)第319303号

新课程历史怎么教
王德民 赵玉洁 编著

---

出版发行:安徽师范大学出版社
芜湖市九华南路189号安徽师范大学花津校区 邮政编码:241002
网 址:http://www.ahnupress.com/
发 行 部:0553-3883578 5910327 5910310(传真) E-mail:asdcbsfxb@126.com
经 销:全国新华书店
印 刷:安徽芜湖新华印务有限责任公司
版 次:2013年11月第1版
印 次:2013年11月第1次印刷
规 格:787×960 1/16
印 张:17.75
字 数:264千
书 号:ISBN 978-7-5676-0307-3
定 价:31.00元

---

# 内容简介

本书的写作力求反映历史课程改革以来的新成果,站在教师的立场与角度,探讨新课程背景下历史教学“怎么教”。主要内容包括:为什么教:课程改革与历史课程标准;教什么:课程改革与历史课程内容;如何教(一):课程改革与历史教学设计;如何教(二):课程改革与历史课堂教学实施;如何教(三):课程改革与历史教师的说课;教如何:课程改革与历史教学评价;持续地教:课程改革与历史教师专业发展。本书可作为普通高等院校历史学科相关专业教材,也可作为中学历史教师培训教材。

# 总 序

“教育改革”在当下是一个出现频率非常高的概念,这种语言现象所反映的正是教育实践的客观现实。伴随着经济全球化、信息化和网络化的迅猛发展,世界范围的教育改革正一浪高过一浪,教育改革正成为一项持续不断的教育实践活动。可以说,变革已成为当代教育的一个典型特征。

同样,改革也是我国当代基础教育领域蓬勃发展的重要驱动轴。近年来,基础教育改革正在各个层面全面展开:在课程领域,综合课程、活动课程、微型课程、模块课程等正在逐步取得与学科课程同等的地位,并对促进学生的全面发展发挥着不可替代的作用;在教学领域,诸如探究式教学、互动式教学、学生自主学习、合作学习等一系列新的教学方式和学习方式也正在逐步取代某些传统的教学方式和学习方式,被师生广泛运用于教学过程之中;在德育领域,一方面,某些陈旧落后的德育理念和模式正在为人们所摒弃,另一方面,多种新的德育理念和模式正在受到教育理论工作者和实践工作者的广泛关注并在学校德育实践中进行尝试和经受检验;在教育评价领域,传统的评价理念和范式同样日益受到人们的质疑与批判,与此同时,各种新的评价理念和范式层出不穷并被师生普遍接受和运用。

基础教育改革不仅使学校生活、师生关系和课堂面貌等发生了重要变化,也向广大教育实践工作者提出了新的更高的要求。持续不断的基础教育改革,使每一个投身于教育实践工作的人都面临着一系列无法回避的挑战。这种挑战,既意味着教育实践工作者不得不正视和思考教育改革带来的各种新的问题,同时也意味着他们在面对不断变化的教育实践情境时,必须采取适当、合理的因应与行动。

教育大计,教师为本;有好的教师,才有好的教育。这既是基础教育改革实践的强烈诉求,同时也是理性认识基础教育改革所形成的共识。好的教师,才有可能既娴熟自如地驾驭教育教学活动,最大限度地促进学生的发展,同时又能够有效地应对社会和教育发展所带来的各种新变化、新要求,成为教育改革的参与者和“弄潮儿”。好的教师由何而来呢?也许人们对这一问题有着各自不同的认识,也许不同的教师其成长的过程和方式各有差异,但可以肯定的是,好的教师既需要经受教育实践的历练,需要教育实践给予其充分展现的机会,同时,也需要接受教育理论的滋养,需要对教育教学的本质和规律性有着正确的认知和把握。

与教育实践工作者相同的是,教育理论工作者也正在面对教改所带来的诸多挑战。基础教育改革的蓬勃展开,也必然会对教育理论工作者提出如何恰当地回应教育改革、如何研究和解决教育改革中出现的各种新问题、如何引领教育改革的发展方向等诸多问题。可以说,在教育改革持续展开的背景下,教育理论工作者正面临着双重任务:一是必须及时研究和探索教育改革中不断出现的新情况、新进展,发现制约改革的各种因素和变量,揭示和分析教育改革发生发展的特点和规律;二是必须观照教育改革参与者特别是中小学教师的实践诉求,通过对教育改革实践的理论阐述,引领他们更加理性、有效地处理改革实践中所遇到的种种现实问题。

我们欣慰地看到,当前,已有很多学者对基础教育改革的一系列重要问题进行了深入的研究和探讨,从多角度、多方位提出了诸多有关教育改革的真知灼见,展示了学者们对教育改革实践的理性认识。然而,如何将这些理性认识转变为教育改革实践的理性行动,却需要做一番综合与转化工作。所谓综合,就是要对不同的理论研究成果,根据教育实践的逻辑,重新进行组合与梳理,以形成更加适合于教育实践的知识体系;所谓转化,则是要通过对知识的再加工和再创造,将原本用于精确表达思想和观念的科学话语体系,转变成实践话语体系,从而更加适合教育改革实践的需要。而本套丛书所努力达成的,就是这样的一个目标。我们期待我们所做的综合与转化的努力,能够产生切实的实践效果。

教育改革既涉及宏观层面,也涉及微观层面。仅有宏观层面的努力而缺失微观层面的配合与行动,教育改革不可能取得成功。宏观层面的教育改革主要是由政府来决定和实施,而微观层面的改革不仅需要政府的介入,更需要教育实践工作者的实际行动。我们编写这套丛书,主要的目标是指向微观层面,指向中小学教师的教育教学实践。丛书涉及当前基础教育改革和教师专业发展的诸多领域,主要针对当前基础教育改革和教师专业发展中所遇到或将要遇到的一系列问题而编写,以问题作为研究和讨论中心。我们期望通过聚焦教育改革实践中遇到的各种实际问题,借鉴中外教育改革的研究成果和成功经验,为教育实践工作者正确地认识和把握这些具体的实际问题提供指导和帮助。

本丛书主要包括教师专业发展系列、基础教育改革与学生发展系列、新课程教学探索系列、班主任工作系列、心理健康教育系列、教师专业标准系列等,读者对象主要是广大中小学教师。丛书的定位是理论与实际有机结合、介于学术著作和通俗读物之间,既注意吸收相关学科领域的最新成果,反映教育教学研究的前沿动态,又注重贴近中小学教师的工作和生活,对目前我国基础教育的实际以及教改实施与进展的状况进行分析和探讨,注重解决读者在实践中遇到的问题或困惑,努力做到科学性、前沿性、实用性的统一。丛书内容通俗易懂,深入浅出,每册书在内容上不求大而全,不求面面俱到,而是突出重点,将关注教师的需求放在第一位,尽可能为他们提供有针对性的思想和理论的引领,给他们以实践操作的启发。

我们相信本套丛书的出版,能让广大一线中小学教师获得所需的知识和有益的启示,对学校的进步、教师的发展和学生的成长发挥建设性的指导作用,为促进教育改革和教师发展增添些许动力。我们也期待着本丛书的出版,能够为师范院校相关学科的教学与研究提供更为丰富的素材,从而推动教师教育质量的不断提升。

编委会

二〇一三年一月

# 前 言

历史新课程的实施至今已走过十多个年头,回顾走过的历程,尽管有挫折与不足,但毋庸置疑的是,新课程所取得的成绩是主要的。历史新课程实施是我国历史学科教育的一场深刻变革,新的课程理念、新的教材体系、新的评价观念,既强烈冲击着教师的历史传统教学观念,又对教师的历史教学实践提出了更高、更新的要求。

课程改革以学生为本,关注学生的学习行为,考虑学生如何学,无疑是新课程的"题中之义"。不过,站在教师的角度看,新课程历史怎么教,却又是历史新课程实施中教师想绕也绕不过、不得不直接面对的最主要问题。历史教学是复杂的,它不单纯是一系列的操作行为,更重要的是其背后蕴含着一系列的内容、精神与价值支撑。说到底,新课程历史怎么教与新课程历史教什么、为什么教,以及教如何、如何持续地教,都有十分密切的关系。基于此,本书的写作,从以下七个部分展开:

第一章　为什么教:课程改革与历史课程标准。主要涉及历史课程改革的概况、历史课程标准,以及历史课程的三维目标。"为什么教"意味着教师不仅需要了解宏观的历史课程改革理念,更有必要深刻理解与把握历史课程的学科教育目标,这主要体现于历史课程标准,尤其体现于历史课程标准中的三维目标。课程改革以来,教育部颁布的历史课程标准(初中、高中)较以往的历史教学大纲已有明显进步,课程目标呈现层级性、多领域性的特点,内容标准更为规范、具体。历史课程目标主要从"知识与能力"、"过程与方法"、"情感态度与价值观"三个维度做了具体规定,目标维度有所拓展,也便于历史课程与教学的设计与实施。

第二章　教什么:课程改革与历史课程内容。课程内容的意指很广,但相对于中学历史课程而言,主要体现于课程标准、教科书,以及历史课堂教学之中。怎样确定“教什么”?最主要的依据当然是课程标准。但是,决定“教的内容”不仅仅是课程标准直接规定的内容,还有课程的基本性质、课程的基本理念、课程的设计思路等。因为后者决定着“课程内容”的选择。教科书是教与学过程中最重要的资源,因此需认真研读并力争领会教科书。研读中,需结合课程标准,参照知识目标、编写建议、学习内容等几个方面的规定,以明确课文的核心立意、撰写线索等。当然,教科书并不是教与学中唯一的资源,师生就是非常重要的课程资源。课堂教学中,应充分调动学生的积极性,发挥教师的主动性,并依据课程标准的教学建议、课程资源开发与利用建议,认真筛选、解答课堂上的生成性问题,从而尽可能地提高教学的有效性。

第三章　如何教(一):课程改革与历史教学设计。教学设计是“如何教”的必要前提。它运用系统方法分析教学问题和确定教学目标,建立解决教学问题的策略方案以及对方案进行修改。历史课堂教学设计是一个系统工程,它分为课前系统设计、课堂系统设计与课后系统设计。每类系统设计都存在若干问题,需要探讨解决问题的策略与途径。

第四章　如何教(二):课程改革与历史课堂教学实施。课堂教学是“如何教”的核心部分。课堂教学的低效是目前制约课程改革继续深入推进的瓶颈。因此,新课改背景下历史课堂教学的实施是我们关注的重点。课堂教学实施的焦点是转变教学方式,以生为本,构建有效课堂。因此,教师要进一步转变观念,超越课前教学设计,重视学习指导,探索课程资源,做课程的开发者和实施者,采取丰富多彩、生动活泼的教学形式,让学生主动学习、探究学习、合作学习,以实现课程目标的要求。

第五章　如何教(三):课程改革与历史教师的说课。教师的说课是“如何教”的重要条件,是教师总结教学经验、发现教学问题、提升教学智慧的重要手段和桥梁,也是教师提升专业素质的途径之一。教师说课的设计包括确定教学立意、制定教学目标、落实教学资源、选择教学方法等环节。说课能够促进教师进行教学反思,提升教师的专业素质,推动课堂教学的创新。

第六章　教如何:课程改革与历史教学评价。“教如何”无疑是对教学效果的评估与判断,它不仅针对学生的学习质量,也指向教师的教学质量。课程改革以来，历史教学评价由原来侧重结果性评价，转向更加关注过程性评价，由此增加了诊断性评价、形成性评价与表现性评价等新的评价类型。学生历史学业评价，也由原来强调知识性评价，转变为强调“知识与能力”、“过程与方法”、“情感态度与价值观”三维目标的达成度并重，评价方式也尽可能强调多样化、综合化。教师的教学质量集中地表现为课堂教学质量，课堂教学质量的评价应综合考虑教学目标、教材处理、教法选择、师生互动等因素。近年来高考历史试题的新变化主要体现在命题观念、命题技术与类型等方面；试题的审读应该从语言文字（语文）、学生情况（学情）、历史事实（史实）、史学理论（史论）、逻辑规则（逻辑）、处理技术（技术）六个方面进行。

第七章　持续地教：课程改革与历史教师专业发展。“持续地教”意味着教师应具备全面、完善的专业能力与素质，这无疑需要教师的专业发展。历史新课程给一线教师提出了挑战，教师的教学理念亟需更新，角色塑造有待定位，创新能力需要提升。历史教师若要成为专家型教师，需要增强历史专业知识积累，具备一定的教育教学与研究能力，学会如何做研究。

本书的写作力求反映历史课程改革以来的新成果，站在教师的立场与角度，探讨新课程背景下历史教学“怎么教”。“怎么教”是复杂的，它涉及如何看待历史教育，历史教育需要什么样的课程观、教学观，需要选择什么样的“教的内容”，需要什么样的实施策略与方法。新课程实施以来，历史学科教育的同仁们对此做了大量探索，希望本书的出版能为历史学科教育的改革、发展贡献绵薄之力。

王德民

2013.8

# 目录

# 第一章　为什么教：课程改革与历史课程标准

“为什么教”意味着教师不仅需要了解宏观的课程改革理念，更有必要深刻理解与把握历史课程的学科教学目标，这主要体现于历史课程标准与历史课程的三维目标。新课程改革以来，教育部颁布的历史课程标准（初中、高中）较以往的历史教学大纲已有明显进步，课程目标呈现层级性、多领域性的特点，内容标准更为规范、具体。历史课程目标主要从“知识与能力”、“过程与方法”、“情感态度与价值观”三个维度做了具体规定，目标维度有所拓展，也便于历史课程与教学的设计与实施。

## 第一节　课程改革背景与历史课程改革概况

历史新课程改革是在我国新一轮基础教育课程改革的宏观背景下进行的，历史课程标准、历史课程三维目标的制定，都与我国基础教育课程改革的理念与目标有着密切的关系。

### 一、当前我国基础教育课程改革的背景与目标

#### （一）基础教育课程改革的背景

人类社会进入21世纪以来，世界经济全球化和政治多极化不断发展，国际竞争日趋激烈，而国际竞争的关键是人才，这对基础教育的要求越来越高。对此，世界各国将基础教育的改革与发展作为提高国际影响与竞争力的重要手段，不断推动着基础教育的变革与发展。

20世纪80年代以来，我国的改革开放事业突飞猛进，取得了举世

瞩目的成就，国家开始步入现代化发展的崛起、兴盛之路。然而，相对而言，我国的基础教育相对滞后，存在一些不容忽视的问题，主要表现在：教育观念滞后，人才培养目标不能完全适应时代的要求；部分课程内容陈旧，课程结构过于单一，学科体系相对封闭，难以反映现代科技、社会发展的新内容，脱离学生经验和社会实际；课程实施过程基本以教师、课堂、书本为中心，难以培养学生的创新精神和实践能力；课程管理过于集中，使课程不能适应当地经济、社会发展和学生多样化发展的需求等。正是在这样的背景下，我国进行了新一轮的基础教育课程改革。

1999年6月，中共中央、国务院召开了改革开放以来第三次全国教育工作会议，做出了“深化教育改革，全面推进素质教育”的重要决定，提出要“调整和改革课程体系、结构、内容，建立新的基础教育体系”。与此同时，国务院批转教育部《面向21世纪教育振兴行动计划》，提出要改革现行的基础教育课程体系。2001年，国务院召开全国基础教育工作会议，做出了《关于基础教育改革与发展的决定》。两个重要文件为在基础教育领域全面实施素质教育指明了方向，教育改革的核心是课程改革。

### （二）基础教育课程改革的目标

2001年6月，教育部制定了《基础教育课程改革纲要（试行）》，确定了改革的目标，并对基础教育的课程结构、课程标准、教学过程、教材开发与管理、课程评价、课程管理、教师的培训和培养等提出了具体要求，同时全面阐述了我国基础教育课程改革的总体目标：以邓小平同志关于“教育要面向现代化，面向世界，面向未来”和江泽民同志“三个代表”重要思想为指导，全面贯彻党的教育方针，全面推进素质教育。新课程的培养目标应体现时代要求，要使学生具有爱国主义、集体主义精神，热爱社会主义，继承和发扬中华民族的优秀传统和革命传统；具有社会主义民主法制意识，遵守国家法律和社会公德；逐步形成正确的世界观、人生观和价值观；具有社会责任感，努力为人民服务；具有初步的创新精神、实践能力、科学和人文素养，以及环境意识；具有适应终身学习的基础知识、基本技能和方法；具有健壮的体魄和良好的心理素质，养成健康的审美情趣和生活方式,成为有理想、有道德、有文化、有纪律的一代新人。[①]

基础教育课程改革的具体目标:

(1)改变课程过于注重知识传授的倾向,强调形成积极主动的学习态度,使获得基础知识与基本技能的过程同时成为学会学习和形成正确价值观的过程;

(2)改变课程结构过于强调学科本位、科目过多和缺乏整合的现状,整体设置九年一贯制的课程门类和课时比例,并设置综合课程,以适应不同地区和学生发展的需求,体现课程结构的均衡性、综合性和选择性;

(3)改变课程内容"难、繁、偏、旧"和过于注重书本知识的现状,加强课程内容与学生生活以及现代社会和科技发展的联系,关注学生的学习兴趣和经验,精选终身学习必备的基础知识和技能;

(4)改变课程实施过于强调接受学习、死记硬背、机械训练的现状,倡导学生主动参与、乐于探究、勤于动手,培养学生搜集和处理信息的能力、获取新知识的能力、分析和解决问题的能力,以及交流与合作的能力;

(5)改变课程评价过分强调甄别与选择的功能,发挥评价促进学生发展、教师提高和改革教学实践的功能;

(6)改变课程管理过于集中的状况,实行国家、地方、学校三级课程管理,增强课程对地方、学校及学生的适应性。[②]

## 二、历史课程改革的理念

在《全日制义务教育历史课程标准(实验稿)》和《普通高中历史课程标准(实验)》中,具体体现了历史课程改革的理念,归纳如下:

### 1.面向全体学生,适合学生的认知发展

历史课程改革需要遵从学生的生活经验和认知发展水平,从学生的心理与生理发展水平出发,使历史课程有利于开发学生的潜能,适应学生的学习,促进学生的全面发展。具体涉及以下方面:第一,相信每一个学生都有成功、发展的潜能,尽可能给每一个学生提供历史学习的同等机

① 钟启泉,崔允漷,张华.为了中华民族的复兴,为了每位学生的发展——《基础教育课程改革纲要(试行)》解读[M].上海:华东师范大学出版社,2001:3.

②钟启泉,崔允漷,张华.为了中华民族的复兴,为了每位学生的发展——《基础教育课程改革纲要(试行)》解读[M].上海:华东师范大学出版社,2001:4.

会，力争通过多种途径使学生经过学习后达到《全日制义务教育历史课程标准（实验稿）》和《普通高中历史课程标准（实验）》所规定的学习要求。第二，建立符合学生认知特点和需要的、能够促进学生个性发展的历史课程体系。这主要体现在新一轮普通高中历史课程由必修课程和选修课程组成，其中，历史选修课程供学生选择的学习内容包括历史上的重大改革回眸、近代社会的民主思想与实践、20世纪的战争与和平、中外历史人物评说、探索历史的奥秘、世界文化遗产荟萃六个模块，学生可根据自己的兴趣选择若干模块。第三，体现在教学过程中应因材施教，在历史课程资源的分配上也应公平对待每一个学生。例如，学校应尽可能均衡分配历史课程资源，这些资源包括历史教科书、历史音像资料、历史课件等；尽可能根据每一个学生特点，设计多样化、个性化的教学活动。

**2.进一步明确历史课程的定位，全面发挥历史教育的功能**

历史课程改革明确了历史课程的功能定位，明确了中学历史课程属于基础教育的范畴，是提升学生历史意识、文化素养和人文精神，促进学生和谐发展的一门基础性课程。具体体现在两个方面：第一，历史课程的人文教育功能。《全日制义务教育历史课程标准（实验稿）》规定，“历史课程是人文社会科学中的一门基础课程，对学生的全面发展和终身发展有着重要的意义。”《普通高中历史课程标准（实验）》在课程性质中明确指出，“通过高中历史课程的学习，培养学生健全的人格，促进个性的健康发展”，“掌握历史知识不是历史课程学习的唯一和最终目标，而是全面提高人文素养的基础和载体”，明确提出了将人文精神渗透到历史课程改革实践之中。历史教育在进行历史知识及能力训练的同时，重在塑造和培养学生的人格，从学生、历史的角度去体验人与人、人与社会、人与自然的关系，学会以人为本、善待生命，并进一步关注中华民族乃至全人类的历史命运，形成开放的世界意识，养成正确的人生观、世界观与价值观。第二，历史课程的公民教育功能。公民教育泛指使个人成为一个健全公民的所有教育，历史教育与其他学科公民教育不同的侧重点是，它注重从历史的角度培养学生的公民意识，从而提高学生的公民素质。

**3.精选历史课程内容，使其贴近学生生活、贴近社会**

历史课程内容所反映的对象浩如烟海、无所不包，涉及古今中外人类社会发展的进程和状况。如何选择、选择哪些课程内容进入历史课程是课程内容选择中需要关注的重要问题,这就需要精选历史课程内容。在保留原有课程有价值部分的前提下,为使历史课程内容贴近学生生活,义务教育历史课程增加了学生比较感兴趣、较熟悉的历史,包括我国近现代教育发展、第三次科技革命、改革开放以来人们衣食住行的变化等;高中历史课程增加了中国近现代社会生活的变迁等专题内容。另一方面,为使历史课程内容贴近社会,历史课程增加了科技史、文化史、社会生活史等方面的内容。历史课程的探究性学习还尽可能从选题上贴近社会,将选题限制在:一是源自日常社会生活中的课题,如日常社会生活中衣食住行的某一方面、某一风俗或节日的产生与演变等;二是源自社会热点的课题,如科技成就、城市发展、地区冲突等;三是源自课程学习的课题,包括源自历史课程内容的选题,源自历史课程与其他相关学科课程内容的选题。

**4.倡导主动学习,转变学生的历史学习方式**

课程改革的理念之一,是使学生学会学习,而要使学生学会学习,重要的是要转变学生被动的学习方式。在中学历史教学中,传统的教学方式过于注重对知识的传授与灌输,学生往往被动接受历史知识,使得历史学习的特点是死记硬背、机械训练。历史课程改革倡导主动学习、乐于探究,注重学生能力的发展。具体而言,主要体现在两个方面:第一,引导学生确立"我想学"历史的主动学习态度。教师要激发学生对历史学习的直接兴趣,通过多种教学手段调动学生的学习积极性,让学生直接参与历史学习的过程,体验历史、解读历史,并参与历史学习评价的全过程。第二,培养学生具有"我能学"历史的主动学习意识。除特殊原因外,每个学生都具有学好历史的学习潜能,教师应充分尊重学生的学习积极性与主动性,积极鼓励学生并创造各种机会让学生主动学习,在参与历史学习的过程中发展主动学习意识,形成学习能力。

**5.全面、综合地评价学生**

传统的历史教育评价形式单一呆板,以纸质的标准化测试为主,缺乏多元化和多形式的过程性评价手段。历史课程改革借鉴国外历史教育评价经验,转变评价观念,树立全面、综合地评价学生的理念。主要包括:一是评价功能多元化。充分发挥历史评价的导向功能、诊断功能、激励功能与促进功能，促进学生的全面发展。二是评价对象和参与者多元化。突破传统的评价仅限于教师和学生的做法，倡导建立教师、学生、家长和管理者共同参与的体现多渠道信息反馈的教师评价制度。以学生为中心，关注学生的个性差异，并让学生了解评价方法与过程，并引导学生参与评价的过程，尝试自我评价，充分发挥学生的主体作用。三是评价目标多元化。评价的目标不再局限于历史知识、历史技能，还涵盖了考查学生情感态度与价值观的变化，以及历史学习的过程与方法，避免将历史知识作为评价的唯一内容的做法。四是评价类型多元化。根据评价功能，综合地实施预测性评价、诊断性评价、形成性评价和总结性评价。根据教学时段的特点，分段实施课堂教学评价、单元教学评价、学期教学评价，以及学年教学评价。五是评价方法多元化。突破以笔试作为主要的甚至唯一的评价方法，综合采用观察、记录、调查、访问、讨论、作业、测验、考试、评议、档案、历史习作、历史制作等方法进行评价。

## 三、历史课程改革实施概况

### （一）历史课程改革的实施阶段

新一轮历史课程改革迄今已有十二三年，这一改革过程大致可分为两个阶段：

第一阶段：课程改革的论证准备阶段。1999年国务院批转教育部《面向21世纪教育振兴行动计划》，提出改革现行基础教育课程体系，标志着新一轮基础教育课程改革正式启动。2001年国务院做出《关于基础教育改革与发展的决定》，并批准教育部《基础教育课程改革纲要（试行）》，明确了构建新课程体系的指导思想、课程改革目标、课程结构、课程标准、课程组织等，加快了新一轮基础教育课程改革的步伐。根据“先立后破”、“先试验后推广”的原则，教育部于2000年、2002年颁布了重新修订的初、高中历史教学大纲，并重新修订初高中历史教科书。另一方面，教育部组织相关的史学家、历史教育专家，制定历史课程标准。2001年，教育部颁布了《全日制义务教育历史课程标准（实验稿）》；随后，相关专家编写了八套（人教版、北师大版、华东师大版、岳麓版、川教版、河北版、中图版、中华版）义务教育新课标历史实验教科书。

2003年教育部颁布《普通高中历史课程标准(实验)》,随后相关专家编写了四套(人教版、人民版、岳麓版、大象版)普通高中历史教科书。

第二阶段:课程改革的实施阶段。从2001年9月开始,义务教育历史新课程首先在全国38个国家级课程改革实验区实施。按照“先实验,后推广”的思路,到第二年秋季,扩展到530个实验区,全国历史课程改革实验的规模达到了同年级学生的10%~15%。到2003年秋季,历史课程改革的实验规模达到35%,全国已有1 642个县市的3 500多万学生在使用新课程的实验教材。2004年秋季发展到2 576个县区使用新教材,约占全国的90%。2005年秋季,全国义务教育初中阶段都使用了历史新教材,继第一轮历史新教材实验后,2011年又进一步修订、出版了《义务教育历史课程标准(2011年版)》。继初中历史课程改革之后,2004年9月,高中历史新课程率先在广东、山东、宁夏、海南4省区进行;2005年9月,江苏进行高中历史新课程改革;2006年9月,福建、浙江、安徽、天津、辽宁5省市实施高中历史新课程;2007年9月,北京、黑龙江、吉林、陕西、湖南5省市实施高中历史新课程;2010年,高中历史新课程在全国范围内全面推开。

### (二)历史课程改革的实施成果

新一轮历史课程改革实施以来,已取得了阶段性的成果,主要表现在以下几个方面:

**1.进一步确立了历史课程在基础教育课程中的地位**

由于应试教育、学科内容等诸多因素,历史课程长期以来在基础教育课程中的地位并没有得到应有体现,甚至常常被视为小学科。新一轮基础教育课程改革对中小学课程进行了整体规划与编制,确保了历史课程在基础教育阶段中的应有地位。根据课程计划,义务教育初中阶段既可设置分科型历史课程,又可设置综合型历史与社会课程。普通高中阶段设置了历史必修三门课程,学分达到6分,与物理、化学学科的学分相同。此外,学文科的高中学生还要从六门历史选修课中选学三门。课时和学分的多少至少从某个方面反映了学科地位,历史课程在基础教育课程中的地位获得了基本保证。

**2.历史教师的教学理念得以更新**

新一轮历史课程改革使广大教师经历了新中国成立以来最深刻的一

次教学理念的变革。新课程倡导以学生为本,注重学生对教学的参与,强调发挥学生的主体性与创造性。历史课程改革进程中,教师对新课程改革的理念逐渐接受并不断理解,将其转化为自己的教学指导思想。一方面,教师在课改理念引领下,从原来注重知识传授向关注学生的学习方式、学习兴趣和学习能力的转变。通过讨论、小组学习、合作、交流等方式,使历史教学呈现师生互动、平等参与的生动场景。另一方面,在历史教学实践中,随着新课程的不断深入,又涌现一批优秀的历史教师,他们善于思考、勇于实践、不断探索,践行着课改新理念,推动了历史教学的深入发展。

**3.新的历史教学方式、评价方式得以初步尝试与确立**

如上所述,教师在教学中的角色发生了转变,学生的主体地位得到了重视。在教学方式上,教师由于更加关注学生的兴趣、注重学生在情感态度价值观方面的变化与提高,教学过程中采用多种多样的教学手段或方式,如通过讨论、交流、对话、小组活动等形式,使教学更加生动、有效。在教学评价方面,历史课程改革倡导多样化的评价方法,各地在新课程的实验过程中,不断探索各种灵活、有效的评价方法。如历史作业、历史制作、历史档案袋,以及观察、记录、访谈等,从而改变了以往只注重纸笔考试的单一方法。评价的方式也向多样化方向发展,如定性评价与定量评价相结合,教师与学生评价相结合,自我评价与他人评价相结合,诊断性评价、形成性评价与终结性评价相结合,等等。

当然,历史课程改革在取得上述成果的同时,毫无疑问也存在着遗憾与不足,但就宏观局势与大的趋势而言,课程改革的精神已深入人心,课程改革无疑还会继续推进。

## 第二节　历史课程标准的结构与内容

### 一、何谓课程标准

#### (一)课程标准的含义

课程标准在我国的出现,最早可以追溯到清朝末年。在“废科举、兴学校”的近代普及教育运动初期,清政府在颁布各级学堂章程中,就有《功课教法》和《学科程度及编制》的内容,这可以看做是课程标准的雏形。1912年南京临时政府教育部公布《普通教育暂行课程标准》,首次明确以“课程标准”作为教育指导性文件。此后,“课程标准”一词沿用了40年,期间课程标准多次重订或修正。如:1923年颁布新学制课程标准纲要;1929年颁布中小学课程暂行标准;1932年颁布小学课程正式标准;1936年、1942年、1948年先后颁布中小学课程修正、修订、二次修正标准;中华人民共和国成立初期颁布小学各科和中学个别科目的课程标准、草案等。一直到1952年,在苏联教育模式影响下,才把原先采用的“课程标准”改为“教学大纲”。那么,课程标准的含义是什么?

《中国大百科全书·教育》对课程标准的定义是:“规定中小学的培养目标和教学内容的文件。”[①]顾明远主编的《教育大辞典》(第1卷)将课程标准定义为:“课程标准是确定一定学段的课程水平和课程结构的纲领性文件。课程标准一般由课程标准总纲和各科课程标准两个部分组成。课程标准总纲是对一定学段的课程总体进行设计的纲领性文件,它规定了各级学校的学科设置、课程目标、团体活动的时数、课外活动的要求,以及课外活动的时数、各年级各学科每周的教学时数等;各科课程标准根据课程标准总纲具体规定各科教学要点、教学时数、教学目标、教材纲要和编订教材的基本要求。”[②]

以上有关课程标准的定义,指出了课程标准是对一定层级学校的教学科目及其内容范围和教学组织程序的严格规定,侧重于“教什么”的界定与规范。然而,随着时代发展,新课程改革以来,“课程标准”的内涵不断发生着时代转换。现代意义上的课程标准是基于标准的教育改革的产物。澳大利亚维多利亚州《课程标准框架》指出,课程标准描述的是学生学习所包括的主要领域及大多数学生在每一学习领域达到的学习结果。它为各个学校课程规划、实施与评价提供了一种参照。[③]《加拿大安大略共同课程省级标准》提到,课程标准是为评估学生学习而设计的一

① 中国大百科全书出版社编辑部.中国大百科全书·教育[Z].北京:中国大百科全书出版社,1985:208.

② 顾明远.教育大辞典(第1卷)[Z].上海:上海教育出版社,1990:280.

③ 崔允漷,沈兰.澳大利亚维多利亚州《课程标准框架》述评[J].外国教育资料,2000(1).

般标准。该标准通过描述期望学生达到的省级标准，为所有的学生建立了相称的目标。它们的根本目的是为了给教师、家长和学生提供对期望学生达到的结果的清晰的陈述。[①]1992年在美国举行的亚太经合组织成员国（地区）教育部长会议上将课程标准界定为："课程标准是对我们希望学生在校期间应掌握的特定知识、技能和态度的非常清晰、明确的阐述。课程标准描述了一个社会或一种教育体系规定学生在不同年级、不同学科领域应该获得的成绩、行为，以及个人发展，以使学生为丰富圆满的生活做好准备。"[②]

应该说，课程标准的含义是随着教育变革、课程理念的更新而不断发展的。在当今时代，随着课程理念的变革，不仅理论上倾向于把课程理解为学生实际学到了什么，而且在实践上也更多地关注学生自身发生的变化。我国《基础教育课程改革纲要（试行）》指出，"国家课程标准是教材编写、教学、评估和考试命题的依据，是国家管理和评价课程的基础，应体现国家对不同阶段的学生在知识与技能、过程与方法、情感态度与价值观等方面的基本要求，规定各门课程的性质、目标、内容框架，提出教学建议和评价建议。"[③]

基于上述认识，对课程标准的理解至少应该把握以下几点：①它是按学科门类制定的；②它规定本门课程的性质、目标及内容框架；③它提出了指导性的教学原则和评价建议；④它规定了不同学段学生在知识与技能、过程与方法、情感态度与价值观等方面所应达到的基本要求。简言之，课程标准是对学生"学习结果"和"掌握的特定知识、技能和态度"等的描述，它是教学质量评价的指向，表达了一个国家或民族对于基础教育教学质量的期望。

### （二）课程标准的性质

#### 1.课程标准具有可评估性

"标准"一词在《辞海》中释文为"衡量事物的准则"，引申为榜样、规

① 崔允漷.国家课程标准与框架的解读[J].全球教育展望，2001（8）.

② 崔允漷.国家课程标准与框架的解读[J].全球教育展望，2001（8）.

③ 中华人民共和国教育部.基础教育课程改革纲要（试行）[A]//钟启泉，崔允漷，张华.基础教育课程改革纲要（试行）解读.上海：华东师范大学出版社，2001.

范。在英语中,标准(standard)指为达到特定目的所要求的程度、适当的尺度、社会或实践所期望的行为准则。课程标准是衡量教育质量的准绳,是检验课程改革进步大小的尺度,它衡量课程改革是否达到了教育目标或达到了教育目标的程度。课程标准的性质之一,是重视每个学生的发展,它描述预期学生达到的学习结果。所谓预期的学习结果,是可以观察到的行为,用每一个学生在完成特定学段后所具备的学习能力来描述。从这一意义上讲,课程标准具有可评估性。

**2.课程标准具有基本性、共同性**

课程标准是国家制定的某一学段共同的、统一的基本要求,而不是最高要求。课程标准是最基本的标准,既是学生毕业的最低标准,也是共同的标准。它的基本性表现在课程标准所规定的对学生学业成就的期望水平是所有学生无需特殊帮助都能达到的,是最低标准;它的共同性表现在课程标准适用于基础教育阶段的全体学生,它确保所有学生不论年龄、性别、文化背景等有何差异,都能平等地获得当代社会生活所必需的知识与技能。

**3.课程标准具有可理解性**

作为一定学段所有学生都必须达到的标准与目标,课程标准无疑需要有较为准确的界定。学生学习的预期结果应该是可以观察到的终极行为,用每一个学生在完成一个特定年级或教育阶段后所必须具备的学习能力来描述。课程标准具有较强的可读性和可操作性,这是理解和完成课程标准的基础。

**4.课程标准具有可完成性**

课程标准是课程的框架,是保证教育质量的最低目标。课程标准所规定的对学生学业成就的期望水平是所有学生无需特殊帮助都能达到的,是一个合格标准。它适用于基础教育阶段的全体学生,并具有可完成性。

### (三)课程标准的作用

课程标准是国家设置学校课程基本的纲领性文件,是国家对基础教育课程的基本规范和质量要求。它是教材编写、教学、评估和考试命题的依据，是国家管理和评价课程的基础。

课程标准是检验课程改革进步大小的尺度，它衡量我们是否达到了教育目标或者达到教育目标的程度。无论在国家层面、地方层面，还是在学校层面上，课程标准的制定为所有的教育工作者提供了判断依据。它帮助人们判断什么样的课程、什么样的教师进修活动、什么样的评价方式，以及什么样的教学环境才是合适的。课程标准有助于使教育的改革工作步调一致、目标一致、首尾如一地进行下去，使每一个人都向着同一方向前进，因此就可确保人们为改革教育而采取的各种颇具风险的行动得到整个系统中的政策和实际做法的支持。课程标准是我国实行国家课程、地方课程和校本课程三级课程管理机制背景下，地方自主与国家控制得以协调的关键所在。

课程标准是教材、教学和评价的出发点和归宿。由于课程标准规定的是国家对国民在某方面或某领域的基本素质要求，它对教材编写、教学和评价都具有重要指导意义。因为无论是教材还是教学，都是为这些方面或领域的素质培养服务的，而评价则是重点评价学生在这些方面或领域的表现如何，是否达到了国家的基本要求。因此，无论教材、教学还是评价，出发点都是为了课程标准中所规定的基本素质的培养，最终的落脚点也都是这些基本的素质要求。

可以说，课程标准中规定的基本素质要求是教材、教学和评价的灵魂，也是整个基础教育课程的灵魂。这既是课程标准作用的重要性体现，也是课程标准研制工作受到高度重视的原因。当然，课程标准是教材、教学和评价的基本依据，并不等于课程标准是对教材、教学和评价方方面面的具体规定。课程标准对某方面或某领域基本素质要求的规定，主要体现为在课程标准中所确定的课程目标和课程内容。因此，课程标准的指导作用主要体现在它规定了各科教材、教学所要实现的课程目标、教学中所要学习的课程内容，规定了评价哪些基本素质，以及评价的基本标准；对教材编写体系、教学顺序安排及课时分配、评价的具体方法等，则不作硬性的规定。

## 二、历史课程标准的结构与特点

### (一)历史课程标准的基本结构

尽管各国课程标准的框架是多种多样的,至今仍无国际公认的陈述形式,但就同一学科的课程标准而言,其基本结构还是一致的,这主要有利于体现规范文件的严肃性与正统性,有利于交流与教师阅读,更有利于在实践中贯彻执行。

作为国家层面的课程标准,所涉及的内容应体现以下方面的要求:一是体现国家意志与教育宗旨;二是强调学生要学习的该学科的核心内容;三是清楚、具体地描述学科基本的、共同的成就标准;四是对学习成就水平的表达要有层级性;五是标准要严格、明确,便于执行与管理。

历史课程标准的基本结构大致从上述几个方面规定了历史学科的课程理念、性质、目标,并据此精选、组织课程内容,涉及的组成部分主要包括:

(1)历史课程标准的前言。主要说明本标准制定背景、课程性质或课程功能,以及制定、设计的基本思路。前言部分首先要阐述历史课程的性质与基本理念,对于促进学生个体发展及公民教育的重要意义;课程标准的制定原则;课程标准的框架结构及内容说明等。

(2)历史课程标准的主体内容。这一部分包括课程目标及内容标准或水平。在这一部分,不同国家或地区有着不同的表现方式,有按照年级划分的,或按照学段、水平等级划分。课程目标部分是按照国家的教育方针以及素质教育的要求,从知识与技能、过程与方法、情感态度与价值观三方面阐述本门课程的总体目标。内容标准则是结合上述的课程目标,结合具体的课程内容,用尽可能清晰的行为动词来阐述。就内容标准的呈现方式来看,主要是对内容标准本体的描述,其特点有:使用行为动词;每条标准分有层次;整合必要的知识、技能与态度要素;内容是具体的而非抽象的。

(3)实施建议。为确保历史课程标准能够在全国绝大多数学校的绝大多数学生身上实现，减少中间环节的“落差”，需要在课程标准中附带提供推广或实施这一标准的建议，主要包括教与学的建议、评价建议、课程资源的开发与利用建议，以及教材编写建议等。这些建议都是指导性的，而非指令性的。另外，在易误解的地方或陈述新出现的重要内容时，提供适当的、典型性的案例，教师据此可以将其作为一种范例，作为理解内容标准的凭借与“把手”。

(4)术语解释。对标准中出现的一些重要术语进行解释与说明，使使用者能更好地理解与实施。

### (二)历史课程标准的特点

作为新一轮基础教育课程改革的成果，历史课程标准借鉴西方课程理论，根据基础教育的性质、任务，以及课程目标的基本要求，遵循时代性、基础性、选择性的原则，构建了与以往的历史教学大纲不同的体系与特点：

**1.课程目标呈现层级性、多领域性的特点**

以往的历史教学大纲，只有“教学目的”部分与目标的内容有关。如果将其与课程目标相对比，它只是从宏观上对课程目标作了表述。课程标准不仅从总体上对本学段的目标作了概述，而且还在“内容标准”部分呈现了具体的板块(模块)目标，以及各板块(模块)学习要点的内容目标。

课程目标、板块(模块)目标以及内容目标，构成了不同层次的、由总到分的不同领域的目标体系。作为课程目标的不同层级的构成部分，它们反映了不同时段、不同学习内容的学习要求。课程目标一般描述初、高中历史学科的总体目标，是对学生在初、高中阶段学习历史的总体概述；板块(模块)目标是较为具体的、针对不同板块(模块)内容的学习要求；内容目标则是各板块(模块)内的、从属于学习要点的目标，是针对某一学习要点的指标要求。它们代表了课程目标针对不同学段、不同具体内容的要求，呈现由总到分、由概括到具体的层级性特点，为不同时段教学活动的进行提供了依据与参照。

从课程目标的横向看，历史课程目标明确提出了“知识与能力”、“过程与方法”、“情感态度与价值观”三个维度的目标，这就突破了原有历史教学大纲仅涉及历史知识、历史学科能力,以及思想政治教育的局限。尤其是提出了过程与方法目标,以及将情感态度与价值观目标加以强调,体现了课程目标对学习方式与教学方式的关注,加强了对人文意识和科学精神的培养,把历史教育的社会功能与育人功能结合起来。

知识与能力、过程与方法、情感态度与价值观,构成了历史课程目标在学习成就领域的横向体系。知识与能力目标强调的是历史学科的基本知识与技能,是历史课程学习的基本要求;过程与方法目标强调的是历史认知的过程与方法,要求学生参与历史学习的过程,形成正确的学习方法,以利于培养科学素养、科学精神以及科学方法;情感态度与价值观目标是历史课程目标的核心与灵魂,也是历史课程实施的最高要求与境界。历史教育的根本目的不仅在于让学生掌握基础的历史知识,更应当重视通过历史课程的学习,开发学生可持续发展的潜力,促进学生人格的不断完善。历史课程标准整体地构建了历史课程目标的价值取向,拓展了历史课程目标的不同层级与功能。

**2.内容标准的呈现较教学大纲有明显进步**

历史课程标准中的内容标准部分,主要是针对特定历史学科内容而制定的具体目标要求,具体包括了板块(模块)目标以及各学习要点的内容目标,它是所有学生学习此部分内容后所必须达到的目标,也是教师选择学科知识、确定教学方案与评估的重要依据。

内容标准以板块(模块)以及专题(主题)为单元选择与组织课程内容。每一板块(模块)首先有具体的目标要求,为教师的教学设计与学生的学习从宏观上指明了方向。以高中历史必修一模块为例:

> 通过学习,了解人类历史上重要政治制度、政治事件及其代表人物等基本史实,正确认识历史上的阶级、阶级关系和阶级斗争,认识人类社会发展的基本规律;学习搜集历史上有关政治活动方面的资料,并能进行初步的归纳与分析;学会从历史的角度来看待不同政治制度的产生、发展及其历史影响,理解政治变革是社会历史发展多种因素共同作用的结果,并能对其进行科学的评价与解释;理解从专制到民主、从人治到法治是人类社会一

个漫长而艰难的历史过程，树立为社会主义政治文明建设而奋斗的人生理想。[①]

从上述内容看，第一分句表述了必修一模块的知识与能力目标要求，即在了解人类历史上重要政治制度、政治事件及其代表人物等基本史实的基础上，达到正确认识历史上的阶级、阶级关系和阶级斗争，认识人类社会发展基本规律的目的；第二、三分句表述了必修一模块的过程与方法目标，主要包括搜集和处理政治活动资料的过程与方法，从历史的角度认识不同政治制度的过程与方法，科学评价和解释政治变革的过程与方法；最后一个分句表达了必修一模块的情感态度与价值观目标，指明了该模块的历史教育价值取向。

内容标准的每一板块（模块）之下，又以专题（主题）为单元选择与组织课程内容。每个专题（主题）都以此为中心，并展开、铺设内容要点。以高中历史必修二模块“新航路的开辟、殖民扩张与资本主义世界市场的形成和发展”为例，设置了三条学习要点：

概述迪亚士、哥伦布开辟新航路的史实，认识地理大发现对世界市场形成的意义；

列举荷兰、英国野蛮抢夺殖民地和建立海外商品市场的史实，认识殖民扩张与掠夺是资本主义列强建立世界市场的主要途径；

了解两次工业革命的基本史实，探讨其对资本主义世界市场发展的影响。[②]

上述三条学习要点反映了内容标准的以下特点：

首先，内容标准的学习要点都围绕各自同一的专题（主题）。上述三条学习要点是围绕“资本主义世界市场的形成与发展”这一专题来设置的：新航路的开辟为世界不同国家、地区之间的经济联系提供了可能性，

① 中华人民共和国教育部.普通高中历史课程标准（实验）[S].北京：人民教育出版社，2003：4.

② 中华人民共和国教育部.普通高中历史课程标准（实验）[S].北京：人民教育出版社，2003：11.

是世界市场形成的必要条件；资本主义的殖民扩张与掠夺既为资本主义发展提供了原始积累，也使亚非拉地区沦为资本主义国家的殖民地和半殖民地，是资本主义世界市场形成的主要途径；两次工业革命使资本主义国家的经济迅速发展，为资本主义世界市场的形成从物质上提供了可能性。概括地说，内容标准设置的有关新航路开辟，荷兰、英国等国家的早期殖民扩张，以及两次工业革命等学习内容要点，都是从其与"资本主义世界市场的形成与发展"这一主题的关系加以探讨的。

其次，内容标准的学习要点主要采用结果性目标的方式呈现。结果性目标指可以结果化的课程目标，它能"明确告诉人们学生的学习结果是什么，所采用的行为动词要求明确、可测量、可评价"①。上述三条学习要点，每一条都对应于某一历史事件，其句式由前后两部分组成，前者指出所学历史事件的基本内容，如"迪亚士、哥伦布开辟新航路的史实"、"荷兰、英国野蛮抢夺殖民地和建立海外商品市场的史实"、"两次工业革命的基本史实"，用"概述"、"列举"、"了解"等行为动词；后者指出了所学历史事件与学习专题（主题）的影响，如"认识地理大发现对世界市场形成的意义"、"认识殖民扩张与掠夺是资本主义列强建立世界市场的主要途径"、"探讨其对资本主义世界市场发展的影响"，用"认识"、"探讨"等行为动词。

可以看出，内容标准的呈现，与以往的历史教学大纲有明显的不同。以往的教学大纲主要从"教学内容概述"和"教学内容要点"两个方面呈现教学内容，注重于从教师的角度表达主要"教什么"，对学生主要"学什么"，对"学到什么程度"并没有给予关注。内容标准突破了这一局限，从学生学习历史的角度，对涉及的历史学科内容做了具体界定，并给予一定的层次划分，显然与原来的历史教学大纲相比具有明显的进步。

## 三、历史课程的内容标准问题分析

当然，对于内容标准的具体划分，倘若与国外的课程标准相比，仍有待改进。以下试以"新航路的开辟"为例，与美国历史课程标准（5—12年

① 钟启泉，崔允漷，张华.为了中华民族的复兴，为了每位学生的发展——《基础教育课程改革纲要（试行）》解读[M].上海：华东师范大学出版社，2001：34.

级学生)的相关内容做具体比较。①

标准1:比较1450年以后交往逐渐增多的美洲、西欧和西非各个社会的特征。

标准1A:学生理解哥伦布到来之前美洲原居民各种社会的变革模式。

| 年　级 | 学生能够 |
|---|---|
| 5—12年级 | 利用考古学家和地质学家提供的资料,解释从亚洲向美洲移民的起源和移民活动,并把它们和美洲原居民认为自己起源于美洲的信仰进行比照(比较和对比不同观念) |
| 5—12年级 | 追溯各种人类社会的扩展,以及美洲从狩猎者-采集者文化到城市居民文化等多样文化的出现(重新建构历史继承和持续的各种模式) |
| 9—12年级 | 解释美洲原居民各种社会中的共同因素,如性别角色、家庭组织、宗教和价值观,比较他们多样的语言、住宅、劳动体制、政治结构和经济组织(分析多种因果关系) |
| 7—12年级 | 探究在密西西比河土墩上所建社会的出现和衰落(分析多种因果关系) |

标准1B:学生理解探险时代西欧各种社会的变化。

| 年　级 | 学生能够 |
|---|---|
| 5—12年级 | 评价欧洲社会的各个方面,如家庭组织、性别角色、财富所有权、教育和文化、语言多样性和宗教(识别历史源起) |
| 9—12年级 | 描述资本主义的主要机构,分析资本主义经济的出现如何改变了农业生产、制造业的劳工的劳动(分析因果联系) |

①赵亚夫,唐云波.国外历史教育文献选读[M].长春:长春出版社,2012:37-40.

续 表

| 年 级 | 学生能够 |
|---|---|
| 7—12年级 | 解释欧洲十字军东征到伊比利亚的起因和结果,分析基督教十字军东侵传统和欧洲海外探险之间的关系(分析多种因果关系) |
| 7—12年级 | 解释天主教教会内部的不同意见,分析引领宗教改革的那些人物的信仰和观念(解释观念的影响) |
| 9—12年级 | 分析中央集权制国家的出现、城市中心的发展、商业扩展与海外探险活动之间的关系(识别历史源起) |

标准1C:学生了解与欧洲人早期接触时代的西非社会的发展状况。

| 年 级 | 学生能够 |
|---|---|
| 5—12年级 | 描述西非和中非的自然地理,分析其对定居模式、文化特性和贸易的影响(运用各类历史地图中的资料) |
| 9—12年级 | 描述西非各种社会家庭组织、劳动分工、农业、制造业和贸易的总体特征(分析多种因果联系) |
| 7—12年级 | 描述15世纪、16世纪西非伊斯兰教势力的不断发展,分析伊斯兰教和当地宗教信仰和习俗之间的相互作用(考查观念的影响) |
| 9—12年级 | 分析15世纪、16世纪西非奴隶制的多样性,以及跨撒哈拉沙漠奴隶贸易的重要经济作用(分析多种因果联系) |
| 9—12年级 | 分析非洲不同国家对欧洲人早期进行贸易和搜捕大西洋沿岸人口的不同反映(分析因果联系) |

标准1D:学生理解1492年后汇聚西半球的非洲人、欧洲人和美洲原居民之间的差异性和相似性。

| 年 级 | 学生能够 |
|---|---|
| 5—12年级 | 比较各种政治体制,包括政治权威的观念、公民价值观、政府组织和行为(比较和对比不同的政治体制) |

续　表

| 年　级 | 学生能够 |
|---|---|
| 5—12年级 | 比较各种社会组织,包括人口水平、都市化、家庭结构和通讯模式(比较和对比不同的社会组织) |
| 5—12年级 | 比较各种经济体制,包括劳工体制、贸易、财产观念和自然资源的开采(比较和对比不同的经济体制) |
| 5—12年级 | 比较不同的主导观念和价值观,包括宗教信仰和习俗、性别角色和对自然的态度(比较和对比观念的影响) |

标准2:欧洲人早期的探险和殖民活动如何促进了原先互不联系的人们进行文化和生态交流。

标准2A:学生理解9世纪到17世纪国际竞争中,欧洲海上探险和陆路探险的发展步骤。

| 年　级 | 学生能够 |
|---|---|
| 5—12年级 | 追溯15世纪到17世纪早期探险家们从非洲到美洲、跨大西洋的探险路线(利用各类历史地图中的资料) |
| 7—12年级 | 评价哥伦布航海的重要作用及其与原居民之间的交往(评价个人在历史上的重要作用) |
| 5—12年级 | 把英国人、法国人、荷兰人的探险动机和西班牙人的探险动机相比较(比较和对比不同观念) |
| 9—12年级 | 评价探险时代不同国家和不同宗教之间竞争的角色,并评价它们的长期影响(思考多种观点) |
| 7—12年级 | 评价"哥伦布交流"的过程和结果(猜想历史影响) |

标准2B:学生理解西班牙和葡萄牙征服美洲的活动。

| 年　级 | 学生能够 |
|---|---|
| 7—12年级 | 描述早期移民者的社会成分,比较他们探险和移民的不同动机(比较和对比不同观念) |

**续 表**

| 年　级 | 学生能够 |
|---|---|
| 5—12年级 | 解释并评价西班牙人与阿兹特克人、印加人、普韦布洛人之间的交往(考查观念的影响) |
| 9—12年级 | 描述西属美洲和葡属美洲劳工体制，如encomienda和奴隶制的演变和长期影响(鉴别不同的历史观点) |
| 7—12年级 | 分析秘鲁和墨西哥湾银矿的开采与16世纪全球贸易和欧洲价格革命之间的关系(分析因果联系) |

对比美国历史课程标准中的相关内容可看出，我国内容标准的呈现有待以下方面的改进：

一是内容标准的内容选择视角有待拓宽。以“新航路的开辟”为例，高中历史课程仅从经济的角度认识新航路开辟对世界市场形成的影响，而美国的内容标准从政治、经济、文化多种角度加以阐述，认为新航路的开辟不仅是一场“探险活动、殖民活动和征服活动”，还是一场将欧洲文明传播到美洲大陆的活动。新航路的开辟尽管也促进了资本主义经济势力的扩张，但同时也对美国的民主政治以及不同宗教的发展起了推动作用。

二是内容标准所涉及的学习要点的表述层次有待明确。美国历史课程标准对于历史学科的思维能力列出了5种，即时序思维能力、历史理解能力、历史分析与历史解释能力、历史研究能力、分析历史问题并做出决策的能力。对于每一种能力，都有详细的层级划分，如对于年代的思考，要求学生能分辨过去、现在和未来的时序，指认历史的叙述或故事中的时间结构，学生在建构自己的历史性叙述时能建立时间的顺序，测量及计算日历上的时间，解释以时间顺序说明的资料，重建历史性顺序，比较历史分期的可能选择模式。[①]具体到内容标准，对于同一学习要点，能够将其划分为不同层次，如以上标准2A中，要求学生理解9世纪到17世纪国际竞争中，欧洲海上探险和陆路探险的发展步骤，在分层目标中结合具体内容，所划分的能力层次为“利用各类历史地图中的资料”、“评价个人在历史上的作用”、“比较和对比不同观念”、“思考多种观点”、“猜想历史影

① 李稚勇.美国历史科国家课程标准论析[J].历史教学，1999(6)：26-30.

响”。我国的内容标准虽然也含有“了解”、“知道”、“列举”、“简述”、“概述”、“比较”、“体会”、“感受”、“探讨”、“认识”、“分析”等行为动词,但由于没有具体的内容层级,其水平值很难预测。

三是内容标准的学段衔接有待加强。我国的初、高中课程是两套方案,内容标准缺乏必要的连贯性。5—12年级学段要学习美国历史和世界历史,内容标准将美国历史和世界历史分别分为10个时期、9个时期,各时期之间虽有某种程度的交叉,但总体上它们把人类历史处理成一个延续不断的历程。并且,从以上内容要点的表述看,其相当于我国的初、高中学段是放在一起表述的,内容标准的学段衔接较好。

## 第三节　历史课程的三维目标

### 一、何谓课程目标

#### (一)课程目标的含义

在教育领域,关于目标的术语较多。理解课程目标,首先需要与教育领域长期流行使用的“教育方针”、“教育目的”、“教育目标”等术语概念相区分。

教育方针是指“国家为了发展教育事业,在一定阶段根据社会和个人两方面的发展需要与可能制定的具有战略意义的总政策或总的指导思想,内容包括教育的性质、地位、目的和基本途径等”①。教育方针是国家特定历史时期产生的,它具有行政性和法规性的权威,主要规定教育为谁服务,培养什么样的人。教育方针具有鲜明的时代性,同时又处于最抽象的层次,一般作为确定教育目的、学校培养目标,以及制定课程目标的基本原则。

教育目的是“培养人的总目标,关系到把受教育者培养成为什么样的社会角色和具有什么样素质的根本性质问题,是教育实践活动的出发点。根据一定社会生产力、生产关系的需要和人自身发展的需要来确

① 顾明远.教育大辞典:增订合编本·上[M]上海:上海教育出版社,1998:744.

定”[1]。教育目的的核心是规定培养什么样的人,它具有历史性、一般性、概括性和抽象性。不同的社会、不同的历史阶段需要不同的社会角色,对教育提出了不同的要求,也就有了不同的教育目的。

应该说,教育方针、教育目的主要是指教育的总体方向,它所体现的是一定历史阶段国家教育普遍的、总体的、宏观的教育价值。

教育目标则有三方面指称:一是“培养受教育者的总目标”;二是“各级各类学校、各专业的具体培养要求”;三是“教育事业发展的目标”。[2]在此,主要是指第二方面的指称。也就是说,“教育目标”是教育目的的下位概念,它所体现的是不同性质的教育和不同阶段的教育价值,如基础教育、高等教育、职业教育、成人教育分别具有不同的教育目标。

课程目标是教育目标的下位概念,它具体体现课程开发与课程设计中的教育价值。课程目标的内容、性质与方向,主要取决于教育目的和学校培养目标。教育目的和培养目标是通过一系列具体的课程目标落实到具体的教学实践之中。课程目标既是教育目的和培养目标的具体化,同时它本身又可以进一步划分为某一单元、某一节课的更为具体的目标。

可以看出,课程目标又可分为三个层面,即课程总体目标、学科课程目标和课堂教学目标。课程总体目标描述的是在某一教学阶段课程设置所要实现的总目标,并为安排各类型的课程和教学内容提供依据,在我国往往体现在“课程纲要”和“培养方案”中;学科课程目标接受课程总体目标的规范,是相对具体的目标,以“课程标准”的形式呈现;课堂教学目标与具体的课堂教学相关联,是具体的、情境化的、可操作的教学目标,是对某一门学科或课程的具体内容进行教学所要达成的目标的描述,体现教学的时空差异和个体差异。[3]

### (二)课程目标的目标领域与学习水平

所谓“目标领域”是指预期学生学习之后所发生变化的行为领域;“学习水平”是表明这种行为在一定的框架内所达到的程度,其定义则具体说

① 顾明远.教育大辞典:增订合编本·上[M]上海:上海教育出版社,1998:765.

② 顾明远.教育大辞典:增订合编本·上[M]上海:上海教育出版社,1998:764-765.

③ 李高锋,汪明.对“三位一体”课程目标的解读[J].内蒙古师范大学学报(教育科学版),2009(10):1-4.

明了该学习行为，涉及目标领域与学习水平。国内外有许多教育目标分类的尝试，其中影响较大、较早的，当属布卢姆等人的教学目标分类学。表2–1是对布卢姆等人的目标分类的修正框架之一。

**表1–1　三种目标领域、学习水平及其定义**

| 领　域 | 学习水平 | 定　义 |
|---|---|---|
| 认知领域 | 1.知识 | 事实信息的回忆 |
| | 2.领会 | 理解的最低水平；提供理解的证据和运用信息的能力 |
| | 3.应用 | 用抽象原理来解决问题 |
| | 4.分析 | 区分和领会各种相互关系 |
| | 5.创造 | 结合各个组成部分以形成一个新的整体 |
| 情感领域 | 1.接受 | 自在地面对刺激 |
| | 2.反映 | 自愿地对刺激作出反应 |
| | 3.判断价值 | 对刺激形成一种态度 |
| | 4.信奉 | 一贯地按照内发的、稳定的价值体系行事 |
| 动作技能领域 | 1.模仿 | 按照指示和在指导下从事简单的技能 |
| | 2.操作 | 能独立地完成一项技能 |
| | 3.熟练 | 能准确地、自动地完成一项技能 |

### （三）课程目标的基本取向与运用限度①

课程目标是一定教育价值观在课程与教学领域的具体体现，对任何课程目标而言，总会显示其一定的价值取向。所谓“价值中立”的课程目标是不存在的。因此，探讨与分析课程目标的基本价值取向，能够增强对课程与教学的反省意识与自觉意识，便于主动把握和合理制定课程目标。

#### 1.“普遍性目标”取向

“普遍性目标”是基于经验、哲学观或伦理观、意识形态或社会政治需要而引出的一般教育宗旨或原则，这些宗旨或原则被直接运用于课程与教学领域，成为课程与教学领域一般性、规范性的指导方针。这种目标的特点是把一般教育宗旨或原则与课程教学目标等同起来，因而具有普遍性、模糊性、规范性。

① 张华.课程与教学论[M].上海：上海教育出版社，2000：153–182.

"普遍性目标"体现的是"普遍主义"的价值观,认为任何课程与教学目标都能够并应当运用于所有教育情境。由于这种目标取向所给出的课程与教学目标是一般性的宗旨或原则,而不是具体的目标菜单,所以教育工作者可以对这些目标创造性地做出解释,以适应各种具体教育实践情境的特殊需要。

"普遍性目标"取向也存在一些缺陷。第一,这类目标往往缺乏充分的科学根据,受日常经验所局限。第二,这类目标在逻辑上不够彻底、完整,往往以教条的形式出现,表现出一定的随意性。第三,这类目标在含义上不够清晰、确定,而且常常出现歧义。

**2."行为目标"取向**

"行为目标"是以具体的、可操作的行为方式陈述的课程与教学目标,它指明课程与教学过程结束后学生身上所发生的行为变化。"行为目标"的基本特点是:精确性、具体性、可操作性。"行为目标"对于基础知识和技能的熟练掌握,对于完成一些相对简单的教育目标的达成是有益的。这种目标取向一度在课程与教学领域占主导地位,其缺陷是对较为复杂的课程与教学目标难以把握。

**3."生成性目标"取向**

"生成性目标"是在教育情境中随着教育过程的展开而自然生成的课程与教学目标。它是问题解决的结果,是人的经验生长的内在要求。"生成性目标"最根本的特点就是过程性。"生成性目标"取向本质上是对"实践理性"的追求,它强调学生、教师与教育情境的交互作用,正是在这种交互作用中,不断产生课程与教学的目标。

"生成性目标"体现了教育的理想追求,其结果必然会促进学生的终生学习。不过,由于这种目标取向过于理想化,大多数教师缺乏这方面的训练,同时也受客观条件的限制,这种取向目标的运用要考虑在教育实践中的适切性。

**4."表现性目标"取向**

"表现性目标"取向是指每一个学生在与具体教育情境的种种"际遇"中所产生的个性化表现。当学生的主体性充分发挥、个性充分发挥的时候,他在具体教育情境中的具体教育行为表现及所学到的东西是无法准确预知的。因此,“表现性目标”强调学生的自主性和主体性,尊重学生的个性差异,强调学生的个性发展和创造性表现。

教学目标有助于教师思考和计划实现学校培养目标和课程目标,也有助于评价某些类型的教与学的效果。教学目标对高级认知水平的领域有无普适性,还缺乏必要的证据。随着实践和研究的不断深入,人们认识到,不必过分反对运用目标,但也不必过分夸大它的作用。

## 二、历史课程目标的性质与内涵

### (一)历史课程目标的性质

历史课程是基础教育课程设置中不可缺少的一门基础性学科课程。从国家颁布的历史课程标准看,历史课程目标主要规定学生在经过一定学段的历史课程的学习后最终达到的国家期望的要求和标准。主要包括以下几个方面:

一是阶段性。它是学科课程设计中规定的学生在完成特定年级或教育阶段(如初中或高中)后所达到的学习水平和学习状态的描述。

二是基本性。这是指它所规定的对学生经过一个学段的历史学习后,能够达到的共同的、统一的基本要求。既表现在其标准是所有学生无需经过特殊帮助都能达到的基本标准,也表现在它适用于这一学段的全体学生,它规定所有学生不论年龄、性别、文化水平差异,通过在这一学段的学习后都要达到的发展状态和发展水平。

三是国家意志的体现与要求。历史课程作为学校教育的一门基础课程,是随着近代以来民族、国家的兴起而产生并不断发展的。历史课程目标必然会体现国家意志、本民族的传统与特色,以及现实国情。

### (二)历史课程三维目标的基本内涵

当前历史课程目标是依据《基础教育课程改革纲要》(以下简称《纲要》),从“知识与能力”、“过程与方法”、“情感态度与价值观”三个维度加以表述的。《纲要》在“课程标准”部分指出:国家课程标准“应体现国家对不同阶段的学生在知识与能力、过程与方法、情感态度与价值观等方面的基本要求,规定各门课程的性质、目标、内容框架,提出教学和评价建议”。历史课程的三维目标就是依此加以设计的。

### 1.“知识与能力”目标

“知识与能力”目标强调的是历史学科的基本知识与基本技能,是历史课程学习的基本要求。所谓基本的历史知识,义务教育阶段主要包括“重要的历史事件、历史人物及历史现象,人类文明的主要成果,以及历史发展的基本线索”[①],也就是“史学基本确认的以通史为背景或脉络的具有时代特征的,对初中生的成长最具知识、智慧、品德等人格养成意义的历史人物、事件和成果”[②]。高中阶段主要包括“进一步认识历史发展进程中的重大历史问题,包括重要的历史人物、历史事件、历史现象和历史发展的基本脉络”[③]。与义务教育课程相比,高中阶段的知识目标又有两个明显特点:一是知识的呈现采取分类集中的办法,如将政治、经济与社会生活、思想文化与科技不同领域的历史知识各自集中于一个模块学习;二是知识的呈现采取古今贯通的方式,且知识点的层次有所提升。高中历史课程具体知识目标的构建,是通过设置历史必修课程与选修课程来完成的。其中,历史必修课程包括古今贯通、中外关联的25个学习专题,分别反映人类政治、经济、思想文化、科学技术等领域的重要历史内容。每个专题的知识内容显然比初中的层次复杂。

所谓基本的历史技能,义务教育阶段包括“了解历史的时序,初步学会在具体的时空条件下对历史事物进行考察,从历史发展的进程中认识历史人物、历史事件的地位和作用;了解多种历史呈现方式,包括文献材料、图片、图表、实物、遗址、影像、口述,以及历史文学作品等,提高历史的阅读能力和观察能力,形成符合当时历史条件的一定的历史情景想象;初步学会从多种渠道获取历史信息,了解以历史材料为依据来解释历史的重要性;初步形成重证据的历史意识和处理历史信息的能力,逐步提高对历史的理解能力,初步学会分析和解决历史问题;学生用口头、书面等方

① 中华人民共和国教育部.全日制义务教育历史课程标准(2011年版)[S].北京:北京师范大学出版社,2012:5.

② 聂幼犁,王德民.关于全日制义务教育历史课程标准的思考[J].中学历史教学参考,2008(Z1):1–4.

③ 中华人民共和国教育部.普通高中历史课程标准(实验)[S].北京:人民教育出版社,2003:4.

式陈述历史，提高表达与交流的能力”[①]。高中阶段主要包括“在掌握基本历史知识的过程中，进一步提高阅读和通过多种途径获取历史信息的能力；通过对历史事实的分析、综合、比较、归纳、概括等认知活动，培养历史思维和解决问题的能力”[②]。与义务教育历史课程的能力目标相比，高中阶段历史课程的能力目标强调历史技能、历史学科思维能力的培养。历史技能的培养目标主要包括绘制历史地图、表格技能，阅读材料（包括阅读文字或解读图表材料、获取有效历史信息等）、整理历史知识（包括归纳、比较或分析历史问题等）、编制历史图表（包括时间带、大事年表、示意图等）、表述历史（包括能够扼要地表述历史梗概、有情感地表述历史情节、有论据地表述对历史问题的看法等）技能。[③]历史思维能力培养主要有以下目标：能从一种或多种角度客观地评价历史人物、历史事件或历史现象；能整理零散的历史材料并按一定的逻辑关系组成一个完整的历史过程；能辩证地分析历史问题产生的原因、发展的过程，以及各种历史问题之间的关系；能科学地比较不同历史人物、历史事件或历史现象并发现其异同；能运用基本的史学概念、范畴和方法，对某些历史结论做出相应的评价或说明。[④]

**2.“过程与方法”目标**

所谓“过程与方法”是指为了实现在“知识与能力”、“情感态度与价值观”方面的课程目标，在教师的指导下，学生所采用的学习过程和学习方法。“‘过程’是指让学生经历知识与技能的形成过程，在体验、活动、探究中进行学习；‘方法’是掌握各类知识与技能的学习方式或策略，学会学习，学会反思，学会创造，能对自己的学习过程及其结果进行有效监控。”[⑤]

义务教育阶段“过程与方法”的目标是：通过多种途径感知历史，学会从当时的历史条件理解历史上的人和事，并经过分析、综合、概括、比较等思维过程，形成历史概念，进而认识历史的时代特征和历史发展的基本趋

---

① 中华人民共和国教育部.全日制义务教育历史课程标准（2011年版）[S].北京：北京师范大学出版社，2012：5-6.

② 中华人民共和国教育部.普通高中历史课程标准（实验）[S].北京：人民教育出版社，2003：4.

③ 朱汉国，郑林.新编历史教学论[M].上海：华东师范大学出版社，2008：47.

④ 朱煜.走进高中新课改——历史教师必读[M].南京：南京师范大学出版社，2006：21.

⑤ 杨钦芬.新课程三维目标的解读与整合策略[J].教育学术月刊，2008（7）：16-18.

势;在学习历史的过程中,逐步学会运用时序与地域、原因与结果、动机与后果、延续与变迁、联系与综合等概念,对历史事实进行理解和判断;在了解历史事实的基础上,逐步学会发现问题、提出问题,初步理解历史问题的价值和意义,并尝试体验探究历史问题的过程,通过搜集资料、掌握证据和独立思考,初步学会对历史事物进行分析和评价,并在探究历史的过程中尝试反思历史,汲取历史的经验教训;逐步掌握学习历史的一些基本方法,包括计算历史年代的方法、阅读教科书及有关历史读物的方法、识别和运用历史地图和图表的方法、查找和搜集历史信息的途径和方法、运用材料具体分析历史问题的方法等;初步掌握解释历史问题的方法,力求在表达自己的见解时能够言而有据,推论得当;学会与教师、同学共同对历史问题进行探究与讨论,能够积极汲取他人的正确见解,善于与他人合作,交流学习心得和经验。①

高中阶段"过程与方法"的目标是:"进一步认识历史学习的一般过程。学习历史是一个从感知历史到不断积累历史知识,进而不断加深对历史和现实的理解过程;同时也是主动参与、学会学习的过程。掌握历史学习的基本方法。学习历史唯物主义的基本观点和方法,努力做到论从史出、史论结合;注重探究学习,善于从不同的角度发现问题,积极探索解决问题的方法;养成独立思考的学习习惯,能对所学内容进行较为全面的比较、概括和阐释;学会同他人,尤其是具有不同见解的人合作学习和交流"②。

无论是义务教育阶段还是高中阶段,当将上述要求视为历史课程的目标时,显然强调的是学生获得历史认识的"过程与方法"。这里的"过程"有两层意思:一是概括的、外在的学术活动的过程,比如资料搜集、问题探究、自主学习等;二是内在的、具体的学习思维的过程,比如搜集资料、探究问题、编辑史料的过程与方法等。资料搜集、问题探究不是教学目标,而学会如何搜集资料,如何探究问题才是教学目标。③对于历史课程而言,"过程与方法"目标意味着要尊重学生,以学生为本,培养学生搜

① 中华人民共和国教育部.全日制义务教育历史课程标准(2011年版)[S].北京:北京师范大学出版社,2012:6.

② 中华人民共和国教育部.普通高中历史课程标准(实验)[S].北京:人民教育出版社,2003:4.

③ 张汉林.对"过程与方法"目标的一点思考[J].历史教学(中学版),2007(3):12–14.

集和处理史料的能力、分析与概括能力、探究能力等。

**3."情感态度与价值观"目标**

"情感态度与价值观"是历史课程目标的重要维度。所谓"情感",在心理学上,是指人对世界的心理反应,如爱憎、喜欢、厌恶、愤怒、悲伤等;"态度"指人对事物的看法和采取的行动,如积极、消极、坚决、动摇等。情感态度目标主要包括培养兴趣动机、树立信心、增强意志、培养合作精神等。价值观则是指对自己、对人生、对世界发自内心的理解和观念,可以大致分为世界观、人生观和价值观,主要包括增强民族意识、开阔国际视野、养成民主法制意识等。

义务教育阶段"情感态度与价值观"目标强调从历史的角度认识中国的具体国情,认同中华民族的优秀文化传统;感悟近现代中国人民为救亡图存和实现中华民族复兴而进行的英勇奋斗和艰苦探索;强调形成面向世界的视野和意识;确立积极进取的人生态度,等等。[①]高中阶段"情感态度与价值观"目标强调:"通过历史学习,进一步了解中国国情,热爱和继承中华民族的优秀文化传统,弘扬和培育民族精神,激发对祖国历史与文化的自豪感,逐步形成对国家、民族的历史使命感和社会责任感,培养爱国主义情感,树立为祖国现代化建设、人类和平与进步事业作贡献的人生理想。""加深对历史上以人为本、善待生命、关注人类命运的人文主义精神的理解。培养健康的审美情趣,努力追求真善美的人生境界。确立积极进取的人生态度,塑造健全的人格,培养坚强的意志和团结合作的精神,增强经受挫折、适应生存环境的能力。进一步树立崇尚科学精神,坚定求真、求实和创新的科学态度。""认识人类社会发展的统一性和多样性,理解和尊重世界各国、各地区、各民族的文化传统,汲取人类创造的优秀文明成果,进一步形成开放的世界意识。"[②]

事实上,初中、高中历史课程的"情感态度与价值观"目标,都从三个方面对学生的成长提出了要求:一是对个人而言,要求树立以人为本,善待生命的人文意识;培养健康的审美情趣,追求真善美的人生境界;确立

① 中华人民共和国教育部.全日制义务教育历史课程标准(2011年版)[S].北京:北京师范大学出版社,2012:7–8.

② 中华人民共和国教育部.普通高中历史课程标准(实验)[S].北京:人民教育出版社,2003:4.

积极进取的人生态度;塑造健全的人格,培养坚强的意志和团结合作的精神,增强受挫折、适应生存环境的能力,进一步树立崇尚科学精神,坚定求真、求实和创新的科学态度。二是对国家和民族而言,要求学生通过历史学习,进一步了解中国国情,热爱和继承中华民族的优秀文化传统,弘扬和培育民族精神,激发对祖国历史与文化的自豪感,逐步形成对国家、民族的历史使命感和社会责任感,培养爱国主义精神,树立为祖国现代化建设、人类和平与进步事业作贡献的人生理想。三是对世界和人类而言,要求学生通过历史学习,能够认识人类社会发展的统一性和多样性,理解和尊重世界各国、各地区、各民族的文化传统,汲取人类创造的优秀文明成果,进一步形成开放的世界意识。①

需要指出的是,历史课程的三维目标是课程总目标需要达到的三个维度,而不是三个目标。"知识与能力是关于'是什么'的维度,过程与方法是关于'如何获得是什么'的维度,情感态度与价值观是在'如何获得是什么'的过程中或之后并内化为自己的相对稳定的东西。"②概略地说,知识与能力目标立足于让学生学会,过程与方法目标立足于让学生会学,情感态度与价值观目标立足于让学生乐学。

## 三、历史课程目标的设计与表述

### (一)课程目标设计的一般步骤

课程目标的设计一般经过以下步骤:一是目标分解。课程目标是分层的。任何一级课程目标的确立需要以上位目标为依据,下位目标是为上位目标服务的,课程目标自上而下的分解过程就是一个不断具体化的过程。课堂教学目标是课程目标体系中最为具体的目标,要设计历史课堂教学目标,就必须依据历史课程标准中的课程目标,通过板块目标或模块目标,层层分析,才能确定切实可行的课程目标。二是任务分析。可以根据学段或学期的课程目标,进行任务分析。这里的任务分析实际上就是为了达到学段或学期的课程目标规定,对所需要学习的知识与能力、情

① 教育部基础教育司.历史课程标准研修[M].北京:高等教育出版社,2004:39-41.

② 崔允漷.有效教学[M].上海:华东师范大学出版社,2009:111.

感态度与价值观等进行具体的剖析。三是目标表述。根据上述结果,进行目标表述。课程目标是针对学生的学习结果的具体表述,要设计出合适的课程目标,必须对学习者学习后应达到的行为状态做出具体、明确的表述,再将这些表述进行分类,尽量使目标制定更为合理。

### (二)历史课堂教学目标表述的基本方式与要素

#### 1.历史课堂教学目标表述的基本方式

从历史课堂教学实践看,历史课堂教学目标表述的方式主要有行为目标和表意目标两种:

(1)行为目标的表述方式。行为目标的表述方式主要确定学生的学习结果是什么,所采用的行为动词要求明确清晰,可以在实际操作中测量和评价。这种表述方式主要用于知识与能力领域。如掌握秦朝建立的时间、都城;了解秦朝为巩固统一的封建专制主义中央集权制而采取的措施;识读《秦朝疆域图》;概述秦朝灭亡的原因等。历史课堂教学目标的具体性、明确性,主要取决于行为动词的可观察性和可操作性,所以应尽量将诸如"知道"、"理解"、"掌握"等含义不易确切把握的词具体化。谨慎选择行为动词的另一个重要性还在于,某一类型的行为动词一般表示学习结果的某一类型和层次。如"识记"这一层次一般选择"指出、标明、列出、选择、背诵"等动词;"领会"这一层次一般选择"区别、估计、解释、引申、归纳、举例说明"等动词;"分析"这一层次一般选择"图示、细述理由、比较、区别、举例说明、评析"等。

(2)表意目标的表述方式。艾斯纳(Eisner E.W.)曾经论述道:"表意目标是学生可以应用其过去所学种种技能和理解的主题,透过这个主题,学生的技能和理解扩大了、精致了,而且能够更加显示个人特质。表意目标所要的不是学生反应的同质性,而是学生反应的多元性。在表意的理念中,教师希望提供一个情景,学生由此获得其个人的意义。而学生在此情景中生产的成品,不论理论的或品质的,都会因人而异。结果,这种情景中的评价工作不可应用共同的标准于各种成品之上,而应该促进个人反省那些成品,显示产品的特性和重要性。"①

① 黄政杰.课程设计[M].台北:东华书局,1991:248-249.

历史课堂教学中,表意目标主要描述学生的心理感受和体验,所采用的行为动词也往往是体验性的和过程性的。这种方式指向无需结果化或难以结果化的教学目标,常常用于“过程与方法、情感态度与价值观目标”。如:“通过查阅历史文献资料,收集成语典故,讲述春秋争霸的故事”;“通过对儒、法、道代表人物思想的了解,确立积极进取的人生态度,形成敢于表达思想、尊重别人意见的个人素质”等。

**2.历史课堂教学目标表述的基本要素**

一般认为,一个完整的历史课堂教学目标主要包括四个方面:一是行为主体,即主要是针对哪一个层次的学生。二是学生的行为,说明学生通过一节课的学习后,应该获得什么样的知识与能力,情感态度价值观有什么变化。三是确定行为的条件,条件是指能够影响学生学习结果所规定的限制或范围。四是表现程度,程度是指学生达到历史课堂教学目标的最低衡量标准,是阐述学生学习成就的最低水准。当然,并不是所有的历史课堂教学目标都要包括这四个要素,有时为了陈述方便也可简略。历史课堂教学目标的表述还要注意以下两个问题:

(1)历史课堂教学目标表述使用的行为动词要尽可能是可理解、可评估的。教师应该根据历史课程标准提出的要求,逐步分解目标,选择恰当的行为动词来明确地表述应该达到何种结果,以加强历史课堂教学设计的可操作性。

(2)历史课堂教学目标的表述要尽可能说明行为结果产生的条件和所要达到的程度。行为结果产生的条件指影响学生学习结果的特定的限制和范围。一般的表述有四种类型:关于使用手段或辅助手段,如“结合图片、教师提供的资料,识读……”;提供信息或提示,如“在秦朝疆域图中,找出秦的疆域四至”;时间上规定的限制,如“在5分钟内,阅读关于秦始皇个人的资料”;完成行为的情形,如“课堂讨论时,能够说出有关秦始皇的个人情况”等。

**3.历史课堂教学目标举例**

【课例1】秦帝国的兴亡(北师大版,七年级上册)

课程标准:

了解秦兼并六国和秦始皇加强中央集权的史实,探讨统一国家建立的意义。知道陈胜、吴广起义。

课堂教学目标：

第一，知识与能力。了解秦统一的背景，说出秦兼并六国的顺序，完成统一并建立中国历史上第一个统一多民族国家的时间；探讨统一国家建立的意义，培养分析问题的能力；知道陈胜、吴广起义是中国历史上第一次大规模的农民起义；通过阅读、绘制“秦朝疆域图”，掌握识读、绘制历史地图的基本技能。

第二，过程与方法。学习收集成语典故的方法；通过探讨统一国家建立的意义，培养分析问题的能力。

第三，情感态度与价值观。通过学习秦统一的历史意义，认识秦始皇统一中国开创了中国历史的新局面，对中国多民族国家的形成和中华民族的发展作出了积极贡献。通过陈胜、吴广起义，认同秦的暴政是导致下层人民反抗和秦朝灭亡的根本原因。

【课例2】“和同为一家”（北师大版 七年级上册）

课程标准：

了解唐与吐蕃等民族交往的史实。

课堂教学目标：

第一，知识与能力。知道“天可汗”的含义，了解唐太宗受到少数民族拥戴的有关史实；讲述文成公主入藏和亲的故事，说出文成公主入藏的意义；列举唐王朝对待少数民族的政策，简述“和同为一家”的含义，并能说出自己的体会。

第二，过程与方法。阅读课文提供的历史材料，学会阅读历史材料并从材料中获得有效信息；识读“唐初边疆少数民族分布图”，了解唐朝少数民族的分布情况，以及他们与唐朝密切交往的史实，学习识读历史地图的方法；搜集唐朝各民族友好交往的故事，编演历史剧，掌握搜集历史资料的方法；在编演历史剧的过程中，培养语言表达能力和团结协作的精神。

第三，情感态度与价值观。通过唐朝与周边少数民族的密切联系、相互交流与共同发展的史实，认识到祖国历史是各族人民共同缔造的，统一多民族国家的形成和巩固是各族人民长期开发、共同建设的结果，是各族之间友好交融的结果；通过对“松赞干布与文成公主”内容的学习，认识到文成公主入藏奠定了汉藏友好交往的基础；通过对唐代开明民族政策的了解，树立尊重别人、平等待人的意识，培养待人宽容、豁达的性格。

### （三）历史课堂教学目标的认识误区及原因分析①

**1.误区一：简单移植历史课程目标，历史课堂教学目标的内容大而空**

【课例】"元帝国拓展统一多民族国家基业"（北师大版　七年级下册）

通过学习成吉思汗统一蒙古和忽必烈建立元朝的史实，引导学生树立积极进取的人生观，塑造学生的坚强意志和勇敢品格；通过学习文天祥抗元的史实，对学生进行理想人格教育。

树立学生积极进取的人生观，塑造学生的坚强意志和勇敢品格，以及对学生进行理想人格教育，是历史课程目标的重要内容，对学生而言，是一个长期的过程，非一节历史课所能完成。这样的历史课堂教学目标只是对历史课程目标的简单移植，目标内容大而空，缺乏可操作性，事实上在一节课的历史课堂中很难实现。

【分析】出现上述误区的原因，主要在于没有弄清历史课程目标与历史课堂教学目标之间的关系。通常情况下，历史教学是由一节一节的课堂教学来完成，这就需要制定历史课堂教学目标，而历史课程标准是教师从事历史教学的主要依据，由此很容易导致教师照搬历史课程标准中的目标。事实上，相对课堂教学目标而言，课程目标是宽泛的，它"定位于教育内部教育与学生的关系"，"包括了教育目标、培养目标、教学目的和教学目标。"②由此可知，历史课程目标绝不能等同于历史课堂教学目标，历史课堂教学目标的制定需要对历史课程目标一步步细化，要具有可操作性，并借助于具体的历史教材内容和历史教学活动来实现。修改如下：

通过成吉思汗统一蒙古和忽必烈建立元朝的史实，体验他们不畏艰难、积极进取的个人品质和坚强意志；文天祥抗元的特殊经历并非人人都

① 王德民.历史课堂教学目标的认识误区与原因分析[J].教育实践与研究，2006(8).

② 廖哲勋，田慧生.课程新论[M].北京：教育科学出版社，2003：148.

能碰到，能从中知道责任心的重要性。

**2.误区二：历史课堂教学目标分割孤立，缺乏具体实施的内容载体和途径**

【课例】："和同为一家"（北师大版　七年级下册）

知识与能力：

一是知道"天可汗"的含义，了解唐太宗受到少数民族拥戴的有关史实；二是讲述文成公主入藏和亲的故事，说出文成公主入藏的意义。

过程与方法：

学习识读历史地图的方法；掌握搜集史料的方法。

情感态度与价值观：

理解统一多民族国家的形成与巩固；理解正确的民族关系。

三个维度的目标分割孤立，彼此之间缺乏联系。从具体的教学实践活动看，除知识与能力目标有较强的指向和较强的操作性外，其他两个维度的目标都缺乏实施的具体载体和途径。例如，在过程与方法的教学目标中，怎样让学生学会识读历史地图的方法？在情感态度与价值观教学目标中，又怎样让学生理解统一多民族国家的形成与巩固？这些都缺乏具体的实施途径。

【分析】历史课堂教学目标的知识与能力、过程与方法、情感态度与价值观三个维度目标是统一的，不能人为去割裂它们。既不能简单罗列历史基础知识，也不能空谈情感态度与价值观教育。要从历史教材内容以及历史教学的具体实际出发，概括教材中所包含的历史基础知识，发掘历史教材潜在的历史能力和情感态度与价值观教育方面的因素。具体来说，在拟定课堂教学目标时，应该认真考虑如下问题：教材包括哪些历史基础知识？由此应该培养学生哪些方面的能力？对学生进行怎样的教学活动指导使其理解历史学习的过程与方法？本课知识中包含有什么情感态度与价值观？

因此，要使历史课堂教学目标的三个维度之间的联系增强，对历史课堂教学的指导作用更加明显，把上述过程与方法、情感态度与价值观目标做如下修改。

过程与方法：

通过识读“唐初少数民族分布图”,了解唐朝周边少数民族的分布情况,以及他们与唐朝密切交往的史实,学习识读历史地图的方法;搜集唐朝各民族友好交往的故事,掌握搜集历史资料的方法;以文成公主入藏的故事为题材,编演一幕历史剧。

情感态度与价值观:

通过对“松赞干布与文成公主”内容的学习,认识到文成公主入藏奠定了汉藏友好交往的基础;通过学习唐朝与周边少数民族密切联系、相互交流与共同发展的史实,认识到祖国历史是各民族人民共同缔造的,统一多民族国家的形成和巩固是各民族人民长期开发、共同建设的结果,是各族之间友好交融的结果;通过对唐朝开明民族政策的了解,树立尊重别人、宽容与平等待人的意识。

**3.误区三:沿用以前的提法,定位不准确**

【课例】艰难曲折的探索过程(北师大版　八年级下册)

基础知识与技能:

讲述中共八大的主要内容并分析其积极意义;讲解社会主义建设总路线的提出及“大跃进”和人民公社化运动给我国社会主义建设带来的危害;培养学生全面分析历史问题的能力;培养学生运用唯物主义观点评价历史事件、历史人物的能力。

思想教育:

认识社会主义建设是一个曲折漫长的过程;体会坚持中国共产党领导的重要性,坚定建设社会主义的信念。

从名称上看,仍然沿用课程改革以前的提法,这与历史课程标准确立的三维教学目标不相符合。从历史课堂教学目标确立的角度看,“讲述”、“讲解”这些提法都是从教师这一方面提出来的,这也与课程改革“以学生为主体”确定教学目标的理念相违背。

【分析】在现实的历史课堂教学中,相当部分教师仍然认为历史课程标准替代历史教学大纲只不过是更换了一种新的提法,“换汤不换药”,授课教师在教案中称历史教学目标之一情感态度与价值观目标为“思想教育目标”的还是普遍现象。但事实上,历史课程标准替代历史教学大纲,带来了方方面面的变革。以前的“思想教育目标”被“情感态度与价值观目标"所取代,"突破了以往单纯政治教育的层面,注重人文素养和科学精神的培养,把历史教育的社会功能与人的发展功能结合起来。"[①]就课程目标而言,"学生是唯一的对象,教师是课程目标达成的促进者",这与历史教学大纲只注重教师的"教"而忽视学生的"学"有着很大的区别。教师要深入钻研历史课程标准,结合历史教材内容,不仅要掌握教材内容的广度和深度,还要研究教材的编写意图,研究学生的具体情况,使历史课堂教学目标更准确,更加具有针对性。

**4.误区四:罗列历史教材内容,照抄历史教学参考书**

这种认识误区主要有两种倾向:一种是对本节课历史教材内容进行简单罗列,有的甚至将历史教材内容子目直接罗列为历史教学的知识目标;另一种倾向是生搬硬套他人的教学目标,即现行中学历史教师教学用书中每一节课的教学目标都编制好了,有的教师在备课时就照抄下来,但在具体的历史课堂教学上却总不能实现。

【分析】历史课堂教学目标是对历史教材内容本质的高度概括,是教师经过钻研而提炼出来的对教材内容实质的体会。如果没有这种提炼和体会,教师无论照搬历史教材内容还是照抄他人已经制定好的教学目标,都会因为自己对历史教材内容没有领会而难以实现。教学是一门艺术,更是一种创造性劳动,教师如果不能因时、因地、因人而异地制定历史课堂教学目标,不能亲自参与创造,也就不能取得好的教学效果。

**5.误区五:过于强调预设性课堂教学目标,忽视生成性课堂教学目标**

一位教师在讲授"青铜时代"内容时,设置的目标是有关青铜冶炼的知识,学生们提出的问题有:青铜器是干什么用的?为什么要制造青铜器?青铜器为什么会流传至今?等等。教师忽视了学生们的问题,仍然按照自己设计好的教学程序进行,学生的情绪受到压抑,课堂教学气氛低落。

【分析】教师课前制定历史课堂教学目标时,不能过分强调它的预设性。教师在考虑教什么、怎么教的同时,更要考虑学生学什么?怎么学?预设性历史课堂教学目标是静态的,它能保证历史教学活动的目的性、计

① 朱汉国,王斯德.全日制义务教育历史课程标准解读[S].北京:北京师范大学出版社,2002:16.

划性和可控性，但也容易导致历史教学的封闭，限制师生的创造性。历史教学过程中，教师要关注学生的问题，给学生探究、创新的机会，重视伴随历史课堂教学过程的展开而自然产生的目标，这是历史教学活动中极为有价值的东西。这也要求教师对历史课堂教学目标的预设更远、更深、更灵活，使历史教学更加充满活力。

**思考题**

1.历史课程改革的基本理念有哪些？

2.新课程历史课程标准有哪些特点？与国外历史课程标准相比，又存在哪些不足？

3.以某一节课的具体内容为例，设计历史课堂教学目标。

**参考文献**

[1]白月桥.课程标准实验稿课程目标制定的探讨[J].课程·教材·教法，2004(9).

[2]崔允漷，沈兰.澳大利亚维多利亚州《课程标准框架述评》[J].外国教育资料，2000(1).

[3]崔允漷.国家课程标准与框架的解读[J].全球教育展望，2001(8).

[4]教育部基础教育课程教材专家工作委员会.义务教育历史课程标准(2011年版)解读[M].北京：北京师范大学出版社，2012.

[5]教育部基础教育司.历史课程标准研修[M].北京：高等教育出版社，2004.

[6]李稚勇.美国历史科国家课程标准论析[J].历史教学，1999(6).

[7]李高锋，汪明.对"三位一体"课程目标的解读[J].内蒙古师范大学学报(教育科学版)，2009(10).

[8]聂幼犁，王德民.关于全日制义务教育历史课程标准的思考[J].中学历史教学参考，2008(Z1).

[9]王德民.历史课堂教学目标的认识误区与原因分析[J].教育实践与研究，2006(8).

[10]杨钦芬.新课程三维目标的解读与整合策略[J].教育学术月刊，2008(7).

[11]中华人民共和国教育部.全日制义务教育历史课程标准(2011年版)[S].北京:北京师范大学出版社,2012.

[12]中华人民共和国教育部.普通高中历史课程标准(实验)[S].北京:人民教育出版社,2003.

[13]朱汉国,王斯德.全日制义务教育历史课程标准解读[M].北京:北京师范大学出版社,2002.

[14]朱汉国,郑林.新编历史教学论[M].上海:华东师范大学出版社,2008.

[15]朱煜.走进高中新课改——历史教师必读[M].南京:南京师范大学出版社,2006.

[16]赵亚夫,唐云波.国外历史教育文献选读[M].长春:长春出版社,2012.

[17]张汉林.对“过程与方法”目标的一点思考[J].历史教学(中学版),2007(3).

**拓展阅读文献**

[1]崔允漷.有效教学[M].上海:华东师范大学出版社,2009.

[2]黄政杰.课程设计[M].台北:东华书局,1991.

[3]廖哲勋,田慧生.课程新论[M].北京:教育科学出版社,2003.

[4]姚锦祥.高中新课程实践引领·历史[M].南京:南京师范大学出版社,2010.

[5]赵亚夫.国外历史课程标准评介[M].北京:人民教育出版社,2005.

[6]钟启泉,崔允漷,张华.为了中华民族的复兴,为了每位学生的发展——〈基础教育课程改革纲要(试行)〉解读[M].上海:华东师范大学出版社,2001.

[7]张华.课程与教学论[M].上海:上海教育出版社,2000.

# 第二章　教什么:课程改革与历史课程内容

在新课程改革的背景下,“教什么”成了需要认真研究的原点式问题之一,因为它不仅关系到教的内容,还关系到教的方法与策略、教的目标与效果等问题。

怎样确定“教什么”?最主要的依据当然是课程标准。但是,决定“教的内容”的不仅仅是“课程内容”,还有课程的基本性质、课程的基本理念、课程的设计思路等,因为后者决定着“课程内容”的选择。教科书是教与学过程中最重要的资源,因此需认真研读并力争领会教科书。研读中,须结合课程标准,参照知识目标、编写建议、学习内容等几个方面的规定,以明确课文的核心立意、撰写线索等。当然,教科书并不是教与学中唯一的资源,师生就是非常重要的人力资源。课堂教学中,应充分调动学生的积极性,发挥教师的主动性,并依据课程标准的教学建议、课程资源开发与利用建议,认真筛选、解答课堂上的生成性问题,从而尽可能地提高教学的有效性。

## 第一节　课程标准规定的历史

新课程实施的重要参考依据之一是课程标准。中学历史课程标准从多方面对中学历史课程进行了界定,其中包括课程性质、课程的基本理念、课程设计思路、课程目标、课程内容、实施建议等。除课程内容外,课程性质、课程理念,以及课程设计思路,也直接影响着教学的内容。

### 一、从历史课程的基本性质看

中学历史课程旨在“培养和提高学生的历史意识、文化素质和人文素养，以促进学生全面发展”[①]。它主要具有以下四个特性[②]：

思想性：坚持用唯物史观阐释历史的发展与变化，使学生认同中华民族的优秀文化传统，增强爱国主义情感，坚定社会主义信念，拓展国际视野，逐步树立正确的世界观和人生观。

基础性：根据学生的心理特征和认知水平，以普及历史常识为主，引领学生掌握基本的、重要的历史知识和技能，逐步形成正确的历史意识，为学生进一步的学习与发展打下基础。

人文性：以人类优秀的历史文化陶冶学生的心灵，帮助学生客观地认识历史，正确理解人与社会、人与自然的关系，提高人文素养，逐步形成正确的价值取向和积极向上的人生态度，适应社会发展的需要。

综合性：注重人类历史不同领域发展的关联性，注重历史与现实的联系，使学生逐步学会综合运用所学知识和方法对历史和社会进行全面的认识。

当然，这“四性”并非为历史课程所独有，所以，应当结合历史学科和历史教学的特点来把握历史课程的基本性质。“思想性”指的是，在唯物史观的指导下，通过教师引导学生对历史人物、历史事件、历史现象的分析，培养学生树立积极的历史观、人生观、世界观和价值观。“基础性”指的是，引导学生掌握重要的历史人物、历史事件、历史现象，以及历史发展脉络，通过对历史人物、历史事件、历史现象的分析，培养学生掌握分析人类社会现象的基本原理（如学会运用唯物史观的原理分析人类社会现象）、基本方法（如运用各种史料多角度分析人类社会现象）、基本能力（如掌握论从史出、史论结合的历史分析能力），学会独立判断与思考。“人文性”指的是，历史课程必须发挥其在培养学生具备初步的人文素养和人文精神方面的功能（如通过人类优秀的历史文化成果培养学生形成积极向上的人生态度，正确理解人与社会、人与自然的关系，用发展的眼光理解人类社会的进步历程，逐步形成正确的价值取向、积极参与社会和国家建设的思想意识）。“综合性”指的是，培养学生运用联系的方法，从多个角度探究历

① 中华人民共和国教育部.普通高中历史课程标准（实验）[S].北京：人民教育出版社，2003：1.

② 中华人民共和国教育部.义务教育历史课程标准（2011年版）[S].北京：北京师范大学出版社，2012：2.

史事件、历史现象的能力,最终使学生学会综合运用所学知识和方法对历史和社会进行全面的认识。①

需要说明的是,单纯谈论“四性”是没有意义的,应结合具体的课程内容和教学实践来理解“四性”。只有与备课、课堂教学结合起来,历史学科的这四个基本特性才能发挥积极作用。比如,义务教育课程标准有这样的“教学活动建议”:“搜集秦陵兵马俑的图片,举办主题展览。”②在秦陵出土文物中,二号铜车马因技术精湛而享誉中外。教学中可结合学生的活动情况,适时向学生进行介绍:

二号铜车马总共由3 462个铸件组成,所有的零部件全部是铸造成形。篷盖不仅面积大,而且薄厚不一,厚的地方为0.4厘米,薄的地方仅有0.1厘米,再加上篷盖、伞盖,都有一定的弧度,就是在科技发达、设备齐全的今天也并非易事。铜马的笼头是由82节小金管和78节小银管连接起来,每节扁状金银管长仅0.8厘米,一节金管与一节银管以子母卯形式相连接,其精细和灵活程度较之现代的表链毫不逊色。更令人感到惊奇的是那马脖子下悬挂的缨络,这些缨络全是采用一根根细如发丝的铜丝制作的。尤其是以铜丝组成的链环,是由铜丝两端对接焊成,对接面合缝非常严密。仅0.5毫米的铜丝到底是用什么方法制作?采取什么样的工艺焊接?目前还是一个谜。

如果教师简单地告诉学生,秦兵马俑被外国人誉为“世界第八大奇迹”,他们难以有什么印象。但是,如果向学生介绍二号铜车马的制作工艺细节,使其有了感性认识,那么,对先人的崇敬之情以及民族的自豪感就会油然而生。历史学科的思想性、人文性由此即可体现出来。

另外,秦陵兵马俑贴近时代、贴近学生的生活,又反映了秦朝这个统一政权的强盛,因此属于基础性知识。而在介绍二号铜车马时,必须依赖手工业方面的相关知识,因此又具有综合性。③

---

① 王天培.结合教学实际,批判性、创造性地学习课标——专访教育部基础教育课程教材发展中心副研究员何成刚[J].中国教师,2012(9).

② 中华人民共和国教育部.义务教育历史课程标准(2011年版)[S].北京:北京师范大学出版社,2012:12.

③ 王天培.在实践中贯穿课标的学习,在教学中体会课标的精神——专访安徽省怀远三中历史特级教师沈为慧[J].中国教师,2012(9).

## 二、从历史课程的基本理念看

义务教育历史课程标准提出："以培养和提高学生的历史素养为宗旨，引导学生正确地考察人类历史的发展进程，逐步学会全面、客观地认识历史问题。""以普及历史常识为基础，使学生掌握中外历史的基本知识，初步具备学习历史的基本方法和基本技能，促进学生的全面发展。""将正确的价值判断融入对历史的叙述和评判中，使学生通过历史学习，增强对祖国和人类的责任感，逐步确立为中国特色社会主义事业、人类的和平与发展作贡献的人生理想。"①

普通高中历史课程标准指出，"全面发挥历史教育的功能，尊重历史，追求真实，吸收人类优秀文明成果，弘扬爱国主义精神，陶冶关爱人类的情操。通过历史学习，使学生增强历史意识，汲取历史智慧，开阔视野，了解中国和世界的发展大势，增强历史洞察力和历史使命感。""既注意与初中课程的衔接，又避免简单的重复，遵循高中历史教学规律；在内容的选择上，应坚持基础性、时代性，应密切与现实生活和社会发展的联系，关注学生生活，关注学生全面发展。"②

要想"全面发挥历史教育的功能"，引导学生"客观地认识历史问题"，使学生"初步具备学习历史的基本方法和基本技能"，使学生学习运用"正确的价值判断"，必须结合具体的教学内容。比如，1945年的"重庆谈判"在一定程度上反映了特定历史时期复杂的政治斗争。

1945年8月14日蒋介石向毛泽东发出了第一封邀请电："倭寇投降，世界永久和平局面，可期实现，举凡国际国内各种重要问题，亟待解决，特请先生克日惠临陪都，共同商讨……"16日中午，毛泽东以朱德名义给蒋介石回电："我代表中国解放区、中国沦陷区一切抗日武装力量及二万万六千万人民特向你提出下列声明和要求……你及你的政府与其统帅部在接受日伪投降与缔约受降后的一切协定和条约的时候，我要求你事先和我们商量……"

① 中华人民共和国教育部.义务教育历史课程标准(2011年版)[S].北京：北京师范大学出版社，2012：2-3.

② 中华人民共和国教育部.普通高中历史课程标准(实验)[S].北京：人民教育出版社，2003：2.

中共认为，受降一事应由国共双方共同决定。中共提出这个要求，基于两个外部因素、两个内部因素。外部因素：①国民党方面。1944年4月至12月，日军在中国战场发动了最后的战略进攻，国民党军事力量在豫湘桂战场遭受重创，其主力转移至云贵川等地。②苏联方面。欧洲战场上德军节节败退，中共认为，欧洲战争结束后苏联将参加对日作战，而且苏联红军进入中国后必定会支持中国共产党。内部因素：①军队方面。1944年下半年中国共产党的正规部队已达57万人，民兵武装约220万人，"几已达到国民党现在部队的相等数目"。②政权方面。中共建立了591个县级政权，"几已达国民党政府失去的七百二十一县的百分之八十二"。外部的有利形势，加上自身军事、政治力量的增强，中共于1944年9月至10月就中国的未来提出了如下主张：政治上，成立民主联合政府；军事上，建立联合统帅部。

16日下午，毛泽东给蒋介石的回电写道："朱德总司令本日曾有一电给你，陈述敝方意见，待你表示意见后，我将考虑和你会见的问题。"毛泽东提出的谈判条件是：蒋介石同意由国共双方决定受降之事。

蒋介石当然不会容忍中共的做法，除一般的原因外，他手中早就掌握了两张"国际牌"：①美国牌。美国明确表示支持蒋介石，如帮助其运送军队；②苏联牌。此前蒋介石政府与苏联签订了《中苏友好同盟条约》，苏联承诺："此后援助中国一切武器及其他物资，均以中央政府为唯一对象，不供给武器于共党。"但是，令蒋介石没想到的是，日本遭到了原子弹的打击，其崩溃来得比预期要快得多，战争结束之早远远出乎意料。这令国民政府措手不及。因此，20日《中央日报》发表了蒋介石第二封邀请电："……查此次受降办法，系由盟军总部所规定……朱总司令之一电，破坏我对盟军共同之信守。朱总司令对于执行命令，往往未能贯彻，然事关对内妨碍犹小，今于盟军所已规定者亦倡异议，则对我国家与军人之人格将置于何地。……大战方告终结，内争不容再有。深望足下体念国家之艰危，悯怀人民之疾苦，共同戮力，从事建设。如何以建国之功收抗战之果，甚有赖于先生之惠然一行，共定大计……"

蒋介石指出：受降问题是盟军所规定的，如果违反这一规定，就是对美、苏两国不满。22日毛泽东给蒋介石回电："从中央社新闻电中，得读先生复电,兹为团结大计,特先派周恩来同志前来晋谒……”该回电中,毛泽东在用词上与16日下午的回电有着明显的不同。

23日蒋介石又发出了第三封邀请电:“……承派周恩来先生来渝洽商,至为欣慰。惟目前各种重要问题,均待与先生面商,时机迫切,仍盼先生能与恩来先生惠然偕临,则重要问题,方得迅速解决,国家前途实利赖之。兹已准备飞机迎迓,特再驰电速驾!”该电中蒋介石要求毛泽东与周恩来一起前往重庆,以便迅速解决“重要问题”。

24日毛泽东给蒋介石的回电:“……鄙人亟愿与先生会见,共商和平建国大计,俟飞机到,恩来同志立即赴渝晋谒,弟亦准备随即赴渝……”但是,第二天毛泽东经美国方面转告蒋介石,同意与周恩来一起立即前往重庆。那么,毛泽东为何会突然改变主意?原来,在毛泽东给蒋介石回电后不久,中共接到斯大林的电报:世界要和平,中国也要和平,尽管蒋介石挑衅想打内战消灭你们,但是蒋介石已再三邀请你去重庆协商国是,在此情况下,如果一味拒绝,国内、国际各方面就不能理解了;如果打起内战,战争的责任由谁承担?苏联明确指出,“中共代表应前往重庆谈判”。所以,毛泽东改变了决定。

在日本势力退出中国之前,美、苏、国、共关于中国前途的较量就已经开始,而重庆谈判就是这场较量的舞台。只有把这段历史置于国际大背景下,才能谈得上“客观地认识历史问题”。当然,从中也可以尝试学习历史的基本方法:透过历史细节进行问题分析。

战争史是历史教学中经常遇到的内容主题,引导学生正确看待历史上的战争,尤其是国内战争,往往能凸显情感价值判断。

在美国南北战争的最后阶段,双方的军事力量对比,已经明显地越来越悬殊。南方的失败,已经是迟早的事情了。当时的林肯总统和格兰特将军,对这一点已经深信不疑。可是,他们担心剩下的几万南方军队会化整为零,融合到广袤的南方丛林,进行一场无休止的“保家卫国”的游击战。那将不可避免地会出现军人对平民的战争暴力,从而在所有美国人中间积累仇恨和报复,形成恶性循环。南北双方的美国同胞,都将遭受长期的痛苦和牺牲。

格兰特将军的对手,南方联邦军队总司令罗伯特·李将军,也在痛苦地思索这个问题。战争将李将军的故乡弗吉尼亚推向了分裂的南方联邦。历史的误会使他为了报效祖国——弗吉尼亚(美国的一个州,当时人们都把州当成国家),辞去了服务30多年的联邦军职,投入了南方军队的队伍。李将军成为南军的统帅,而没接受林肯总统打算委以的重任。在这个关键时刻,放下武器还是继续抵抗?作为一个资深的职业军人,他同样深刻地了解,游击战会给全体同胞带来一个什么样的结果。

此时此刻,李将军想到的不是个人得失。作为历史人物,一旦投降,他作为分裂祖国的罪人身份,将盖棺定论。他自己也不知道,如果投降是否会作为叛军首脑,被吊死在绞刑架上。然而,李将军毅然决然地做出了他一生中又一个重大的决策:向北方投降!这个决策影响了整个美国历史,使美国人民幸运地躲过了一场浩劫。

李将军与格兰特将军签订了投降书。一场历时四年多、牺牲60多万人的血腥的内战,就这样平静地画上了句号。双方签字后,李将军告辞。格兰特将军率领部下来到门口送行,当李将军庄严而伤感地上马离去时,格兰特将军举手致礼。

格兰特将军深深地知道,李将军的决策对美国历史,对他个人,意味着什么。他尊敬李将军的道德和人格,尊敬李将军无私的选择。投降书中,格兰特将军给予了李将军和他的全体部下异乎寻常的尊重:南方军队军官可以携带手枪或佩剑,而每个军官和士兵都将得到一份由格兰特将军签署的证明书,证明他们是放下了武器的平民,他们都将回到日常生活中去,不予追究,不受骚扰。

这种证明书,由格兰特将军一共签署了28 231份。格兰特将军的承诺,多年来保障了每一名降军个人和家庭的安全和尊严,无论是一名普通士兵,还是一名军官,在南北战争以后,都没有受到追究和查处,都没有因为“叛徒问题”而承受任何经济和政治的压力。他们从格兰特将军和李将军签署投降书的那一天起,都重新获得了一个普通平民安宁和平静生活的权利。

战争结束后,美国南方人民开始祭奠战争中阵亡的将士。在春天到来的时候,不分南北,向所有在战争中死去的人们敬献鲜花。北方人为此深受感动,将这一举动视为民族团结的象征。联邦军队的洛根将军得知这一情况后，于1868年5月5日下令，规定每年的5月30日，向为保卫祖国而英勇牺牲的士兵们敬献鲜花。“阵亡将士纪念日”从此开始。[①]

善待战败者，因为战争已经结束；善待战败者，因为他们也有生存下去，甚至追求幸福的权利。相信，学生可以从中体会出，如何对国内战争作出“正确的价值判断”。

## 三、从历史课程的设计思路看

初中历史课程“分为中国古代史、中国近代史、中国现代史、世界古代史、世界近代史、世界现代史六个学习板块。依照历史发展的时序，在每个板块内容设计上，采用‘点—线’结合的呈现方式。‘点’是具体、生动的历史事实；‘线’是历史发展的基本线索。通过‘点’与‘点’之间的联系来理解‘线’，使学生在掌握历史事实的基础上理解历史发展的过程”。

“在学习内容的编排上，从学生的认知水平出发，精选最基本的史实，展现人类社会在政治、经济和文化等方面发展的基本进程，使学习内容更加贴近时代、贴近社会、贴近生活，有利于学生积极、主动地学习。此外，在突出义务教育阶段历史教学特点的基础上，注意与高中历史教学的衔接，为学生在高中阶段的历史学习打好基础。”

“本标准对每个学习板块规定了课程内容，并提出了教学活动建议。课程内容是学生必须掌握的历史基础知识及必须经历的历史思维训练过程；教学活动建议旨在倡导多样的教学方式，促进学生更积极、主动地对历史进行感知、理解和探究，教师更在具体实施中酌情处理，因材施教。”

“本标准设计的课程内容留有余地，以增强历史课程的开放性和弹性，一方面为教材编写留下一定的空间，另一方面也为各地区进行乡土历史的教学提供便利，各地区可根据实际情况开发课程资源。”

“普通高中历史必修课分为历史（Ⅰ）、历史（Ⅱ）、历史（Ⅲ）3个学习模块，包括25个古今贯通、中外关联的学习专题，分别反映人类社会政治、经济、思想文化、科学技术等领域的重要历史内容，是全体高中学生必须学习的基本内容。”“普通高中历史选修课是供学生选择的学习内容，旨在进一步激发学生的学习兴趣，拓展学生的历史视野，促进学生个

① 摘编自王庆璋.我在美国看到的诚信[J].八小时以外，2002(9).

性化发展。”

“古今贯通”的一个基本前提是,尽量地站在历史的角度观察与分析问题。比如,对于《南京条约》及其附件,时人的看法与今人的观点就有很大的不同。他们最痛心的是五口通商。清廷认为,外人在广州一口通商已难防范,现在五口通商,将防不胜防。他们反对割地,但不反对割香港,因为朝廷并不知道香港在哪。对于治外法权,他们觉得就是让外国人管外国人,那是最方便、最省事的办法。至于协定关税,每种货物应该纳多少税都明明白白地写了出来,可以免去争执,他们觉得这也是方便省事的办法。因此谈判者把签订《南京条约》看做外交的成功。总而言之,当时的中国人,完全不懂国际公法和国际形势,所以他们争所不当争,放弃所不应当放弃的。

部分官员担心美、法也来开战,所以决定给两国以平等待遇。他们认为,倘若中国不给,美、法两国人可以冒充英国人来华贸易,结果可能会与英国团结起来对付我们;假使给美、法通商权利,两国必将感激中国,或许还可以联合美、法对付英国。况且,中国的市场有限,与其让英国独占,不如送一部分给他国。所以美、法竟能和平与中国签约,顺利获得英国通过战争取得的特权。[①]

对于《天津条约》,咸丰帝最担心的是外国公使建造高大的房屋,借助望远镜窥探宫中的动静!而谈判大臣桂良认为,外国人最怕花钱,而公使在京的费用需要本国自理;加上北京的风沙较多,不久他们就会退去。甚至他还给皇帝出主意:“此时英、法两国和约,万不可作为真凭实据,不过假此数纸暂且退却海口兵船。将来倘欲背盟弃好,只需将奴才等治以办理不善之罪,即可作为废纸。”[②]后来,咸丰又命令桂良以免去所有入口税课为条件,要求废除公使驻京等条款。但英方认为:“条约既定之说,万不能动。”谈判的结果,又增加了一个条款:允许鸦片出口中国!

“古今贯通”还要求用联系与发展的眼光看问题。比如,《北京条约》承认《天津条约》有效,彻底击碎了清政府阻止公使驻京的梦想。西

---

① 蒋廷黻.中国近代史[M].上海:上海古籍出版社,2006:13.

② 茅海建.近代的尺度:两次鸦片战争军事与外交[M].北京:生活·读书·新知三联书店,2011:190.

方的外交代表获得了驻扎中国京城的权利，而接待外国使节，以及交付赔款、开放新口岸等一系列问题，均需要设立一个外交专门的机构来办理。经恭亲王奏请，1861年3月总理衙门成立了。此后，总理衙门不仅办理外交事务，还进行了工业、交通建设，创办了新式学堂，甚至派人出国留学。经过两次战争的打击，一部分官员逐渐认识到了学习外国的必要性。也就是说，《北京条约》的签署在很大程度上冲击了清廷，迫使他们学习西方。

## 第二节　教科书中叙述的历史

课程标准是教科书编写的依据。要了解教科书中叙述的历史，应先了解课程标准中相关的要求。

### 一、课程标准规定的知识目标

课程目标在表述中，知识目标与能力目标是合在一起的。其中侧重于知识目标的表述是："知道重要的历史事件、历史人物与历史现象，知道人类文明的主要成果，初步掌握历史发展的基本线索。"①"在义务教育的基础上，进一步认识历史发展进程中的重大历史问题，包括重要的历史人物、历史事件、历史现象和历史发展的基本脉络。"②

课程标准认为，历史人物、历史事件是中学历史课程的内容基础。从某种角度讲，历史是由人创造的。因此，历史中应不能缺失具体的人。而历史人物的活动往往表现为一些具体的事件，呈现一些具体的现象。正是这些，才构成了鲜活而生动的历史。比如西周分封制，如果没有具体的人、具体的事，那段历史将是黯淡的；如果呈现了分封制背后具体的人与事，它就会变得引人入胜。武王灭商后，封纣王之子武庚管理商的遗民，同时让其弟管叔、蔡叔及霍叔从中监视。两年后，武王病逝，其子继位，即成王。《史记》载："成王少，周公……乃摄行政当国。

① 中华人民共和国教育部.义务教育历史课程标准(2011年版)[S].北京：北京师范大学出版社，2012：5.

② 中华人民共和国教育部.普通高中历史课程标准(实验)[S].北京：人民教育出版社，2003：4.

管叔、蔡叔群弟疑周公,与武庚作乱,畔周。”武庚作乱,在情理之中,但管叔、蔡叔为何叛乱? 如何处置这一突发事件?《史记》载:“周公奉成王命,伐诛武庚管叔,放蔡叔。”平定了本次叛乱后,能否防止再出现类似事件? 周公做出了以下三方面的调整:第一,以姬姓家族成员作为分封的主要对象;第二,制定宗法制度,确定嫡长子继承的原则;第三,制定了规范社会行为的礼乐制度。

如果不了解历史发展的基本线索,只记住一个孤立的人物、孤立的事件,历史学科也无法引起人们的兴趣。可以说,掌握历史发展的基本线索,应成为历史教学的重要的目的之一,只有这样,才利于人们从历史中汲取经验教训。比如,周秦两代君主世袭王位,但刘邦布衣起家,却凭借武力登基称帝。西汉建立后,刘邦分封了一批异姓王,这既是给帮助自己打天下的大将一种回馈,同时也有无奈之意。随着时间的推移,刘邦和吕后又采取手段,逐渐剪除异姓王,代之以同姓王。然而,日益坐大的同姓王觊觎皇位,并发动了“七国之乱”。动乱的发生原因比较复杂,但有一点不可忽视,即皇位的合法性问题在汉建立后始终未能解决。汉武帝采用“对策”之法,广招贤才,儒生董仲舒以“君权神授”的理论来证明皇位的合法性。

再如,关于启蒙思想产生的原因,如果笼统地说,这是资本主义发展所致,显然不利于学生理解历史发展的线索;如果能结合英国革命进行分析,则易于学生理解。

英国革命爆发后,霍布斯流亡法国,并在巴黎基本完成了他的著作《利维坦》。霍布斯指出,“人在自然状态中不是和睦相处、相亲相爱,而是你争我夺、彼此仇杀,为摆脱这种恐怖的状态,人订立契约,交出每个人全部的自然权利,让一个绝对主权的‘利维坦’(圣经中提到的巨型怪兽)——全权国家来统治。这个利维坦可以是一个人(君主国),或者是全体人(民主国),也可以是一部分人(贵族国家)。但不论采取哪种国家形式,都‘必须在那些有关和平和自卫的事务上所有人只有一个意志。但要做到这一点,只有每一个人都使他自己的意志屈从于别人(无论是一个人或一个委员会),无论这个人对公共和平所必要之事务持有什么意志,这个意志都必须被总体而言的一切人、特殊而言的每一个人所接受’。因此，一个人的统治是最理想的，因为它最能统一意志。”[1]

霍布斯“否定了自由的全部真实性”，否定了王权的传统，特别是专制王权的传统，他“把王权的神性抽掉了”，“君权神授”的理论便站不住脚了。霍布斯在克伦威尔独裁掌权后返回英国，表示归顺克伦威尔，称赞他的独裁是理想的政体。但是，克伦威尔死后，英国又陷入动荡，斯图亚特王朝乘机复辟。1688年，“光荣革命”发生。

洛克的《政府论》与“光荣革命”同时完成，“不是在光荣革命发生后仓促间写成的辩护词”，但对“光荣革命”的模式作了“最充分的理论阐述”。洛克认为，“自然状态是一个人人享有自由、平等和财产权利的和谐社会，而这些就是所谓的‘自然权利’。自然权利与生俱有，不可剥夺，也就是说，人‘生而自由’。然而，这些权利在自然状态下却得不到充分的保障，因为没有一个公共机构来调解社会冲突，社会也就难免会发生动荡和纷争。因此，为保障社会的安宁，就必须组成政府，让政府来负责公共安全。但为此个人就必须交出一部分权利（而不是全部权利），人由此而进入‘文明’。尽管在文明社会中，个人丧失了一部分权利，但自由、平等和财产权却仍被保留下来，成为人的基本权利。人和政府间必须结成‘契约’，如不得本人同意，不能把任何人置于这种状态之外，使受制于另一个人的政治权力。这就是说，统治必须征得被统治者的同意。”[2]

与霍布斯相比，洛克从“自然权利”、“主权在民”等观点出发，分析得出：统治者应受制于被统治者。在此基础上，他提出了“三权分立”学说。

因讽刺专制主义而遭到迫害的伏尔泰，在避居英国期间，考察了英国的政治制度，进而倡导君主立宪，反对君主专制制度，推动了启蒙运动的发展。

## 二、课程标准中的教科书编写建议

课程标准指出：“历史教科书应对历史进行正确的阐释，采用活泼、形象的方式和通俗、准确的语言，陈述历史发展的基本线索和各个时代的特

① 钱乘旦，陈晓律.在传统与变革之间——英国文化模式溯源[M].杭州：浙江人民出版社，1991：52.

② 钱乘旦，陈晓律.在传统与变革之间——英国文化模式溯源[M].杭州：浙江人民出版社，1991：59.

征,使学生了解历史是鲜活的、生动的,而不是抽象的、概念化的。历史教科书应避免晦涩艰深的叙述和使用过于抽象的概念,避免说教式和灌输式的表述方式。对历史人物和历史事件的叙述,应力求生动、具体,通过具体的历史细节,激发学生学习历史的兴趣,让学生感知历史情景,感悟历史问题,了解历史环境中人们的思想观念、生活方式和社会行为,理解重要历史人物的思想和贡献,认识重要历史事件发生、发展的因果关系。"[①]"历史教科书呈现方式应多样化,为师生创造性的教与学,留有充分的空间,有利于学生的探究学习。历史教科书的编写要有利于学生个性的发展;要为对历史学习有兴趣的学生的进一步发展提供条件,克服专业化和成人化倾向,增强可读性,适应高中学生的心理特征和认知水平。"[②]

在中学历史教学的内容中,有许多抽象的概念,其中"理学"就是典型代表之一。对于"理学"这一概念,有这样的解释:理学是"融合了佛道思想来解释儒家义理",形成的"以理为核心的新儒学体系"[③]。配套的教师教学用书进一步解释说,理学是"当时学者们从'道统'观念出发所说的符合先秦儒学精神的正统儒学"。显然,这种介绍不符合中学生的"心理特征和认知水平",在大学课堂上这样讲授也很难行得通。复旦大学的樊树志教授在他的课堂上是这样解释的:

> 朱熹编著《小学集注》以教育青少年遵循"三纲五常"的道德规范。他编著《论语训蒙义》、《童蒙须知》,对儿童的衣着、语言、行为、读书、写字、饮食等方面的习惯,都提出了道德性的行为规范。例如:
>
> ——穿衣:要颈紧、腰紧、脚紧;
>
> ——说话:凡为人子弟必须低声下气,语言详缓;
>
> ——读书:要端正身体面对书册,详缓看字;

① 中华人民共和国教育部.义务教育历史课程标准(2011年版)[S].北京:北京师范大学出版社,2012:43.

② 中华人民共和国教育部.普通高中历史课程标准(实验)[S].北京:人民教育出版社,2003:32.

③ 人民教育出版社,课程教材研究所,历史课程教材研究开发中心.普通高中课程标准实验教科书历史3(必修)[M].北京:人民教育出版社,2007:12.

——饮食：在长辈面前，必须轻嚼缓咽，不可闻饮食之声。[①]

正如樊先生所言，“朱熹对后世影响最大的并非上述深奥的哲理，而是通俗的儒学教化。”他把儒家学说具体化、通俗化、普及化，从最基层民众着手，告诉他们如何穿衣、如何说话、如何吃饭。这易于使学生认识到，儒学不是“玄学”，它与普通人的生活休戚相关。但是，如果叙写不当，“理学”就可能成为让学生无法理解的“玄学”。

“人文主义”也是学生非常难以理解的概念。教科书对“人文主义”的解释是：“以人为中心而不是以神为中心，认为人是现实生活的创造者和主人，要求肯定人的价值和尊严。”[②]配套的教师教学用书又提供了两种处理办法：(1)“由学生与宗教神学的观点对比分析。教师进行总结：以神为中心——以人为中心；禁欲和来世——现世的享受；等级观念——自由平等；蒙昧主义——理性和科学”；(2)“由学生先阅读文学艺术方面的成就，然后归纳出‘人文主义’的基本含义”。但是，这样的解释仍然是抽象的。

2012年普通高等学校招生全国统一考试（安徽卷）文科综合历史试题第37题，引用了裔昭印《世界文化史》中的一段文字：“意大利人文主义者阿尔贝蒂认为，财富的日益增长是家庭幸福生活的重要组成部分，一个家庭应当修建和装饰自己的房子，拥有珍贵的书籍和健壮的马匹……”这可以使人看出，当时学者对人文主义的通俗认识：装饰的房子、珍贵的书籍、健壮的马匹。可见“人文主义”不在“象牙塔”内，而是存在于普通人的生活之中。

“教科书是教学过程中师生共同使用的文本材料，不再是教师教和学生学的唯一依据，而是为学生的学习提供的范例和素材。”而且，现行的教科书“追求的是知识的累积”，“课本知识是客观的、价值中立的，为学生提供的是一种真理的话语。”[③]教师教学用书也只供备课参考之用。因此，教师不必也不能完全按照教科书的叙事方式来进行教学，而是要树立“以人为本”、“学生中心”的观念，在备课时多想一想：如何让学生愿意听、听得

① 樊树志.国史十六讲[M].北京：中华书局，2006：154－155.

② 人民教育出版社，课程教材研究所，历史课程教材研究开发中心.普通高中课程标准实验教科书历史3(必修)[M].北京：人民教育出版社，2007：27.

③ 陈志刚.历史教科书的编写与文本的对话和理解——由新航路开辟的编写问题想到的[J].历史教学(中学版)，2008(8).

懂、学得会。这不只是新课程改革中的空泛要求,它还早已渗透到了高考试卷之中。因此,历史教学应选用典型事例,呈现具体史实,力争贴近生活,讲述历史过程。只有这样,才可能使学生“认识重要历史事件发生、发展的因果关系”。

## 三、课程标准的学习内容举例

教科书的内容编写应以课程标准为依据,对课标中的学习要点加以阐释。比如,关于中国共产党十一届三中全会,初中历史课程标准的学习要求是:“了解中国共产党十一届三中全会”;高中课程标准的学习要求是:“了解中共十一届三中全会有关改革开放决策的内容。”①

### (一)谷牧出访欧洲五国

十一届三中全会最主要的内容莫过于做出了改革开放的决策,要引导学生了解“改革开放决策”的情况。在十一届三中全会前,党和国家领导人频繁外出访问,其中,谷牧副总理出访欧洲五国,邓小平副总理出访日本与新加坡,就是典型。

1978年5月2日至6月6日,谷牧率领中央代表团到法国、联邦德国、瑞士、丹麦、比利时访问。这“是新中国成立之后,中央向西方国家派出的第一个政府经济代表团”。代表团重点考察这些发达国家工农业和科技的现代化水平,经济发展较快的原因,组织管理社会化大生产的经验。回国后,代表团反馈了在欧洲的真实感受。

(1)科技水平先进。法国一座钢铁厂,从采矿到轧钢,年产钢350万吨,职工只有7 000人(当时武汉钢铁厂年产钢230万吨,职工6.7万人)。联邦德国一家年产煤5 000万吨的露天煤矿,第一线工人只有900多名,有台用于采煤的轮斗式挖掘机高70米,最高日产40万吨矿岩量,但只有5个操作工。

(2)愿意提供帮助。每到一个国家,总统、总理或首相都会参与会谈,而且,他们主要谈经济。法国总统提出,两国可以进一步合作;丹麦首相送行时说,你要到大国访问了,希望不要忘记我们小国。联邦德国巴伐利

① 中华人民共和国教育部.普通高中历史课程标准(实验)[S].北京:人民教育出版社,2003:11.

亚州州长提出给予中国经济支持：50亿美元怎么样？用不着谈判，现在握握手就算定了！黑森州副州长表示可提供200亿美元存入中国的银行供我们使用。北威州州长在宴会中提出，如果我们愿意接受50亿美元，可以马上定下来；如果接受200亿美元，宴会后谈判一小时就可定下来。

(3)管理体制灵活。欧洲五国的经济发展快，一个重要原因是他们的国家较小，中央与地方适当分权，办事机动灵活。例如在联邦德国，许多事情州政府定了就可以办。莱茵州只有360万人口，一年就有100亿马克(约合80亿人民币)的财政收入由州政府支配。

6月下旬，中共中央主席、国务院总理华国锋亲自主持会议，听取代表团成员的汇报。与会者深受触动。叶剑英元帅说：我们同西欧几十年没有打过仗，他们希望中国成为世界稳定的力量，我们需要他们的先进技术，他们资金过剩，技术需要找市场，引进技术的重点应放在西欧。聂荣臻元帅说：过去我们对西方的宣传有片面和虚伪之处，这反过来又束缚了我们自己。这次调查比较全面，应当拍板了！不要光议论了！与会者普遍主张：扩大出口，增加外汇，对外合作，引进技术。

随后，又根据华国锋的提议召开了国务院务虚会，重点讨论引进问题，特别是如何加强技术引进、扩大外贸出口、采取灵活方式利用国外资金等问题。会议要求："一面议，一面定了就办，看准确了就要干"；并就引进问题提出了"四个一点"：思想再解放一点，胆子再大一点，办法再多一点，步子再快一点。总结发言中李先念指出，实现四个现代化，是一场伟大的革命。"这场革命既要大幅度地改变目前落后的生产力，也就必然要多方面地改变生产关系，改变上层建筑，改变工农业企业的管理方式和国家对工农业企业的管理方式，改变人们的活动方式和思想方式，使之适应于现代化大经济的需要。"①

### (二)邓小平出访日本②

1978年10月22至29日，邓小平访问日本，这是"中华人民共和国成

① 李正华.1978年国务院务虚会研究[J].当代中国史研究，2010(3).

② 山旭.1978：邓小平和他触摸的世界[J].党史文苑(上半月)，2009(2)；于青.邓小平访日[N].新京报.2008-10-22；高泽阳.松下幸之助和邓小平有个"君子约定"[N].新京报，2008-10-24.

立以来我国领导人首次对日本进行的正式友好访问”。关于这次访问的目的，邓小平说：第一，交换《中日和平友好条约》批准书；第二，感谢为中日友好作出贡献的老朋友；第三，寻找长生不老药，即学习日本丰富的经验。访问期间邓小平参观了三个工厂：

(1)日产汽车公司座间工厂。日产汽车公司是日本仅次于丰田的第二大汽车公司，座间工厂是主要装配厂之一。参观中邓小平发现，工厂里除几个管理人员外，见不到工人，原来，有48个机器人代替了人工进行焊接生产。当了解到日产汽车每月的产量是44 000辆，生产效率是长春一汽的近100倍时，邓小平说道：“我懂得什么是现代化了。欢迎工业发达的国家，特别是日本产业界的朋友们对中国的现代化进行合作。”

(2)新日铁公司君津制铁所。新日铁公司是世界上最大的钢铁联合企业，职工7 700人，钢产量5 147万吨，占日本总产量的三分之一。这家工厂的生产自动化程度非常高，许多车间几乎见不到工人。邓小平问董事长：能不能帮中国建设一个比君津制铁所还好的钢铁厂？董事长回答：当然可以！

(3)松下电器公司茨木工厂。茨木工厂主要组装彩色电视机，月产7万台。当时中国国内家电产品的生产还多处于手工时代，集成电路板需要工人把无数个电子元件逐一焊接，但松下公司通过流水线的精密器械，可以自动将元件插到电路板上。邓小平赞叹道：“很好，进步了。”会谈中邓小平对公司创始人松下幸之助说，“我们确实是抱着一种请教的态度同你们见面的”，“今后我们要搞现代化了，在自力更生的基础上，准备吸收外国的技术和资金。没有电子工业，现代化无法实现，因此我希望你们的电子工业到我们那去”，“松下老先生，你能否为中国的现代化建设帮点忙？”松下幸之助不假思索地答道：“无论什么，我们都将全力相助。”

### (三)邓小平出访新加坡

新加坡面积600多平方千米，人口250万。1965年8月9日独立。地少人多，资源短缺，几乎没有工业基础，也没有外国援助，独立十几年就成为工业国。邓小平急于了解造就奇迹的原因，因此于1978年11月12日至14日访问新加坡。

会见中，新加坡总理李光耀说，中国真要追上来，甚至会比新加坡做得更好，根本不会有问题。他对邓小平说："我们都不过只是福建、广东等地目不识丁、没有田地的农民的后裔，你们有的却尽是留守中原的达官显宦、文人学士的后代。"

邓小平考察了新加坡的工业区，在听取了园区的建设情况后表示，要把新加坡的经取到中国来，中国要学习新加坡的做法。邓小平深有感触地说："有的人总认为自己好，要比就要跟国际上比，不要与国内比，工厂办得好不好，要看它管理得好不好，质量、技术好不好。"后来邓小平曾说："我到新加坡去考察他们怎么利用外资。新加坡从外国人所设的工厂中获益。首先，外国企业根据净利所交的35%税额归国家所有；第二，劳动收入都归工人；第三，外国投资带动了服务业。这些都是(国家的)收入。"

回国后邓小平参加了正在进行中的中央工作会议。在闭幕式上，邓小平作了题为《解放思想，实事求是，团结一致向前看》的讲话。其中说道："我们的经济管理工作，机构臃肿，层次重叠，手续繁杂，效率极低。……如果现在再不实行改革，我们的现代化事业和社会主义事业就会被葬送"；"我们要学会用经济方法管理经济。自己不懂就要向懂行的人学习，向外国的先进管理方法学习。不仅新引进的企业要按人家的先进方法去办，原有企业的改造也要采用先进的方法"；"在管理制度上，当前要特别注意加强责任制。……任何一项任务、一个建设项目，都要实行定任务、定人员、定数量、定质量、定时间等几定制度。例如，引进技术设备，引进什么项目，从哪里引进，引进到什么地方，什么人参加工作，都要具体定下来。"

经过国外考察、国内讨论，正式作出改革开放决策的条件已经成熟。十一届三中全会把改革开放作为一项基本国策确立下来，使之变成了国家意志。

呈现了党和国家领导人外出访问的过程，才能使学生认识"改革开放对我国开创社会主义现代化建设新局面的历史意义"[①]。

① 中华人民共和国教育部.普通高中历史课程标准(实验)[S].北京：人民教育出版社，2003：11.

## 第三节　课堂教学生成的历史

课程标准对于学习内容的规定是纲领式的,教科书对学习内容的编写也不可能适合于所有的学生。因此,许多教师会根据自己学生的情况,来设计自己的教学。当然,课堂情况复杂多变,所以有丰富经验的教师会注意课堂生成内容的解决。

### 一、课程标准中的教学建议

初中历史课程标准对于教学提出以下七条建议:坚持正确的思想导向和价值判断;充分激发学生的历史学习兴趣;注重对基本史实进行必要的讲述;引导学生学会学习,学会思考;注意历史知识多领域、多层次的联系;提倡教学方式、方法和手段的多样化;注重培养学生的创新意识和实践能力。①

高中历史课程标准提出了几条建议:完整、准确地把握普通高中历史课程内容。高中历史教学应在分析重大历史问题的基础上,揭示历史发展的整体性和规律性,注意历史课程与其他课程之间的联系,进一步提高学生的历史思维能力,注重学习过程与方法,培养学生的历史意识,学习用历史的眼光看待问题。②

不论是初中课标,还是高中课标,都要求引导学生思考,培养学生的思维能力。只要给学生思考的机会,学生就会提出一些困惑。比如,关于印刷术问题,有学生问:印刷术的发明与造纸术的发明之间,有什么关系?

一般情况下,教师会这样给学生解释:造纸术为发明印刷术提供了可能。然后,学生的问题侧重点在于:有了造纸术就会出现印刷术吗?有学者对此进行了研究,并且发现,造纸技术的成熟并不能推动印刷术的发明。③

印刷术发明初期,印刷物几乎是清一色的宗教印刷品。……为什么

---

① 中华人民共和国教育部.义务教育历史课程标准(2011年版)[S].北京:北京师范大学出版社,2012:35－38.

② 中华人民共和国教育部.普通高中历史课程标准(实验)[S].北京:人民教育出版社,2003:30.

③ 何朝晖.气候变化、宗教救赎与印刷术的诞生——历史学家的想象力[J].读书,2012(9).

总是宗教印刷品？需求量大，宗教狂热，似乎很好理解，但是没有人深究过，为什么单单在那个时间点、在那个特定的地方，诞生了宗教印刷品。

公元2—6世纪，全球气候变脸。和我们现在担忧温室效应不同，当时的灾难是气温骤降。公元535—536年，北半球遭遇了近2 000年来最剧烈、持续时间最长的寒冷天气。……此时正值中国南北朝战乱时期，恶劣的天气导致作物绝产，严重的饥荒和骚乱更加剧了局势的动荡。

这一时期灾难性的天气在世界范围内对人们的生存状态和社会心理产生了重大的影响。灾荒、饥馑、动乱、瘟疫，压抑、愤怒、焦虑、绝望，这一切都成为宗教情绪滋生的温床。末世论抬头，无论是统治者还是被统治者，都渴望寻找心灵的慰藉。佛教自东汉以来传入中国，到南北朝时期盛极一时。这段时间恰好与全球气候的灾变期暗合，“南朝四百八十寺”与天上飘浮的火山灰或太空尘埃或许不无关联。

复制佛经要简单得多，用纸笔抄写就可以了，只要识字就可以胜任。但要在纸上复制出佛像、手印等，则需要具备一流的绘画技能。尤其是充满神秘主义色彩，注重仪轨和咒语的大乘密教传入中国后，移植了中国传统的道教印咒符箓，陀罗尼经咒等“真言”从最初的诵念变为神符，书于纸上具有护身驱邪之功效。

有了大乘佛教大规模复制佛像、佛经的强烈要求，有了模制泥佛像、纸上佛像复制，以及长久以来印章、石碑传拓、织物印刷等一系列技术准备，有了纸的发明提供的新材料，印刷术的发明可谓呼之欲出了。

纸和强大的手抄本文化实际上可能反而使得印刷术发明的可能性降低。对比中国雕版印刷术和欧洲近代金属活字印刷术发明前后的情形，写在羊皮纸上的欧洲中世纪手抄本成本之高是相当惊人的。一部好的《圣经》手抄本，可能要用掉五百头牛犊的皮。因此，中世纪的手抄本是不折不扣的奢侈品，同时带有装饰封面的也并不少见。提供公众阅读的书，会用链子锁住，以防被人拿走。……中国的手抄本已经很廉价、很普及了，我们真的是因为复制书籍的便利而发明了印刷术吗？

## 二、课程资源开发与利用建议

课程标准认为，“凡是对实现课程目标有利的因素都是课程资源”。

高中历史课标明确列出的课程资源有:历史教材、历史教师、图书馆、音像资料、家庭、社区、历史遗存、互联网。[①]初中历史课标明确列出的课程资源有:历史教科书、学校图书馆、校外历史课程资源、历史题材的视频资料、网络资源、教师、学生等人力资源;同时,还指出了"选择和利用历史课程资源"的四个原则:目标性,思想性,精选性,可行性。[②]

受长度与篇幅的影响,教科书对有的问题,很难有十分清晰的解释。比如,中央红军何以在那么艰难的环境中到达陕北?

历史教科书和历史课堂教学中的长征史,重点展示的是红军与国民党军队"斗争"的主题。实际上,长征的历史主题是多元的,而且还呈现交织状。除了"军事斗争"的主题外,至少还有"双拥"这一主题。一方面,长征途中,红军通过打土豪、分田地等实际行动,诚心诚意帮助沿途受剥削、受压迫的贫苦大众解决实际问题,这是由红军革命的本质目的决定的。从这个意义上说,长征也起到了宣传党的路线、方针、政策,宣传红军的性质、目的、任务的积极作用,增进了人民群众对于红军的理解和支持。忽略了这一点,就很难深刻理解"长征是宣言书,长征是宣传队,长征是播种机"这一观点。另一方面,也是最重要的,即沿途人民群众从人力、物资、道义等多方面给红军长征以极大的支持。可以说,在长征过程中,自然环境的恶劣,战斗的频繁和残酷,物资特别是粮食和医疗设施的极度缺乏,使广大红军战士几乎每天都面临着死亡的威胁。正因为如此,人民群众无私的支持,是红军取得长征最后胜利的坚实基础和精神动力。也就是说,长征史不仅是一部惊心动魄的军事斗争史,也是一部感人至深的军民情谊史。[③]

教学中,可以把以下几则材料呈现给学生:

材料一　1934年红军到达贵州黎平时,总政治部号召,每个同志送一件物品给苗族兄弟。大家都争先恐后地拿出自己穿用的衣服、毛巾等物送给他们,他们得到这些礼物时,眼睛里放射出感激的光芒。有的苗族

① 中华人民共和国教育部.普通高中历史课程标准(实验)[S].北京:人民教育出版社,2003:32-33.

② 中华人民共和国教育部.义务教育历史课程标准(2011年版)[S].北京:北京师范大学出版社,2012:45-46.

③ 何成刚,沈为慧.军民情谊:"长征"教学的新视角[J].中学历史教学参考,2011(8).

兄弟拿到这些东西，紧紧地握住红军的手，含着泪花，很久说不出话来。（摘编自裴恒涛.略论红军长征中的宣传工作[J].遵义师范学院学报，2007（2））

材料二 红17师在一次作战后，有47名战士受伤。苗族首领扬以沙老人带领全寨男女老少，赶到路边，硬是把伤员们“抢”到他们寨子里去治疗休养，三十几户人家争着让出自己的床铺安置伤员。妇女们为伤员端屎端尿，男人们扛上火枪站岗放哨。

强渡大渡河，必须有熟练的船工。经过做工作，十几名船工来了。战斗打响了，老乡们冒着枪林弹雨，一桨连一桨地拼命划着。船到河中向下滑出几十米，撞在大礁石上，在面临船毁人亡的危急关头，四名船工跳进滚滚的急流里，用背顶着船，船上的船工尽力用竹篙撑着，终于脱离了险境，把红军勇士们送到对岸。

经过彝族聚居区时，红军参谋长刘伯承与头人小叶丹歃血结盟。在小叶丹等人的护送下，红军“借路”北上，彝族人民“牵牛送羊欢送红军于道旁”，并欢声笑语高呼“红军瓦瓦苦！（万岁）”经过7天7夜顺利通过200里彝地，为抢渡大渡河赢得了时间。

在红军面临茫茫草地的时候，当地一位60多岁的藏族翻译不畏艰险，带领红军在水草地行军四天四夜，终于开辟了一条可以让红军大部队通过的生命线。丹巴县巴底乡贫苦藏民格达一先，把自己家仅有的玉米和3斤二季豆种子，煮熟了送给红军战士吃，还用家中的存麻编了15双草鞋送给红军。（摘编自黄道炫.永恒的纪念——红军长征与少数民族[N].中国民族报，2006-12-6；周瑞海.论少数民族在红军长征中的地位和作用[J].宁夏大学学报（人文社会科学版），1997（1））

材料三 红军北上后，3 800名伤病员留在康北藏区，甘孜白利寺的格达活佛就组织僧俗进行救护，隐藏在白利寺内就医的先后就有千名伤病员。红军走时，甘孜白利寺的格达活佛写下这样的诗歌：

云雨出现在天空，
红旗布满了大地。
未见如此细雨，
最后降临大地。

啊！红军，红军！

今朝离去，何日再回？

（摘编自周瑞海.论少数民族在红军长征中的地位和作用[J].宁夏大学学报（人文社会科学版），1997（1））

材料四　长征中，四川参加红军的各族青年达45 000多人。阿坝藏族羌族自治州当年参军的少数民族青年就有5 000多名；当时只有20 000多人口的茂县，有1 000多羌族民众参军；丹巴县巴底乡随军北上的有270人；理番县50多岁的藏族妇女斑登卓，为给红军带路、当翻译，带着两个女儿和一个儿子参加了红军。羌族土司安登榜，放弃家业，率200名羌族勇士随红军踏上征途。

仅红一方面军和二、六军团在云贵川3省就有近20 000名各族青年加入了红军。在黔西北苗、彝、土家、布依、回、白、汉等各族子弟参军的达五六千人，其中黔西县达2 000人，毕节县有1 004人。中央红军在遵义12天就“招了三千精壮新军”。四川越西县两三小时就有七八百人参军，红军还专门成立了“倮倮连”；在藏族地区的茂汶县甘堡区，一次参军的藏、汉族青年就有200多人。少数民族人民在参军中出现了父送子、妻送夫和父子、夫妻、弟兄或一家人共同参军的热烈场面。（摘编自黄道炫.永恒的纪念——红军长征与少数民族[N].中国民族报，2006-12-6；周瑞海.论少数民族在红军长征中的地位和作用[J].宁夏大学学报（人文社会科学版），1997（1））

这四则材料反映了长征途中“军爱民”、“民拥军”的情况，集中体现了红军长征途中坚持的紧密联系群众、依靠群众，一切为了人民群众的利益的政治主张，力争使得沿途人民群众认识到“红军是穷人的队伍”，这样既扩大了党和红军的政治影响，消除了国民党政府对红军的欺骗性宣传所造成的不利影响，同时也得到了人民群众的支持。这成为中央红军完成长征的重要原因。

## 三、中学课堂上的生成问题举例

教学中，常有爱动脑的学生提出这样或那样的问题，而其中不少问题的解答，仅仅利用教科书资源是难以做出合理的解释。比如，教科书有这样的材料:“资本主义制度已经不能适应社会化大生产的需要。因此,资本主义必将被共产主义所取代。”[①]但有学生问:为什么到现在,资本主义还没有被取代? 甚至许多资本主义国家经济繁荣,国力强大?

安启念教授曾对此做过深刻的研究:《共产党宣言》(以下简称《宣言》)诞生于“资本主义工业化的早期阶段”,早期资本主义有两个明显的特点:

第一,科学技术在生产中的作用还没有得到充分的展现。始于18世纪后半叶以蒸汽机的普遍使用为标志的工业革命,主要是解决了交通运输和矿山的动力问题,科学技术本身的发展刚刚步入快车道,工具机的技术含量十分有限,人力的使用仍然在生产中起着决定性作用。与此相关,资本家只能依靠榨取工人的血汗来获取剩余价值。第二,社会的发展水平不高。经济上,国家扮演的只是“守夜人”的角色;政治上,国家赤裸裸地站在有产者一边,充当维护其既得利益的工具。民主与法制还很不完善,整个社会缺少对资本家的行为加以节制和对无产者的生存予以关怀和保障的相应措施。在资本主义发展的这一阶段,如英国思想家霍布斯所说,人与人之间是那种狼与狼的竞争关系。由于这两个特点,资本家受急剧膨胀的物质欲望的驱使,为了追求利润,各种手段无所不用其极。物质生产发展迅速,但与此同时阶级矛盾你死我活,社会充满激烈的阶级对抗与阶级斗争。

《宣言》在第一章结尾说:“资产阶级的灭亡和无产阶级的胜利是同样不可避免的。”也就是说,资本主义必然灭亡,共产主义必然胜利。这一思想被人们概括为“两个必然”,这是《宣言》的主题。用共产主义取代资本主义是当时许多先进人物的共同理想,马克思主义的独特之处在于不是把理想的实现寄托在对资本主义不人道现实进行道德批判的基础上,而是从唯物史观出发,揭示了资本主义社会发展的历史规律,从而使它成为一个必然的历史过程。《宣言》提出“两个必然”的理论依据主要有两条:一是经济危机。周期性出现的经济危机是对生产力的极大破坏,它表明资本主义已经由生产力发展的促进因素变为破坏因素,丧失了历史合理性,

① 人民教育出版社,课程教材研究所,历史课程教材研究开发中心.普通高中课程标准实验教科书历史1(必修)[M].北京:人民教育出版社,2007:85.

应该灭亡了。二是无产阶级的贫困化。随着资本主义的发展,无产阶级人数增加、受教育程度提高、日益团结并具有很强的组织纪律性,但生活越来越贫困,不得不起来革命,成为埋葬资本主义的物质力量。资本主义不仅应该灭亡,也不能不灭亡了。

《宣言》提出的支持"两个必然"的理由,在今天都不存在了。"20世纪30年代爆发了席卷整个资本主义世界的灾难性的经济危机。在对生产力带来巨大破坏的同时,危机催生了一种克服危机的理论——凯恩斯主义。凯恩斯主义强调政府对经济的干预作用,在一定程度上消除了市场经济混乱的无政府状态。在此之后,资本主义世界再也没有出现过大规模的灾难性的经济危机。不仅如此,借着20世纪30年代开始的新一轮科学技术革命的推动,资本主义世界的物质生产力得到迅速发展,社会焕发出新的生机。当前方兴未艾席卷全世界的全球化浪潮,就是这种生机的有力证明。""由于生产力的巨大发展,由于科学技术日益成为第一生产力,因而物质生产对劳动者素质的要求不断提高,也由于无产阶级的阶级斗争对资产阶级造成巨大压力和十月革命给整个世界带来巨大震撼,各国资产阶级被迫做出让步,劳动人民的物质生活水平不断提高,所享受的社会保障日臻完善。在今天的资本主义世界,无产阶级的相对贫困依然存在,甚至更为严重,但是绝对贫困已成历史。《宣言》说:'资产阶级不能统治下去了,因为它甚至不能保证自己的奴隶维持奴隶的生活。'这种情况在今天的资本主义社会已经见不到了。不仅如此,在今天的资本主义国家,多数人手中握有股票,不再是传统意义上的无产者;随着科学技术成为第一生产力,随着第三产业的急剧发展,无产者的人数并没有像《宣言》所说迅速增加,而是在不断萎缩。阶级界限变得模糊了。"

但是,时代的变化并没有否定《共产党宣言》的全部思想,更没有否定它的基本结论,相反,"当今时代为《宣言》和马克思主义的基本思想提供了新的更加有力的证明。""第一,'两个必然'比以往任何时候都更加迫切。经济危机和无产阶级贫困化是《宣言》论证'两个必然'的重要依据,它们产生的根源是什么?是资本主义社会的基本价值目标。这是一个每个人都无限制地追求物质财富的社会,因此资本成为全部社会生活的中心,社会被称为资本主义社会。在这里,资本家只是人格化的资本,而资本的本性是无限的自我增值。对物质财富的无限追求表现为资本家之间的无节制的冲突，就是经济危机；表现为对工人的疯狂压榨，就是无产阶级的贫困化。在资本主义早期，资本主义制度因经济危机和无产阶级贫困化而陷入危机。虽然这一危机现在已经得到缓和，但资本无限自我增值的贪婪本性没有改变，而且它又带来了新的更为严重的危机。这就是主要表现为环境恶化、资源枯竭、大规模杀伤性武器的使用等对当前整个人类生存面临的威胁。"这样的危机，比起历史上资本主义的阶级矛盾更加可怕！"这是资本主义制度必然灭亡的更有力、更紧迫的根据。"

在"罗斯福新政"一课中有这样的材料："为了解决农业危机，提高农产品价格，罗斯福政府只得采取大规模毁灭农产品的办法。1933年，在西部和西南部共毁掉1 000万英亩的棉田，屠宰了20多万头大猪和600多万头小猪。"①不少学生有这样的困惑：为什么不用这些粮食与牛奶帮助穷人？

教学中可以利用这样的课外资源帮助学生理解这一奇怪现象：

俄克拉荷马市的奥斯卡·阿美林格在1932年2月召开的国会委员会上说：在俄勒冈州，我看到几千蒲式耳（容量单位，美制1蒲式耳合35.24升）的苹果烂在果园里。只有绝对无瑕疵的苹果才能卖得出去；一箱苹果200个卖40到50美分。与此同时，数以百万计的孩子却因父母的贫穷今年冬天吃不到一个苹果。……他给我讲了他养羊的经验。他说他今年秋天杀了3 000只羊，把它们抛到了峡谷里，因为用船运一只羊要1.1美元，而他卖一只羊当时还得不到1美元。他说，他已养不起这些羊了，又不能让它们挨饿，所以他只有将它们杀了抛进峡谷里。（斯塔夫·里阿诺斯.全球通史：从史前史到21世纪（下册）[M].7版.吴象婴，译.北京：北京大学出版社，2005.）

经济危机不是简单的部分人生活困难，还表现为，许多产品积压。生产的过剩与物资的匮乏同时存在，而且，还无法以盈余来补不足。这种特殊现象的出现表明，资本主义经济运行出现了前所未有的困难。如何解开这一死结，必须采用前所未有的措施。在不断地摸索中，罗斯福及其智

① 人民教育出版社，课程教材研究所，历史课程教材研究开发中心.普通高中课程标准实验教科书历史2（必修）[M].北京：人民教育出版社，2007：85.

囊团出台了一系列的办法，终于缓解了危机的压力。

**思考题**

1.课程标准所提出的基本理念，在你的教学实践中能否体现出来？请举例进行说明。

2.你在教科书中有没有发现表述不够清晰的问题？你在课堂上是如何讲授的？请举例说明。

3.你在课堂教学中遇到过学生的生成性问题吗？你是如何解决的？请举例说明。

**参考文献**

[1]陈志刚.历史教科书的编写与文本的对话和理解——由新航路开辟的编写问题想到的[J].历史教学（中学版），2008（8）.

[2]何成刚，沈为慧.军民情谊：“长征”教学的新视角[J].中学历史教学参考，2011（8）.

[3]人民教育出版社，课程教材研究所，历史课程教材研究开发中心.普通高中课程标准实验教科书历史1（必修）[M].北京：人民教育出版社，2007.

[4]人民教育出版社，课程教材研究所，历史课程教材研究开发中心.普通高中课程标准实验教科书历史2（必修）[M].北京：人民教育出版社，2007.

[5]中华人民共和国教育部.普通高中历史课程标准（实验）[S].北京：人民教育出版社，2003.

[6]中华人民共和国教育部.义务教育历史课程标准（2011年版）[S].北京：北京师范大学出版社，2012.

**拓展阅读文献**

[1]何成刚.历史教学设计[M].上海：华东师范大学出版社，2009.

[2]何成刚.智慧课堂：史料教学中的方法与策略[M].北京：北京师范大学出版社，2010.

[3]何成刚.史料教学案例设计解析[M].北京：北京师范大学出版社，2012.

[4]姚锦祥.高中新课程实践引领[M].南京:南京师范大学出版社,2010.

[5]朱煜.走进高中新课改——历史教师必读[M].南京:南京师范大学出版社,2008.

# 第三章　如何教(一):课程改革与历史教学设计

教学设计是“如何教”的必要前提。本章主要介绍了教学设计的概念及特点,梳理了课程改革以来历史教学设计的发展脉络。通过案例分析,对中学历史课堂教学设计中存在的问题进行了归类整理,力图找到问题的症结,谋划解决的对策,提升设计的水平。

## 第一节　历史教学设计的发展

### 一、教学设计的概念及特点

教学设计是运用系统方法分析教学问题和确定教学目标、建立解决教学问题的策略方案、试行解决方案、评价试行结果和对方案进行修改的过程;它以优化教学效果为目的,以学习理论、教学理论和传播学为理论基础。[1]教学设计是研究教学目标、制订决策计划的教学技术学科,它具有以下一些特点:

第一,教学设计是把教学原理转换成教学材料和教学活动的计划。教学设计要遵循教学过程的基本规律,选择教学目标,以解决教什么的问题。

第二,教学设计是实现教学目标的计划性和决策性活动。教学设计以计划和布局安排的形式,对怎样才能达到教学目标进行创造性的决策,以解决怎样教的问题。

第三,教学设计是以系统方法为指导。教学设计把教学过程各要素看成一个系统,分析教学问题和需求,确立解决的程序纲要,使教学效果

---

① 宾华.中学历史课堂教学设计研究[M].长春:长春出版社,2012:22.

最优化。

第四，教学设计是提高学习者获得知识、技能的效率和兴趣的技术过程。①

“凡事预则立，不预则废。”教学设计的目的是帮助学生学习，设计一个详细周密的计划是提高课堂教学有效性的基本前提。通过对教学的规划，使每个因素都各得其所，共同作用于学生的学习和发展。如果缺乏事先精心的设计与规划，即使教师再有水平，声情并茂，口若悬河，那也只是教师个人的表演。这样的教学设计主要着眼于教师的“教”，过分关注教师本人的感受而忽略了学生，学生成了教师表演的陪衬和摆设。教师主要以自己的讲述为主，无法真正调动学生的积极性，学生只是为了配合教师表演，没有真正进入课堂情境，情感未能升华到位，近乎无动于衷。这样的教学设计虽然可能会对一些学生的发展产生影响，但这种影响毕竟有限。只有精心设计、细致谋划，避免随心所欲、任意发挥，才能帮助每一个学生根据自身的特点，按照自己的需求获得尽可能充分的发展。

从关注“具体的教材教法的研究”转变为关注“以促进学生的发展为核心、学生掌握学习的有效教学策略研究”，是从教案走向新课程理念的教学设计的根本转折点。教学设计从关注学生需要学习什么，为什么学，怎么样去学出发，来考虑教师教什么，为什么教，怎么样去教，直至学生学得怎么样，考查和评价教学行为等方面都值得我们去研究和掌握。②

## 二、课程改革以来历史教学设计的发展

教学设计是20世纪60年代诞生于美国，随后逐渐发展起来的一种现代教学技术（或一门独立学科）。20世纪80年代教学设计理论开始被我国学者引进国内，1987—1990年被认为是介绍与引进阶段。90年代首先在我国的电视教材编写、远程教育、教育软件开发和培训领域中得到实际运用。1990—1994年被认为是理论探索阶段，1994年以来被认为是应用

① 赵克礼，徐赐成.中学历史教材研究与教学设计[M].西安：陕西师范大学出版总社有限公司，2011：126.

② 鲁献蓉.从传统教案走向现代教学设计——对新课程理念下的课堂教学设计的思考[J].课程·教材·教法，2004(7)

和实践研究阶段。[①]

作为学科的历史教学设计,是伴随着新课程在全国范围的实施、逐渐向中小学各个学科应用领域深入发展,才开始受到一线教师的强烈关注。到目前为止,中学历史课堂教学设计的研究,大致经历了10年左右的发展历程。回顾这一历程,可以看到,中学历史课堂教学设计在理论引入、基本要素及其操作、原则策略、内容方法、案例解析等方面已经取得了阶段性成果。越来越多的中学历史教师正在结合自己的教学实践进行着课堂教学设计的应用研究,他们运用各种教学设计的理论与方法,结合课堂教学的具体实践,对中学历史课堂教学设计进行了不同层次的探讨。近年来涌现了越来越多的优秀课堂教学设计案例,丰富和推动了中学历史课堂教学设计的研究工作,使中学历史课堂教学设计的研究呈现星火燎原的发展势头。[②]但是,另一方面,符合我国中学历史课堂教学实际情况,真正能被教师接受,能够指导教师在教学中运用的教学设计研究还比较缺乏,存在解释力不够、只提供教学设计的流程、难以解决具体的教学问题等多种缺陷。中学历史教学设计研究的理论体系还处于探索、完善的过程之中。

在强调深化课程改革、全面推进素质教育的当今时代,中学历史课堂教学设计作为一门日益完善的现代教学技术和指导教学实施的应用性学科,正日益被我国广大中学历史教师和历史教育研究者所接受,并在我国基础教育教学中发挥着越来越大的作用。

## 第二节 历史教学设计常见问题分析

从本质上说,历史教学设计是一门系统科学,是建立在有机融合历史学、教育学、心理学等学科理论基础之上的一门应用性、实践性和指导性都非常强的教学技术学,其最大的价值在于:可以起到成为沟通理论与实践之间的桥梁作用。但是,中学历史课堂教学设计的现状却不太尽如人意。无论是理论认识还是实践研究,无论是日常教学还是公开课,无论是

① 高洁,杨改学.二十年来我国教学设计研究的回顾与反思[J].现代教育技术,2008(3).

② 宾华.中学历史课堂教学设计研究[M].长春:长春出版社,2012:1.

教学目标还是教学流程，都存在着诸多的问题，尤其是一些在全国颇有影响力的历史竞赛课、公开课、示范课，包括发表在专业期刊上的有关历史教学设计的文章，如果要细究的话，都会很容易发现其中暴露出来的问题。因此，非常有必要对中学历史课堂教学设计中存在的困扰一线教师的急待解决的问题进行梳理，找到问题的症结，谋划解决的对策，提升设计的水平。

根据上述有关课堂教学设计的定义，每堂课的教学设计都是一个系统工程，这个系统工程又可以分解成三个子系统：课前系统、课堂系统、课后系统，每一个子系统都承担着不同的功能和使命。下面从这三方面分析中学历史课堂教学设计的常见问题。

## 一、课前系统：课堂教学目标设计常见问题分析

课堂教学目标也称课时教学目标，是师生课堂教学结束后预期达到的学习结果或标准。课堂教学目标具有导向功能、激励功能、标准功能，以及聚合功能。

课堂教学目标设计主要是指以课堂教学目标的形成以及呈现过程为研究对象，依据课堂教学目标所处的层级、教学内容所在的学段及单元学习要求，分析和研究学生的发展需要，综合考虑可利用的教学资源，恰当选择课堂教学目标的内容并合理安排其结构；选择可操作性强或恰切的关键词进行合理表述；选择有利于课堂教学目标有效实现的教学方法；确定师生的课堂教学活动应该完成哪些任务，完成任务的程度标准是什么，怎样评价师生的课堂教学达到了目标；修改预设的教学设计方案，使之进一步完善。[①]

在整个教学设计中，教学目标占有重要的地位。好的教学目标设计会使看教学设计的人在看完目标之后就可以基本理解教师的设计思路并可以预期课堂结构，而且可以进一步以目标作为准绳来对教学设计进行逐环节的或者整体性的评价。赵亚夫教授认为："教学目标的作用，对教师而言，如同打靶时枪上的准星，要把得住、瞄得准、三点成一线，不能马虎。从教学过程看，它是一课之魂，目标模糊如同混沌无窍，虽有动态然

① 宾华.中学历史课堂教学设计研究[M].长春：长春出版社，2012：41.

终不是有意义的生命;从教学效果看,它是一课之准绳,目标繁复如同赘尺,虽有形制然实不能有价值的规矩。”[①]这句话看似简单,但我们在教学实践中常常违反了这些“原则”。

## (一)忽视学情分析

学情分析是历史教学设计的重要基础,也是历史教学能够顺利进行的有力保障。奥苏伯尔在《教育心理学:认知观点》一书的扉页上写道:“如果我不得不把教育心理学还原为一条原理的话,我将会说,影响学习最重要的因素是学习者已经知道了什么。”[②]在奥苏贝尔看来,“学习者已经知道了什么”即指学生原有的认知结构。它既是学生学习的结果,又是学生进行学习的基础。一个人的准备知识影响了他们学什么和如何进行学习,由此可见学情分析的重要性。但目前的历史教学设计,在这方面却存在着很大的缺陷。

### 英国君主立宪制的建立

我在上《英国君主立宪制的建立》一课时,因为本课是人教版必修一第三单元的第一课,它涉及一个重要概念“代议制”,而这一概念对于学生来说是比较抽象难懂的。为了激发学生的好奇心也便于学生理解,我就考虑从学生的生活经验入手导入新课。思来想去,觉得现在高中学生干部大都是选举产生的,由此我就根据自己的预判设计了以下一段导入语,想为后面讲述“代议制”的概念及其他内容埋下伏笔。

师:同学们,你们班的班委是怎样产生的?

生:直接投票民主选举。

师:那么学校的学生会主席和学生会各部部长呢?也是全校同学直接参加投票民主选举吗?

生:不是,是班上派代表参加选举。

师:那么,大到校长、市长、省长的选举及国家大事的讨论,

① 赵亚夫.历史教学目标刍议三:怎样确定课堂教学目标[J].历史教学(中学版),2007(7).

② (美)奥苏贝尔.教育心理学:认知观点[M].北京:人民教育出版社,1978:1.

同学们也可以直接参与投票民主选举、讨论吗?

生:不,也是派代表参加。

师:这些选举方式都体现了民主,都很好地体现了人民(学生)的意愿。现在世界上绝大多数国家都以这种方式来体现人民民主权利。这种间接民主即公民通过选举代表组成代表机关,间接参政议政,讨论国家大事,行使国家权力的一种民主制度和组织形式,即"代议制"。今天,我们先来了解英国……

然而课堂的实际运行情况让我大跌眼镜。

当我问及第一个问题"你们班的班委是怎样产生的?"学生的回答是:"我们的班干部是班主任定的,我们没有投票选举!"这一下子就卡了壳,让我无法按照原来的设计进行提问,只好重新提问说"以前你们的班级有过选举班干部的做法吗?"学生有的说有,有的说没有。我笑着问下一个问题"我们学校学生会的干部是怎么选举的?"大多数同学都回答说不知道。我只好自圆其说,然后直接向学生说出了"代议制"的概念并引入新课。

反思:这次导入做得不好,我想主要原因是我没有做好充分的准备,没有事先调查好上课班级的基本情况,教学设计有点想当然。因此以后要吸取教训,自己设计的问题要先想一想学生的回答可能有几种答案,如果不按照我设计的思路回答我该怎么办?这些都是老师备课时要未雨绸缪的。①

【分析】本案例反映的主要问题是教师对学生的真实状况并不是真正的了解,而是建立在自己的"猜测"上。不少教师在教学设计时单纯地进行教材分析,找出本节课教学知识的"重点"与"难点",需要掌握的"技能"与"技巧",针对教学的内容设计教学步骤,很少考虑学生的具体情况。在教学设计的过程中,学生的状况往往处于被教师完全忽略的境地。

教学设计最根本的理念是"为学习设计教学",而不是"为教学设计学习"。教学设计要以学习和学习者为中心,这已成为教育界的共识。在教学设计中,设计者必须换位思考,既要站在教师的角度,更要站在学生的

① 本案例由安徽省蚌埠市怀远县第二中学胡永祥老师提供。

角度去备课,以学生为中心,关注学生的学习起点,关注学生的思维过程,关注学生学习方法的指导。根据“学情”双向设计课堂教学活动,由传授课程到建构课程,由讲授为主到自主、合作、探究学习为主。教学活动的中心轴要发生变化:由围绕教材转变为围绕学生的学习需求,由驱赶、挟持学生转变为适应、协助学生学习。

因此,教学目标的设计,必须对学习者的学习需要、情感需要、兴趣、心理特征等方面进行分析,准确掌握他们的认知结构特点、心理个性特征等方面的个体差异,以此作为起点,确定教学目标,选择教学策略,确定教学媒体,描述教学过程。

(二)轻视课程标准

《普通高中历史课程标准(实验)解读》中明确强调:“历史教师必须在教学中真正确立以课程标准为教学依据的思想……教师只有通过新的课程标准的学习,才能了解本课程的性质、基本理念、设计思路、课程目标,以及本课程的内容标准、教学建议和评估建议等。只有了解了这些内容,教师才能更好地把握教材,指导教学。离开了它,教师无法上好今天的历史课。因此,我们一定要确立课程标准的法规地位,让以课程标准为依据的教育思想指导教学。”但是,在中学历史课堂教学设计中,轻课程标准、重教材的倾向依然非常严重,不少教师课程标准意识淡薄,甚至备课都不看课程标准,课程标准应有的作用未能得到充分的发挥。所以当被追问“这节课你想让学生学到什么”、“你的教学设计意图是什么”、“你的教学设计理念是什么”时,教师的答案往往是含糊笼统的。

人教版高中历史必修一《新民主主义革命的崛起》一课中,五四运动、中国共产党的诞生、国民革命运动都是比较重要的内容,老教材是用六个课时学习这部分内容,现在要求一课时必须完成教学任务,真是难煞老师了!一位老师在上这一课时,“五四运动”(含导入)用了26分钟,“中国共产党的诞生”用了12分钟,“国民革命运动”(含结尾)用了7分钟。

【分析】这节课的课程标准是怎样要求的呢?“概述五四运动和中国共产党成立的史实,认识其对中国社会变革的影响。概述中国共产党领导的新民主主义革命的主要史实,认识新民主主义革命胜利的伟大意义。”本节课的重心应当是“通过了解五四运动等史实,认识其对中国社会变革的影响,认识无产阶级在新民主主义革命中的地位和作用”,而五四运动的背景等问题,对于实现本节课的教学目标作用不大,应当淡化处理。但是,这位老师显然没有研读课程标准,没有吃透教材,没有跳出旧教材的窠臼,单单是五四运动的背景就用了整整9分钟。而新教材依据课程标准的变化,明显淡化了这个问题,只提到五四运动的导火线是“巴黎和会中国外交的失败”,至于根本原因,课本只字未提。等第一个问题五四运动用了半节多课讲完以后,这位老师才回过神来,但因为教学预案的限制,他除了加快语速、摒弃师生互动以外,并没有更好的解决方法。

课程标准是唯一的教学准则,是实施课堂教学的纲领性文件,是教材、教学和评价的出发点与归宿。在制订教学目标时,我们必须根据课程标准,以课程标准来指导我们备课和上课。

### (三)颠倒行为主体

目前的教学设计,课堂教学目标表述中行为主体仍以教师为中心的问题依然比较突出。例如“使学生……”“激发学生……”“培养学生……”等这样的表述比比皆是。这些表述多为教师要求学生怎样,教学目标的行为主体仍然是教师,学生则处于被动参与、被动接受的客体地位,难以激发其参与学习的热情,调动其学习积极性,亦不符合新课程的理念。

教学设计《清新典雅的皖南古村落》在教学目标中有这样一句话:“培养学生的探究学习能力,通过让学生自觉参与学习过程的各个环节,充分发挥其探寻未知事物的主动性,激发学生发现问题、解决问题的欲望,从而真正实现学生的发展。”当时安徽省实行新课改已经将近一年半了,该教学设计也在全国比赛中拿到了不错的奖项。但是,叶小兵教授给我改动的几个字犹如兜头一盆凉水,让笔者清醒了许多,也认识到自己的肤浅。“通过自觉参与学习过程的各个环节,学生能够充分发挥探寻未知事物的主动性,激发自身发现问题、解决问题的欲望,提高探究学习的能力。”区区几个字的改动,犹如醍醐灌顶,让笔者明白自己与新课程的要求还有很大的距离。新课程改革需要我们每一位教师在课堂教学中脚踏实地、一步一个脚印地做实做细。[1]

明确目标的行为主体,主要是解决教师的教学理念问题,进而明确教学活动的出发点,即为什么而教的问题。从教学理念来看,如果以教师为行为主体,那么其教学过程必然趋向于秉承教师中心主义;如果以学生为行为主体,那么其教学过程必然趋向于以学生为中心。从教学活动的出发点来看,如果以教师为行为主体,其教学活动的出发点主要是为了完成教师的教学任务;如果以学生为行为主体,其教学活动的出发点必然指向学生的发展。因此,要明确教学目标的行为主体,教师首先应该摒弃传统的教学观念,以新课程的理念指导教学目标的设计,从教学目标开始就确立学生的行为主体地位。在表述目标时一定要正确定位目标对象,目标表述的行为主体应是学生,表述时可用"学生能列举……""学生能解释……""能写出……"等形式。很多时候行为主体在表述时可省略,但教学目标指向的应是学生这点是明确的。[2]教学目标的行为主体是学生,达成目标的衡量点也是学生,所以学生是设立目标不可或缺的关键因素。

## 二、课堂系统:课堂教学过程设计常见问题分析

教学设计中的教学过程设计,应该是着重于"学生在体验、探究、发现、思考、问题解决过程中获得自身提高和发展的教学过程设计"。教学过程的主要内容应该包括:本课有几个教学环节,每个环节有什么教学活动,解决什么教学任务,达到何种教学意图,教学环节间有何内在联系等。优秀教学流程的特征是:环节顺畅,层次清晰,意图明确,结构严密。在教学过程的设计中,常见的问题是:新课导入设计生搬硬套、内容整合设计"缩手缩脚"、教学情境设计机械呆板、课堂结尾设计草草收场、固守"预设"无视"生成"等。教学过程中"学生主体"体现不够明显,大多数的教学设计仍是以教师讲授为主,精心设计教师的活动,尤其是雕琢教师该说什么,说到什么程度,没有为学生创设主动探索的学习情境,更谈不上促进学生学习方式的变革。许多教学设计停留在

---

① 赵剑峰.中学历史教师专业成长的借鉴——读胡军哲著《杏坛爬梳》[J].历史教学(中学版),2011(6).

② 赵克礼,徐赐成.中学历史教材研究与教学设计[M].西安:陕西师范大学出版总社有限公司,2011:152.

历史教案的描述阶段，没有很好地体现历史教学设计的创造性、艺术性、活动性和人文性，没有能够很好地把教学方法、教学手段与教学过程进行有机的融合。

## （一）新导入设计生搬硬套

特级教师于漪老师曾经说过："在课堂教学中要培养激发学生的学习兴趣，首先应抓住导入课堂环节，一开课就把学生牢牢地吸引住。课的开始好比提琴家上弦、歌唱家定调，第一音定准了，就为演奏和歌唱奠定了基础。上课也如此，课的第一锤要敲在学生的心灵上，激发起他们思维的火花，像磁石一样把学生牢牢吸引住。"这段话非常精准地诠释了导入环节在一堂课中的重要启情作用。在新课程课堂教学的实施过程中，教师重视课堂导入，创新求变，力求创设身临其境的教学情境，这本无可厚非。但要注意在创新的同时，避免陷入过分求新求异、生搬硬套、胡乱联系的误区。

**猜猜这是哪节课的导入？**

请问你更喜欢上面哪位明星？你的理由是什么？

刘德华比谢霆锋成熟的表现有哪些？成熟的含义是什么？

成熟是指能够正确地认识和把握自己，不犯原则性的错误。那么二战后资本主义的成熟和发展表现在哪里呢？让我们来学习第19课《战后资本主义的新变化》。

【分析】这一案例的最大问题是思维链的断裂,不符合思维逻辑。首先,授课教师先入为主地认定学生一定会和他一样选择刘德华,但是课堂的实际状况是:十六七岁的孩子显然比较喜欢更年轻、更有活力的谢霆锋。这样一来,下一问"刘德华比谢霆锋成熟的表现有哪些？成熟的含义是什么?"就失去了支撑,无法继续下去。其次,"成熟"和"战后资本主义的新变化"之间又有多大的关系呢?"战后资本主义新变化"的特点仅仅是"成熟"吗？第三,将本来风马牛不相及的刘德华和战后资本主义的新变化扯到一起,陷入过分求新求异、生搬硬套、胡乱联系的误区。对于本节课来说,同样用历史人物导入,比尔·盖茨、乔布斯显然要比刘德华恰当得多。

俗话说,良好的开端是成功的一半。导入新课要能激起学生的好奇、兴趣,为后面的教学活动突出学生的主体性作用铺平道路。导入设计的评价标准在于导入能否有效地沟通学生已有的知识经验和知识目标,一般要求做到"凝神、起兴、点题"。凝神指吸引学生注意力;起兴指为沟通已有知识经验和目标知识做铺垫;点题指点明主题,这是导入的最后环节,实现把学生的注意力引导到该课的中心问题上。一份成功的导入设计可以叩开学生的思维之门,打开学生的心灵之窗。

### (二)内容整合设计"缩手缩脚"

现代教学论强调"不是教教材,而是用教材",言简意赅地表达了教材的性质。新的教材观认为,教材是国家课程方案和课程标准的主要载体,是学生在校学习的主要资源(非唯一资源),是教师进行课堂教学的依据(仅是依据),是教学的工具和抓手。因此,教师在明确教学目标、进行教学设计时,必须确立新的教材观,创造性地使用教材,灵活地利用教材,使教材成为一种动态的、生成性的资源。但是,在目前的教学实践中,不少教师还没有确立新课程背景下的正确的教材观,没有立足课标,整合教材,创造性使用教材。新瓶装旧酒、穿新鞋走老路的现象还较为普遍。

## 物质生活与习俗变迁

我在上《物质生活与习俗的变迁》一课时，最初的设计思路是：本课的教学内容安排与前面几单元不同，它是一种平行结构。教材呈现了两块内容："动荡中变化的近代社会生活、新中国社会生活新风尚。"于是我想，是否也可以采用专题史的方法进行教学，是否可以不按时段，而是按衣、食、住、习俗等几个方面为纵向发展线索，分别了解它们在近代中国的发展史。我觉得这样可以使本单元的教学结构更为统一。根据上述思路，我对本课教材内容进行了重新整合。

一、服饰的变化

1.传统服饰

2.近代的变化——中西结合

3.新中国新面貌

二、饮食的变化

1.传统饮食

2.近代以来的变化

三、居住的变化

1.传统民居建筑

2.近代以来的变化

四、社会习俗的变化

1.剪辫易服与禁止缠足

2.礼俗(婚丧、节日、社交礼仪)的变化

3.社会新风尚的形成

以上是这个设计思路的简单结构。这个思路我只试用了一次就放弃了，原因有二：第一，有些繁琐和重复。本意是想使线索更清晰，结果发现每一部分都要从近代到当代将其发展变化的过程讲一遍，感觉很啰嗦。第二，没有突出课标要求。本课的课标要求是：了解近代以来人们物质生活和社会习俗变化的史实，探讨影响其变化的因素。从课标看，影响变化的因素应是本课重点,而本设计中这个重点并没有得到突出。[①]

【分析】人教版历史必修2第五单元“中国近代社会生活的变迁”第十四课《物质生活与习俗的变迁》讲述的是社会生活史,是新课程增加的新内容。社会生活的变化看起来简单,似乎难登历史的“大雅之堂”,其实是历史变化中最广泛、最深邃的部分,了解社会生活的变化是了解一个国家、一个时代变化的最有效途径。但社会生活千头万绪、内容琐碎,知识繁杂,难以把握。教学时很容易走马观花,浅尝辄止。到底应该怎么办?

(1)举一反三。相对于“食、住、习俗”来说,“衣”的线索最清晰、最完整,材料也最丰富,和社会变迁之间的关系也最密切,学生也最感兴趣。那就以服饰的变化为主线,折射近代以来社会生活的变迁,探究影响社会生活变迁的主要因素。然后举一反三,用学到的规律来解决其他三个方面的问题。

(2)见微知著。本课的学习不能简单停留在搞形式或只展示变化的层面,而应当将近现代物质生活和社会习俗的变迁置于近现代中国社会发展变化的大背景下进行考察,重视挖掘变化背后的历史因素,并归纳变化所呈现的阶段性特征。本课重在引领学生通过物质生活和社会习俗“怎么变”的史实,探究“为什么变”的原因以及这种变化的特点和趋势。

多年前,叶圣陶先生对教材就有过精辟的论断:教材无非是个例子,凭这个例子要使学生能够举一反三。[②]所谓“内容的整合”是指按照课标的要求,在尊重教材的基础上,将教科书的内容和教科书以外的相关知识有机地增减、取舍、重组、再织,重新设计教学结构。它不是简单的“凑合”,而是有机的“重构”。任何对教学内容的整合,都要落实课程标准的要求,依据课标提炼核心知识点,剔除远离课标的知识点。整合时还要注意:一堂课应当有一条清晰的红线,一课一个中心。

对教学内容的优化整合是教师在课程标准研制、教科书编写基础上的再一次创造。这次创造是教师运用自己的实践知识,根据实际情况,以学生为主体对学习的知识进行再判断和重新整合的个性化工作。专题式

① 本案例由安徽省蚌埠市怀远县第一中学王圣老师和安徽省淮北市实验高级中学赵剑峰老师提供。

② 叶圣陶.叶圣陶语文教育论集[M].北京:教育科学出版社,1980:152.

构建的课程标准及教材使历史知识前后相连的因果性、左右交织的关联性、历史现象变化发展的过程性等特点更为突出,为教材整合提供了重要平台,更有利于教师的个性化教学。教师在进行教学设计时要基于主题和专题对教材内容进行重新的整合,让教材为自己所用。①

### (三)教学情境设计机械呆板

课堂教学情境是一种人为设计的教学环境,是教师为了支持学生的学习,在课堂教学过程中有目的地引入或创设的一种具有一定情绪色彩的、形象生动的场景。在课堂中创设丰富多彩的教学情境,对整个教学过程有着至关重要的作用。

中国音乐学院教授谢嘉幸曾经说过:教育的最佳效果产生于教师与学生平等交流的互动中,教育的过程既不是一个教师把知识灌输给学生的简单过程,也不是一个学生自我潜能开发的简单过程。教育的过程应该是一个产生创造性"新质"的过程。教师将自己的知识和体验与学生的知识和体验进行交流,这种教育的最佳结果,不仅是学生从老师那里学到知识,老师也从学生那里学到知识,更重要的是老师和学生都获得了一些原来在老师和学生身上都不曾拥有的东西,他们都得到了一种从未有过的体验和收获。②因此,每一次课堂教学都是一次积极的师生交流,其中师生交流最频繁,也最有影响的莫过于情境的创设了,尤其是处于教学主导地位的教师,通过设计好的情境,更好地帮助学生解决教学中的难点,更是一次意义深远的师生交流。

关于罗斯福新政在农业方面的措施,通过展示材料"乡下的农场主不愿降价,将大片成熟的玉米就地焚烧,将牲畜赶到山谷枪杀掉,任其腐烂……城里的千百万人却买不起那贱得让农民破产的农产品。"然后提出问题:材料反映什么问题? 罗斯福如何解决? 效果如何?

此处情境创设的本意是想通过大危机的材料,自然引出新

① 邹樱.基于专题的高中历史教学设计[J].历史教学,2005(9).

② 谢嘉幸.师生关系——音乐教育的现代观念之一[J].中国音乐教育,2001(7).

政措施。但通过课堂实践,我发现学生对农场主为什么要那样做其实并不理解,这就会影响到后面对新政措施的理解。分析原因:一是问题设计不合理;二是材料不够充分。

解决方案:与学生交流时增设如下问题:为什么农产品价格低?价格低就要销毁吗?可以引发学生的深入思考。同时参考下列材料比较分析。(材料:美国俄克拉荷马市的一位州议员在1932年2月召开的国会委员会上说,芝加哥的一个人曾告诉我他养羊的事。他说他在今年秋天杀了3 000只羊,将它们都抛到大峡谷中去了,因为把一只羊运到市场要花1.1美元的运费,但在市场里一只羊还卖不到1美元。他还说他已经养不起这些羊了,而他又不能让羊挨饿,所以他干脆就将它们都杀了抛进山谷)

这种情境创设,可以加深学生对此问题的理解,接下来对新政相关措施的解读也就显得顺理成章了。[①]

【分析】创设一个内涵丰富的典型教学情境,高度浓缩历史事物某些方面突出的特征,有助于学生的理解和学习。正如苏联教育家赞可夫曾提出:“凡没有发自内心的求知欲和从兴趣而来的东西,凡没有经过紧张的脑力劳动和克服困难而达到真正理解的东西是很容易从记忆中挥发的。”在创设问题情境时应充分了解学生的最近发展区,必须符合学生的认知能力和知识范围,如果超出学生能力范围,学生要么无话可谈,要么离题千里,达不到历史教学的效果。同时情境创设还需具有很强的探究性或者说“问题”的结论具有很大的诱惑力,具有激发学生学习动力的功效。情境的创设必须和问题结合起来,情境为问题服务,问题升华情境。这样才能吸引学生注意力,启迪学生思维,使学生积极地参与探究问题。

(四)课堂结尾设计草草收场

俗话说:“编筐织篓全在收口。”恰到好处的结尾,会起到画龙点睛的作用,让学生体验到“课虽已尽而意趣未了”,为下一课的学习做好心理铺垫。好的结尾,能给人以美的艺术享受,它绝不是单凭教师灵机一动就能达到效

① 本案例由安徽省蚌埠市怀远县第一中学王圣老师提供。

果,教师应该增强对结尾的设计意识,不断提高课堂结尾的艺术水平。

许多老师对新课导入和新课内容设计颇为讲究,尤其是新课导入的设计,更是不敢草率。但对课堂结尾没有予以足够的重视,没有仔细地推敲、研究,草草收场,给人以非常匆忙、非常突兀的感觉,未能使课程内容得到延伸拓展、升华提高,影响了教学的整体效果,甚至导致功亏一篑。

一位老师在人教版必修一第14课《新民主主义革命的崛起》结尾时,让学生全体起立,跟着视频齐声高唱《没有共产党就没有新中国》,学生们不太情愿地站起来,基本没有跟唱,有些茫然不知所措。

本节课的结尾没有达到预期的效果,究其原因,主要是因为教师没有找准学生的"最近发展区",没有与学生的情感形成共鸣,缺乏情感的铺垫和预热,突然拔高,学生不知道为什么情感会突然跃升到这个层面,感觉到很不自然,所以反应冷淡,不愿跟进。改进方法:

教师小结:新民主主义革命的崛起揭开了中国历史新的一页。这是一个英雄辈出、群星灿烂的时代,它充满着希望和生机,仿佛一次辉煌的精神日出,照亮了20世纪的中国。这是一个少年的中国。

播放电视剧《恰同学少年》中的视频片段:毛泽东和他的同学们一起朗读梁启超的《少年中国说》。教师和学生随着视频中的情节发展,逐渐跟进,最后全场高声朗诵:造成今日之老大中国者,则中国老朽之冤业也。……少年智则国智,少年富则国富;少年强则国强,少年独立则国独立;少年自由则国自由,少年进步则国进步;少年胜于欧洲则国胜于欧洲,少年雄于地球则国雄于地球。红日初升,其道大光。河出伏流,一泻汪洋。潜龙腾渊,鳞爪飞扬。乳虎啸谷,百兽震惶。鹰隼试翼,风尘吸张。奇花初胎,矞矞皇皇。干将发硎,有作其芒。天戴其苍,地履其黄。纵有千古,横有八荒。前途似海,来日方长。美哉我少年中国,与天不老!壮哉我中国少年,与国无疆!

最后,教师点评,画龙点睛。

什么是真正的青春?这群曾经风华正茂的青年学子用他们的历史告诉了我们。

真正的青春,应该是趁着自己风华正茂,树立远大的理想,为自己的理想而努力,为社会贡献自己的力量。

风华正茂的我们,同样可以怀着"问苍茫大地,谁主沉浮"的豪情壮志,在我们青春的画板上尽情地挥洒,为国家、为民族绽放我们真正的青春!①

【分析】其实,结尾在新课程课堂教学中起着非常重要的甚至是画龙点睛的作用。结尾既可以着眼整体,简明扼要地构建知识结构体系,使教材中复杂的知识简约化,零散的知识系统化,有助于进一步完善学生的认知结构和课堂教学效果的深化;也可以渲染气氛,结合课文中的主要内容,用饱蘸着情感的语言,来营造一种特定的氛围,激起共鸣,为后续的学习埋下伏笔;或者组织讨论,针对教学中的关键之处,提出一些有争论或学生感到迷惑的问题,引起学生的兴趣并展开讨论,达到发散学生思维,把学习引向深入,升华非智力因素的功效。

### (五)固守"预设",无视"生成"

历史教学设计是对历史教学过程的一种"预设",优秀的历史教学设计除了关注"预设"外,还应充分考虑历史课堂教学中的生成性课程资源的开发与利用。

课堂生成是指在教师与学生、学生与学生合作、对话、碰撞的课堂中,现时生成的超出教师预设方案之外的新问题、新情况。它随着教学环境、学习主体、学习方式的变化而变化,根据教师的不同处理而有不同的价值,使课堂呈现动态变化、生机勃勃的新特点。当课堂上出现有价值的动态生成性资源,独具慧眼的教师会善于捕捉并及时纳入临场设计,巧妙运用于教学活动之中,使课堂生成出人意料之外的精彩,打造出一个生动活泼、充满人性的生命化的课堂。但是,在日常的课堂教学实践中,"课堂生

① 本案例由安徽省淮北市实验高级中学赵剑峰老师提供。

成”是教师心里发怵、比较难以把握的一个环节。教师通常在课堂中完全忠实地实施预设方案，按部就班地完成预定任务，排斥学生有个性的思考，限制学生对预设目标的超越，学生的创造智慧被泯灭其中。教师的教学变得机械、沉闷，学生的学习缺乏对探求未知的好奇心和刺激，师生的生命活力受到阻碍和压抑。非预设性生成依然被边缘化，教师的态度往往是不积极捕捉或者消极回避。究其原因：一是缺乏生成性观念，缺乏学生资源意识；二是缺乏精心的预设，没考虑学生生成的问题。

## 秦朝中央集权制度的形成

我在讲授《秦朝中央集权制度的形成》一课时，是这样导入新课的：

据报道，美国前总统克林顿任期内来华访问时，曾参观西安兵马俑。当他步出展馆时，发现一小女孩站在高处观望他，双方招呼并对话：

克林顿：你为什么站那么高？

小女孩：可以看清楚美国总统。

克林顿：你知道他是干什么的？

小女孩：管美国人(民)。

克林顿：(略微思考后)准确地说，是美国人民在管总统。

那么，那小女孩为什么认为美国总统在管美国人(民)呢？

听到下面有学生在小声说，“是大人教的。”我装作没听见，就自顾导入新课了。

课后我在反思的时候，头脑中老是浮现那个声音“是大人教的”，我是不是错失一次生成的机会呢？如果关注那个学生的回答，我该怎么应对呢？新课程是动态生成的课程，课程资源包括教师、学生等，充分开发和利用课程资源，也是新课程教学的重要内容。不能忽视学生的主体性作用，不能忽视学生作为课程资源的力量。改进方法：

当有学生在下面说“是大人教的”，我随即追问道：“为什么大人要这样教她呢?”

生:(预设)受中国传统的思想观念的影响。

师:(预设)为什么会产生传统的思想观念呢?

生:(学生笑)……

师:(预设)思想观念容易受到政策和制度的影响。传统的思想观念究竟受什么制度的影响呢? 由此导入新课。

这样设计既抓住了生成的机会,充分和学生进行互动、交流,加强了师生平等的教学氛围,为后来的课堂活动做了很好的铺垫,而且这样设计也比原来预设的——直接问“为什么小女孩认为是美国总统管美国人(民)”后就导入新课——要好得多。在整体把握导入新课所需要的时间范围内,既重视了学生的主体性作用,开发了学生资源,加强了师生互动交流,又提高了问题的内涵,拓宽了学生的思路,提高了课堂教学的有效性。

因此,教师要从学生的发展出发,充分发挥教师机智,开发学生资源,重视学生的主体性作用,让历史课堂因满含历史思辨、充满活力和生命而精彩![①]

【分析】课堂教学具有较强的现场性,学习的状态和条件会随时发生变化。因此,教学过程就应该是计划与变化的统一。教学目标,其实就是预期的学习结果,也可以说是预设了教学效果的底线,最后真正获得的教学效果肯定是由“预设目标”加上“生成目标”来实现的。随着课堂的推进,预设目标会显出它的不合理、不完善,教学就要随机合理地删补、能动地调整目标,从而即时生成目标。当我们事先预设内容与学生的意愿、当时的环境相悖时,我们完全可以舍弃不用,而适时围绕新生成的问题进行教学。在实施教学的过程中,教师应直面真实的教学,根据师生交往互动的具体进程,来灵活机动地处理课前的各种预设。

## 三、课后系统:课堂教学反思设计常见问题分析

按照教学设计的定义:“教学设计是运用系统方法分析教学问题和确

① 本案例由安徽省淮北市濉溪县第二中学董运动老师提供。

定教学目标、建立解决教学问题的策略方案、试行解决方案、评价试行结果和对方案进行修改的过程。”我们可以看到，在经过了课前的“预设”设计操作和课堂的“生成”实施操作之后，课堂教学设计的操作过程并没有结束，还有最后一步的操作，那就是教学反思。什么是教学反思？教学反思是指教师为了实现有效的教育教学，在教师教学反思倾向的支持下，对已经发生或正在发生的教育教学活动以及这些活动背后的文化、理论、假设，进行积极、持续、周密、深入、自我调节性的思考，而且在思考过程中，能够发现、清晰表征所遇到的教育教学问题，并积极寻求多种方法来解决问题的过程。从而改进自己的教学实践，使教学实践更具有合理性，发展学生的同时也实现自身专业素质的提升。①

教学反思之所以必要，是因为任何教学设计，都有“纸上谈兵”、“理论脱离实际”之嫌。教师的实践智慧只有通过亲身体验和感悟才能生成，正如波斯纳所说的“教师的专业成长=经历+反思”。教学设计的优劣不在于教学设计的方案如何美轮美奂，而在于课后的反思如何切中要害。这就需要我们在课后对课堂教学从学生的学习方式、教师的教学行为、学习的有效性等方面，全面地总结和反思教学的得与失。缺乏反思的教学设计不是真正的教学设计，反思教学也是课堂教学设计的重要组成部分，必须加以重视。

但是，在历史教学反思中，常常存在泛泛而谈、理论过滥、反思肤浅、反思无重点、平淡无奇、教思脱节等问题。

我在上完《清新典雅的皖南古村落》一课后，最初的教学反思是这样的：在本课的教学过程中，要特别注意对课型的定位。既不能把它上成导游课，蜻蜓点水，浮光掠影，也不能把它上成专业课，晦涩难懂，空洞乏味。应当紧扣四个视角（远眺、近看、纵观、透视）、两个层面（了解、体验和探究、感悟），纵横交错，经纬结合，形成系统的网状知识结构。深入浅出，融知识性与趣味性于一体，让学生徜徉在世界文化遗产中，感悟文化，陶冶人生。由于本课涉及内容繁多，部分知识理解起来有一定的障

① 申继亮，刘加霞.论教师的教学反思[J].华东师范大学学报（教育科学版），2004(3).

碍。处理过程中容易操之过急,使得讨论、学生分享交流、学生为主体活动的时间不够充分。

这种教学反思比较笼统,比较泛化,对教学的促进作用极为有限。后来,为了准备全国比赛,我对这节课进行了较为细致透彻的反思。

2006年7月1日,我在安徽师范大学举办的安徽省高中历史新课程骨干培训者国家级研修中开设一节教学研讨课《清新典雅的皖南古村落》。培训结束之后,我一直在琢磨《清新典雅的皖南古村落》一课怎样才能体现历史学科的特色。我知道,这节课的中心不是建筑、不是水系,也不是村落布局,而是透过建筑等皖南古村落的典型特征感悟西递、宏村作为世界文化遗产深厚的历史、艺术、科学价值。只有把握住了这一点,才能帮助学生更好地理解本节课的重难点。

2007年6月初,确定再上《清新典雅的皖南古村落》一课后,我就一直在想方设法啃下本节课的两块"硬骨头"。

一块是"探究皖南古村落形成的经济文化源头,理解西递、宏村作为世界文化遗产的历史价值"。由于教材本身的缺憾,缺乏对徽商的介绍,历史感比较淡薄。仅凭教材,学生难以理解西递、宏村作为世界文化遗产的历史价值。我本来是通过自己的讲述为学生勾勒出皖南古村落的历史脉络,但效果不佳。为什么呢?因为老师的讲述无法代替学生的思维过程,学生还是对徽商和徽文化之间的关系一知半解。怎么办?

反复琢磨之后,我选择了"历史探究"这一方案,主要从教材以外精心选取了"徽州地理环境的特点、明清时期徽州俗语、徽州楹联、自古以来徽州名人辈出的数据统计"四段生动、鲜活的史料,设置了环环相扣、依次递进的四个问题。从徽州的自然地理环境入手引导学生推导出徽州人把经商作为主业的原因,从徽州俗语和楹联引导学生推导出徽州人经商和读书之间的关系,进而引导学生归纳徽州人读书、经商、做官三者之间的关系。最后,"徽商和皖南古民居浓郁的文化色彩之间有什么内在的联系”这个问题便迎刃而解。我觉得，这样设计，更能体现新课程的理念，能培养学生“论从史出”的思维方法。另外，为了将知识化繁为简，化难为易，我专门设计了“读书、经商、做官关系图”、“人、自然、文化关系图”两幅图示，以形象直观的示意图将知识深入浅出的传授给学生，既符合学生的心理发展特征，也利于培养和提高其历史思维能力。

另一块“硬骨头”是“品味徽派建筑艺术深厚的文化内涵”。自然景观让学生自行观赏，用心感受，而人文景观，往往是一种特定历史时期人类智慧的结晶。不经指点，不经过巧妙的铺垫，不选取恰当的素材，学生很难发现它的精华与奥秘。但如果是老师大段的讲授，又很难让学生真正感悟到徽派建筑艺术深厚的文化内涵。怎么办？

思来想去，还是决定用抢答赛的形式，看谁猜的准，看谁猜的快，激发学生学习的兴趣，深化学生对徽派建筑艺术深厚的文化内涵的感悟。其实，设计这个环节，心中还是有顾虑的。为什么？担心抢答赛这种形式会不会给人一种“低龄化”的印象？会不会给人一种为了活动而活动的印象？另外，素材的选择尤为关键。浅了，学生感悟不到；深了，学生感悟不透。反复比较之后，我挑选了天井、木雕、楹联由浅入深的三个材料。我认为，只要选材得当，组织得法，抢答赛不失为一种比较好的教学方式，既能激活学生的思维，调动学生参与课堂教学的积极性，同时加以适当点拨，又有利于教学目标的达成。

啃下两块“硬骨头”以后，感觉心情舒畅，感觉心中有底了！①

【分析】实践证明，成功的教学设计不在课前，而在课后。一节课下来，教师及时反思得失，找到教学实际与“预设”之间的差距，并进行必要的归纳与取舍，考虑如果再教这部分内容时应该如何做能使教学实际更

① 赵剑峰.从“雾里看花”到“柳暗花明”——“清新典雅的皖南古村落”备课笔记[J].历史教学,2007(11).

有效,对原先的“预设”进行修改,是十分有效的。

历史教学设计不可能十全十美,但我们可以通过反思,让它更加完善、更加完美,这是历史教师教学的追求,也是历史新课程标准的追求。诚然,教学总是一门充满着遗憾的艺术,尽管每一个经过反复琢磨的教学设计仍还是一块“毛坯”,它绝不是一种“美轮美奂”的“标准件”,也绝不可能是“经典式的‘圣经’”。磨刀不误砍柴工,教学设计是个细致、艰巨而复杂的系统工程,绝不能懈怠、淡漠或浮躁,同时,如果我们将教学设计中存在的不足加以润色斧正,这道菜肴必将会更为“可口”。

总之,只有通过不断的教学反思,才能不断提升教师的教学能力和教学水平。作为处于新课程背景下的历史老师,专业发展更多地要从对课堂教学的反思当中培育,提升自己的教育教学技能和素养。历史教学的最高境界应是将历史教学上升到艺术层次演绎出来,教学设计过程是历史教学艺术生成的重要过程,教学反思使历史教师的专业水平在成长的道路上产生质的飞跃。

## 第三节　历史教学设计典型案例分析

### 高中人教版必修2《开辟新航路》教学设计及感悟[①]

#### 一、课标要求

概述迪亚士、哥伦布开辟新航路的史实;认识地理大发现对世界市场形成的意义。

#### 二、教学目标

(1)通过对文字史料和图片资料的观察与思考,知道新航路开辟的原因、条件,了解迪亚士、哥伦布等开辟新航路的概况,理解新航路开辟的历史意义。学会从文字与图片中汲取重要历史信息,初步掌握抽象概括与理解史料中所蕴涵历史信息的方

① 本案例由安徽省淮北市实验高级中学赵剑峰老师提供。

法。初步形成全球观念和开放的世界意识，辩证地对新航路的开辟及其人物做出评价。

(2)通过分析新航路开辟的背景，学会从主观因素和客观条件等方面全面分析问题。

(3)学会辩证地认识和评价历史人物和历史事件，能够比较并正确认识新航路开辟给不同地区带来的不同影响，从而感受历史发展的对立统一性。

(4)通过对历史人物迪亚士、哥伦布、达·伽马、麦哲伦的学习，初步树立健全的人格、坚强的意志，确立积极进取的人生态度。

## 三、教学重难点

(1)重点：新航路开辟的背景、影响。

突出重点方法：借助文字和图片史料，提取信息，分析综合，论从史出，史论结合。

(2)难点：新航路开辟对世界市场雏形形成的重大意义。

突破难点方法：通过引用史料、讨论、问题探究等方法，深入理解新航路开辟的影响，并能正确评价该事件。

## 四、教学设计

课前准备：正式上课5分钟前播放视频——世界名曲《1492征服天堂》，这首歌曲以极具现代感的电子交响乐完美地再现了500年前哥伦布等探险者历尽惊涛骇浪、致命病毒，以及种种艰难险阻的洗礼，最终到达新大陆的悲壮故事，充满了史诗般的壮丽辉煌和宏伟气势。

### （一）课程导入

课前我们一起欣赏了世界名曲《1492征服天堂》，它主要反映了500年前哪一重大历史事件？这一事件对世界历史发展进程产生了怎样重大而又深远的影响呢？今天，就让我们一起走进第5课《开辟新航路》。

【设计意图】夸美纽斯说:兴趣是创造一个欢乐和光明的教学环境的重要途径之一。借助课前铺垫,顺势导入,清新自然,不露痕迹。同时,可以有效地营造气氛,渐入教学情境。

## (二)讲授新课

【问题探究】我们学习“开辟新航路”,首先必须弄清楚什么是“新航路”?我翻阅了《辞海》、《中国大百科全书·外国历史》和《现代汉语词典》,均没有“新航路”这个词条。那我们能不能根据已有的知识、根据自己的理解,说文解字,解读课题,试着给“新航路”下个定义呢?

【教师小结】何为新航路?15世纪至16世纪初,由哥伦布、达·伽马、麦哲伦等航海家在欧洲掀起的一系列海上探险和殖民活动中开辟的、不经过地中海的传统商路,而是绕过非洲或南美洲到达亚洲的航路,或者直接到达美洲的航路。

我们通常把“开辟新航路”和“地理大发现”当成一个问题,其实它们之间是有区别的。在葡萄牙与西班牙之后,荷兰、英国、法国等国家的航海家接踵而行,连续进行了200多年的航海探索,之后的探索与较早的新航路开辟结合在一起,被称为“地理大发现”。

【设计意图】说文解字,解读课题,厘清概念,正本清源。上课伊始,弄清楚“新航路”的内涵和外延,以及它和“地理大发现”之间的区别和联系,可以为本节课的深入探究奠定基础。同时,解析“新航路”,便于引出“旧航路”,顺畅导入下一个问题。

### 1.诱惑中向往世界——新航路开辟的背景

(1)原因。

【问题探究】“新航路”是相对于“旧航路”而言的,那么什么是“旧航路”呢?既然已经有了航路,为什么还要开辟“新航路”呢?

材料一　“旧航路”示意图。

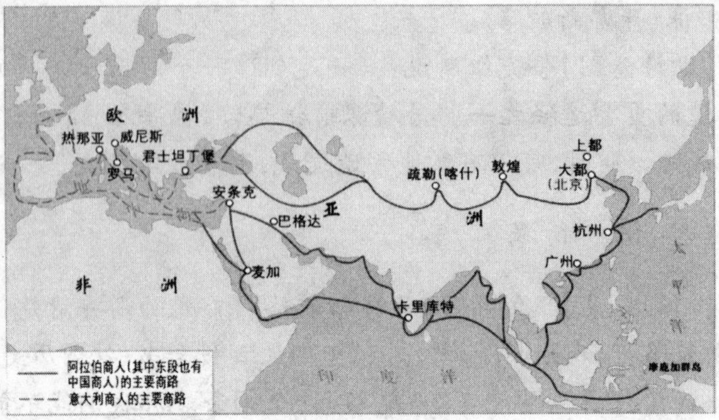


材料二 “随着蒙古帝国的崩溃，中亚的局面变得非常混乱，1340 年以后，北部的商路实际上已堵塞。此后，大部分产品汇集到以前受控于穆斯林商人的南部的海路，顺海路运往各地。”“十分重要的香料贸易并没有受到什么影响。”“其他欧洲人则大为不满，因此他们热切地寻找能直接抵达东方的途径，以分享这笔厚利。”

((美)斯塔夫·里阿诺斯.全球通史：从史前史到21世纪.7版.吴象婴，译.北京：北京大学出版社，2005.)

【教师点拨】“旧航路”是指15世纪以前欧洲和亚洲之间的商路，主要有三条：一条是完全的陆路，由中亚沿里海和黑海沿岸到达小亚细亚；其余两条则海、陆并用，一条先由海路到波斯湾，然后经两河流域抵达地中海东岸的叙利亚一带；另一条从海路进红海，再穿越苏伊士地峡前往埃及的亚历山大。这三条商路最后都汇聚于地中海东部沿岸地区，东方商品一般先运抵此地，然后转运欧洲。当时，东方的商品，如香料、樟脑、檀香、丝绸、宝石、布匹等在欧洲市场上极受欢迎，是上流社会的生活必需品，但经过波斯人、阿拉伯人、东罗马人、意大利的多次倒手，价格一抬再抬成为极度昂贵的奢侈品。而当时的东西方贸易基本上被意大利人和阿拉伯商人所垄断，西欧商人要想直接经营东方商品独占丰厚利润只能绕开阿拉伯、意大利商人，另辟蹊径。更严重的是，15世纪中叶以后，奥斯曼帝国势力强大，控制了亚欧商路的枢纽,传统的东西方贸易虽然没有完全中断,但土耳其人的横征暴敛和长期的战争使正常的商业秩序遭到破坏,商旅裹足不前。从此东方运到欧洲的商品数量急剧减少,价格却迅猛上涨。欧洲上层社会一贯视东方奢侈品为生活必需品,不惜高价大批采购,由此导致贸易严重入超,贵金属大量外流,财政不堪负担。加上西欧商人和消费者早就对居间盘剥的意大利和阿拉伯商人怨声载道,于是各国纷纷采取行动,希望另寻出路开辟能够绕过地中海通达东方的新航路。

【过渡】传统商路部分受阻只是一个直接原因,一个诱发因素而已。当时的欧洲人已在极度的诱惑下,陷入空前的狂热之中。

材料三　麦哲伦船队的皮加菲塔曾记述那次艰难的航程:我们有3个月又20天没有吃到新鲜食物。我们吃饼干,其实那些东西已经不能称为饼干,而是爬满蛆的碎末。我们喝的是黄水,储存多天,臭得令人作呕。我们也吃牛皮。老鼠的价格是每只半个金杜卡,但是连老鼠也买不到。我们有些船员的上下牙龈都肿了起来,根本无法吃东西,活活被饿死。死于这种病的有19人。

材料四　达·伽马船队,出发170人,生还者54人;麦哲伦船队,出发260人,生还者18人,麦哲伦自己也命丧中途。

(摘自中央电视台《大国崛起》节目组.大国崛起·葡萄牙、西班牙[M].北京:中国民主法制出版社,2006.)

【问题探究】到底是什么诱惑有这么大的魔力驱使当时的欧洲人超越死亡的恐惧,去完成这项冒险的赌博呢?

材料五　《剑桥欧洲经济史》中写道:“必须牢牢记住的是,整个11世纪到15世纪期间,贵重金属的供应似乎一直未能跟上货币需求增长的步伐……不管是从长远来看,还是从短期来看,中世纪社会都一直受到货币短缺的威胁。”所以,“对中世纪所有的公共管理者来说,反复坚持执行极其重要的一项政策就是,控制贵重金属的贸易。”在发现美洲的金银之前,西方人一直设法从非洲获取贵金属，“整个15世纪，意大利商人，特别是热那亚人，力图通过马格里布生意人谋取苏丹黄金。”另外，西方人也力争在欧洲本土尽可能多地开采贵金属，但所有这些手段都无法弥补贵金属外流造成的货币材料短缺。

（王加丰.关于地理大发现的动因问题[J].历史教学（中学版），2008(11).）

材料六　用迪亚士自己的话说，他航行的目的是“为上帝和皇帝陛下服务，给处于黑暗中的人们带去光明，并像所有人渴望的那样去发财致富”。1498年，当达·伽马抵达印度的卡里库特港时，一位当地人问葡萄牙人到底想得到什么，达·伽马答道：“基督徒和香料。”赫尔南多·科特斯在准备征服墨西哥时宣称：“我为获取金子而来，而不是来当农民种地的。”

材料七　东方是金瓦盖顶，金砖铺地，门窗都是黄金装饰，连河道里都有滚动的矿石，东方简直是一个灿烂辉煌的黄金世界，冒险家的乐园。

（（意）马可·波罗.马可·波罗游记[M].梁生智，译.北京：中国文史出版社，1998.）

【教师点拨】《哥伦布评传》中有这样一句话：“每当有重大发现或创造时，缔造者总是要人相信他们是受道德驱动，而实际上通常是出于物质的动机。”是的，14世纪至15世纪，随着欧洲社会生产力的发展和生产技术的进步，资本主义生产关系逐渐发展起来，西欧国家相继出现了具有资本主义性质的手工工场和商业活动，要求进一步扩大市场。随着商品经济的发展和市场的扩大以及资本主义萌芽的出现，导致了对货币需求的增强，货币不仅仅是商品交换的媒介，而且日益取代土地而成为社会的主要财富和权力的象征，成为普遍的支付手段。封建贵族用货币购买奢侈品，农民也用货币交纳地租，商人和手工工场主需要更多的货币以扩大经营。金币是当时的重要交换货币，因而欧洲人狂热地追求白银黄金。尤其是商人和资产阶级，更是热衷于追求财富，然后把货币转化为资本，剥削雇佣工人创造的剩余价值。然而,欧洲黄金的开采量有限,而且还要用有限的黄金去换取东方出产的丝绸、香料、珠宝等,因此造成欧洲的黄金奇缺。对黄金贪婪的追求,从本质上反映了资本主义生产关系对于掠夺财富和加速资本原始积累的迫切要求,它成为探索通往东方新航路的主要动力。《马可·波罗行记》描述了中国的富庶、繁荣,叙述了东方各国富有黄金珠宝,它的流行,更促使很多欧洲人想到东方去实现自己的黄金梦。因此,“黄金热”的出现与“资本主义萌芽”的产生不无关系。可以这样说,“资本主义生产关系的萌芽”使“黄金热”变得更热了。

驱使欧洲人远涉重洋、不畏艰险去探寻新航路的除了有黄金的魔力(物质利益的诱惑)外,还有无形的精神动力。在西欧诸国中,葡萄牙、西班牙的宗教热情特别强烈,因为半岛的大部分地区曾长期处于穆斯林的统治之下,即便到15世纪,南部的格拉纳达仍是穆斯林的据点,穆斯林还控制着附近的北非海岸,于是,西欧基督教世界试图联合东方的非穆斯林国家,对穆斯林势力形成夹击之势,使穆斯林和其他异教徒皈依天主教。

不论是神圣的宗教,还是世俗的商业,都希望能找到强有力的措施来扭转东西方贸易的不利局面。葡萄牙、西班牙及时顺应了当时在西欧出现的开辟新航路的内在要求,充分利用了当时的各种条件, 从而站在了时代发展的前列。

【设计意图】通过阅读典型材料,使学生认识到欧洲航海家开辟新航路的必要性与可能性,从而使学生学会从材料中汲取有效历史信息并能够准确概括所学知识。

史学家们常说“研究历史就是研究原因”,历史的解释通常是“因果解释”。在历史教学中,我们不仅仅要让学生知道历史是什么?更重要的是要让学生知道历史为什么会是这样的?引导学生运用历史的分析方法,运用历史的思维方式,具体地、全面地、发展地看待历史问题。历史学习“最重要的是使学生掌握正确的历史概念,认识历史的发展规律,形成科学的历史认识,这一切的基础实际上都要建立在对历史因果关系的客观分析上。所以，培养学生的历史学习能力，最重要的就是培养学生的历史分析能力”。

(2)条件。

【过渡】除了极度的诱惑和空前的狂热以外，当时的欧洲人是否已经具备了开辟新航路的条件呢？

【创设情境】

材料八

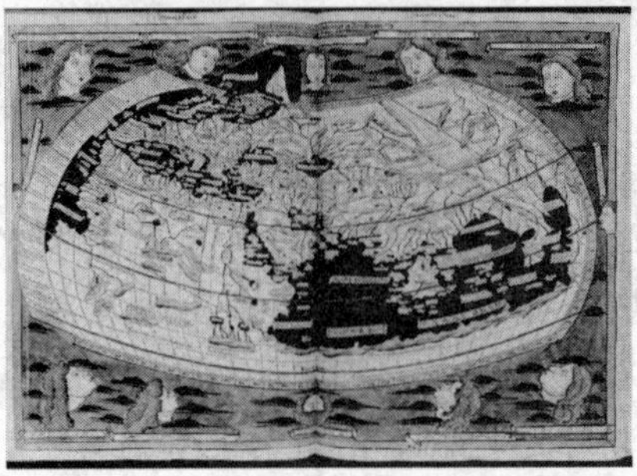

托勒密地图

圣玛丽亚号

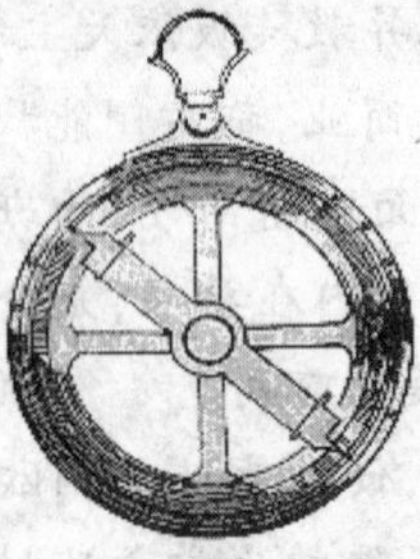

星盘

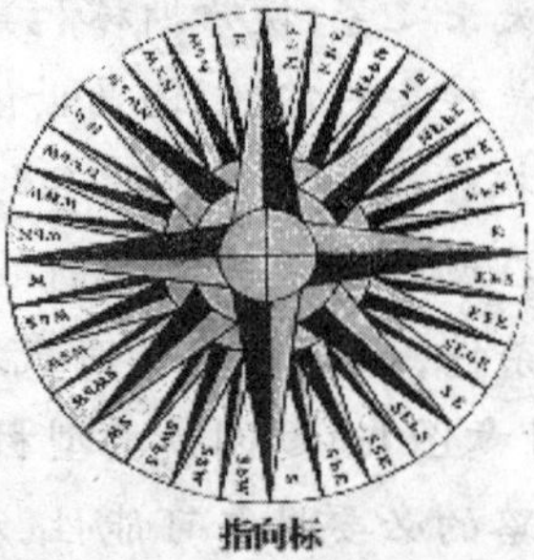

指向标

新航路开辟时使用的航海仪器

【教师点拨】圣玛丽亚号是哥伦布首次出航所乘船只中最大的一艘，长约35米，吨位为130吨。它是一艘典型的多桅帆船，从图上可以看出，它一共有3根桅杆，而且都加装了横帆。由于体积不大，重量小，所以，这类船速度快，便于逆风行驶。正是这类船的产生为寻找新航路准备了必要的条件。另外，天文地理知识的进步也为新航路的开辟提供了条件，例如哥伦布笃信大地球形说，认为从欧洲西航可达东方的印度和中国。

【过渡】在葡萄牙、西班牙王室的支持下,一批航海家开始了探索世界的远航。他们是谁?新航路开辟的经过又是怎样的呢?

## 2.探索中发现世界——新航路开辟的经过

【读图填表】

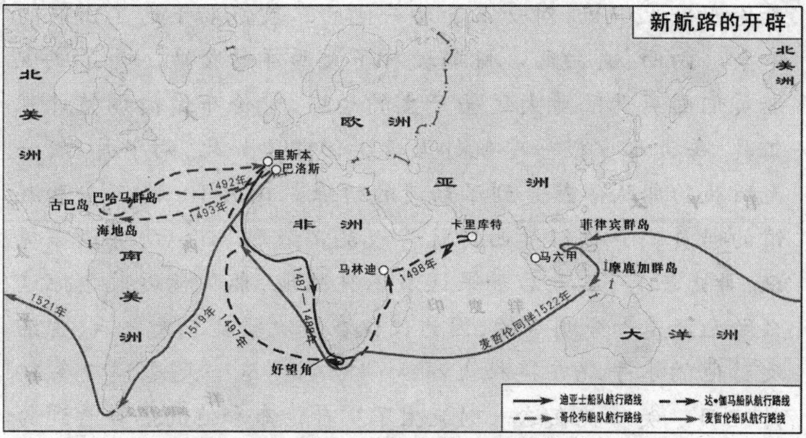


| 时间 | 率领船队的航海家 | 航海家的国籍 | 支持的国家 | 开辟的航路 | 备注 |
| --- | --- | --- | --- | --- | --- |
| 1487年 | 迪亚士 | 葡萄牙 | 葡萄牙王室 | 欧洲到非洲 | 到达非洲最南端的好望角 |
| 1497年 | 达·伽马 | 葡萄牙 | 葡萄牙王室 | 欧洲绕过非洲到达印度 | 在新航路的开辟中第一个到达印度的航海家 |
| 1492年 | 哥伦布 | 意大利 | 西班牙王室 | 欧洲到美洲 | 发现美洲新大陆 |
| 1519–1522年 | 麦哲伦(船队) | 葡萄牙 | 西班牙王室 | 完成了穿越大西洋、太平洋,再返回欧洲的环球航行 | 麦哲伦的航队最早完成环球航行,证明了地圆学说 |

【设计意图】新航路开辟的过程相对较为清楚明了,通过地图动态演示、表格归纳、历史比较、问题讨论等方法帮助学生了解开辟新航路的经过,将每位航海家发现的路线展示出来,培养

学生读图识图的能力。也可以搜集一些细节材料,显示各航海家探索新航路的艰辛历程,让学生从中去感受航海家们面对困难不屈不挠的品质。

【阅读感悟】

1492年8月3日,带着女王授予的海军大元帅的任命状,哥伦布登上甲板,对女王资助给他的三艘帆船下达了出航的命令。向西,再向西。帆船驶入了大西洋的腹地。为了减少船员们因离开陆地太远而产生的恐惧,哥伦布偷偷调整计程工具,每天都少报一些航行里数。但即便如此,两个月后,一无所获的船队依然走到了崩溃的边缘。10月10日,不安和激愤的船员们声称继续西行就将叛乱。激烈争论后,哥伦布提议:再走三天,三天后如果还看不见陆地,船队就返航。他这么做无疑是十分明智的,因为仅仅在这次骚乱三天之后,曾经反对他的水手就在桅杆上高喊:"陆地!"这一天是1492年10月12日。英雄就在这一刻诞生了!哥伦布和他的船员看到的陆地,就是今天位于北美洲的巴哈马群岛,从那一天起,割裂的世界开始连接在一起。虽然哥伦布至死都认为他到达了印度,但事实上,他到达的既不是中国,也不是印度,而是一块欧洲人从来都不知晓的新大陆。(唐晋.大国崛起[M].北京:人民出版社,2007.)

当然,通过往西航行到达东方,仅相信地球是圆的还是不够的,另外两点也非常重要:一是要相信地球上的海洋连成一片;二是要相信欧亚大陆非常宽,所以横亘在欧洲西海岸与亚洲东海岸之间的大洋是比较狭窄的。按照后一种观点,参考中世纪及同时代一些专家的具体计算结果,也根据圣经上的有关说法,哥伦布计算出从非洲西海岸边的加那利群岛往西航行2 400海里,就可以到达日本,到杭州只有3 550海里(实际上,直线距离到日本是10 600海里,到杭州是11 766海里。虽然不同的著作具体数字有出入,但很明显,哥伦布大大地低估了太平洋的实际宽度。但正是这个错误有助于哥伦布勇敢地往西航行。要是他知道太平洋实际是那么大,或许就不敢往西航行了,至少,他无法说服西班牙的君臣支持他的航行。所以18世纪法国一位著名的地理学家说:"一个极大的错误导致了一次极其伟大的发现。"(王加丰.关于地理大发现的动因问题[J].历史教学(中学版),2008(11).)

【教师点拨】哥伦布是位伟大的航海家,他在进行人类历史上第一次主动横渡大西洋时,手中甚至还没有一份如同今天任何一位远洋船长都拥有的关于大西洋航行所必需的、正确详尽的航海资料。他所赖以西航的只是一只托勒密式地球仪、一幅粗略甚至错误的世界地图,以及一张至今尚有争议的据说是托斯卡内里提供的大西洋海图的复制品。实际上,哥伦布是仅凭自己的航海经验和宏观上对地圆学说的信念驶向辽阔的未知水域的,它充分表现了哥伦布的自信与胆识。"其计划之严谨,考虑之周密,经验之丰富,即使在今天看来,也不能不令他的同行们拍案叫绝。"西航中,哥伦布对地磁偏差的发现及对这一发现的成功利用,利用天文定位确定海上经度的尝试,以及他那出类拔萃的帆船操纵技术是他对人类航海业的伟大贡献,充分展示了他作为一名优秀的帆船航海家所应有的大胆而审慎的风格及高超而娴熟的技艺。这一技艺所达到的水准无论在昨天、今天,还是明天,都具有永不褪色的魅力。其西航成功的伟大意义"绝不亚于当代人类的登月计划和行动"。

**3.碰撞中会合世界——新航路开辟的影响**

(1)地理大发现。

在葡萄牙与西班牙之后,荷兰、英国、法国等国家的航海家接踵而行,连续进行了两百多年的航海探索,之后的探索与较早的新航路开辟结合在一起,被称为"地理大发现"。欧洲人对世界了解逐渐深入,欧洲人终于要从中世纪的宗教蒙昧中走出来了。

(2)世界大会合。

材料九《大国崛起》中西班牙教授卡洛斯·马丁内斯·萧的

话:"哥伦布的航行以及后来葡萄牙人进行的一系列航海活动,带来了重大的成果,那就是人们得到了整个世界的完整概念,自此开始了所谓的世界历史。"(唐晋.大国崛起[M].北京:人民出版社,2007.)

【问题探究】为什么"所谓的世界历史"以新航路的开辟为开端呢?

【教师小结】绝大多数历史学家认为:公元1500年前后是人类历史的一个重要分水岭,从那个时候开始,人类的历史才称得上是真正意义上的世界史。在此之前,人类生活在相互隔绝而又各自独立的几块陆地上,没有哪一块大陆上的人能确切地知道,地球究竟是方的还是圆的,而几乎每一块陆地上的人都认为自己生活在世界的中心。正是从开辟新航路起,割裂的世界开始连接在一起,经由地理大发现而引发的国家竞争,拉开了不同的文明间相互联系、相互注视,同时也相互对抗和争斗的历史大幕。开辟新航路的发现改变了欧洲之路,打开了重整世界之帆。

从社会发展视角来看,正是因为新航路的开辟和早期殖民活动,才使得整个世界从分散走向整体,世界市场雏形开始显现。

材料十　在16世纪的20年代至70年代里,尼德兰的安特卫普成为世界贸易的中心和商品的集散地。这里的港口商船云集,英国大部分的出口呢绒、德国的金属制品和织物、德法两国的酒、西班牙的羊毛、葡萄牙和意大利来自东方的香料以及波罗的海地区的小麦,都运到这里来成交,每年输入安特卫普的商品总值达16 000 000金克朗。安特卫普还是欧洲的一个金融中心,市内银行林立,欧洲各国政府纷纷派出自己的代表到这里来借贷。位于大西洋沿岸的国家,尤其是独立后的荷兰以及英国,因处于有利地位,在世界贸易中占有很大份额。对外贸易促进了各国经济的发展,欧洲和亚、非、美洲之间建立了直接的商业往来,使欧洲市场上流通的商品种类大为增加。世界各地的新商品,如烟草、茶叶、甘蔗、咖啡、可可以及白糖和稻米等,被越来越多的欧洲人食用,成为输入欧洲极其重要的商品。从亚洲输入的香料比新航路开通前“扩大了三十倍”。海外各地对欧洲商品的需求也相应地急剧增长。(杨凤霞,宁波.对新航路开辟的历史影响的探析[J].牡丹江师范学院学报(哲学社会科学版),1999(1).)

【问题探究】开辟新航路对资本主义世界市场的形成产生了怎样的影响?

【教师小结】开辟新航路的活动敲响了欧洲迈向资本主义新时代的钟声。新航路的开辟,使商路和商业中心转移,改变了西欧各国的经济地位。同时,它也加强了西欧与世界各地区、各民族之间的联系,贸易范围空前扩大,世界市场开始形成。欧洲人用横渡大西洋、太平洋和印度洋的航行代替了在地中海的航行,因而使世界贸易商路也从地中海区域转移到大西洋沿岸。地中海区域的意大利商业城市逐渐丧失了原来独占东方贸易的地位而日趋衰落,而位于大西洋沿岸的城市的经济地位却越来越重要。

新航路开辟后,西欧的商业性质和方法发生了很大变化。由于商业发展的需要,具有资本主义特征的商业机构如银行、交易所、股份公司、保险公司相继出现。国际范围的贸易,特别是与殖民地之间的贸易,受殖民地政治形势影响、海洋气候变化、海盗袭击,以及难以预料的种种突变,使商品的价格波动非常大。殖民地商品甚至成了囤积居奇、买空卖空、大规模投机的对象。这一切给新兴资产阶级提供了发财致富的机会。

因此可以说,从15世纪开始的开辟新航路的活动敲响了欧洲迈向资本主义新时代的钟声。

(3)社会大变革。

材料十一　土地所有者阶级和劳动者阶级,即封建主和人民衰落了,资本家、资产阶级则相应地上升了。(马克思.哲学的贫困.马克思恩格斯选集(四)[M].人民出版社,1995.)

【问题探究】当时欧洲资本主义虽然有所发展,但封建经济仍然占据着主导地位,封建主阶级仍然是统治阶级,而且主持开辟新航路和开展殖民掠夺的主要是封建主阶级,为什么这反而会导致封建主阶级的衰落呢?

【教师小结】在对殖民地的疯狂掠夺中,西欧殖民者利用殖民地人民的廉价劳动力开采出大量金银,运回本国致使西欧贵金属突然增多,结果是金银贬值,物价上涨,由此引发了西欧的价格革命。它也构成了资本原始积累的因素之一,并直接导致工人的实际工资下降,使西欧各国雇佣工人生活更加困苦。而新兴资产阶级从剥削廉价劳动力和出售商品中牟取暴利。按资本主义方式经营农、牧场的新贵族和上层富裕农民,也从谷物上涨中获得好处。但是按传统方式收取定额货币地租的封建主,却因物价上涨,减少了实际收入,财力和地位更趋于低落,从而加深了西欧各国的阶级分化。"它一方面沉重地打击了封建土地所有者,另一方面加深了对劳动者阶级的剥削,而资产阶级的地位却获得了加强。"

总之,新航路的开辟,改变了西欧各国的经济面貌,加速了封建经济的崩溃,促进了资本的原始积累,使西欧国家在资本主义发展的道路上从此超越了亚、非、美洲的许多国家。西欧殖民者在亚、非、美洲的殖民统治,阻碍了殖民地各国正常的历史进程。其在世界历史上的影响,正如马克思的精辟论断:在原始积累历史上,一切在资本家阶级形成过程中起杠杆作用的变革,都是历史上划时代的事情。那么,新航路的开辟在人类发展史上的影响已被无数史实证明是深远的。

【过渡】这次航海探险活动给人类带来的影响何其深远!一面是殖民地人民深受潘多拉魔盒所带来的饥饿与贫困的折磨;一面是西欧诸国正享受着阿拉丁神灯带给他们的财富与幸福。

【创设情境】

材料十二

2007年墨西哥城哥伦布雕像被披“外套”

2007年10月纽约第63届花车巡游活动纪念哥伦布日

材料十三　近年来,对哥伦布发现新大陆的是是非非一直争论不休,而且延伸到当今的政府领导人。2008年11月《青年博览》上半月刊有一段话“是哥伦布,给美洲带来了今天的繁荣”。当美国前总统小布什在一年一度的“哥伦布日”高声赞美之时,委内瑞拉前总统查韦斯却呼吁取消这个“哥伦布日”。他说,哥伦布是人类历史上最大的侵略与种族灭绝的先锋。

【问题探究】应当怎样看待对哥伦布截然对立的两种评价?

【教师小结】哥伦布既是资本原始积累时期的航海家,又是最早侵入美洲的殖民者。双重身份,既有区别,又有联系,辩证地统一在资本主义先驱者哥伦布一个人身上,“只看到他的任何一个方面都是不全面的”。哥伦布是一个处于新旧交替时代的历史人物,在他身上表现着两个时代的特征:他是发现“新大陆”的功臣,又是传播殖民主义的帮手;他是虔诚的天主教徒,保留着对中世纪神权的信仰,但又执着地追求科学知识;他所从事的航海事业,虽然是在封建生产方式的支配下完成的,但他的行动却得到了大商人的资助,客观上更多地体现了资产阶级的利益。因此,在他身上,“既有新时代的光辉,又有旧时代的烙印”,“是个集光荣与罪恶于一身的人物”,可谓“功魁祸首”。

【设计意图】通过该教学环节设计,学生从材料中可感受到有人认为开辟新航路意义重大而纪念航海家,也有人表示强烈的反对。究竟新航路的开辟给世界尤其是亚、非、美洲的人民带来了怎样的影响?学生探索的兴趣被激发起来,推动学生带着批判的眼光进行学习,使学生的思维更具有深度和批判性。

【课尾曲】播放电影《哥伦布传》的插曲《远航》,在舒缓流畅的旋律和激情四溢的演唱中结束本课。

【设计意图】首尾相应,画龙点睛。意蕴深远,回味悠长。

【板书设计】

| | |
|---|---|
| 诱惑中向往世界——新航路开辟的背景 | 世界市场雏形出现 |
| 探索中发现世界——新航路开辟的经过 | |
| 碰撞中会合世界——新航路开辟的影响 | |

【教师感悟】

新航路开辟是一个中学师生耳熟能详却又很难深入的历史话题。

本课隶属于人教版必修2第二单元“资本主义世界市场的形成和发展”,本单元由四课组成,“开辟新航路、殖民扩张与世界市场的拓展、第一次工业革命,第二次工业革命”讲述了资本主义世界市场从雏形出现到最终形成的过程。

本课的立意是什么?仅仅是"地理大发现"吗?课标对本课的要求是:概述迪亚士、哥伦布开辟新航路的史实,认识地理大发现对世界市场形成的意义。通过对课标和教材的分析,可以看出,这堂课的立意应当是"资本主义世界市场形成和发展"的萌芽,是人类文明从"区域史"走向"世界史"的起点,是资本主义从西欧向全球殖民扩张的开端。关于新航路开辟的史实只需要"概述",重点在于"认识"地理大发现对"世界市场"形成的意义。紧紧抓住"世界市场"这一主线,将人教版、岳麓版、人民版和大象版高中历史实验教科书的知识体系进行重新整合,以"诱惑中向往世界、探索中发现世界、碰撞中会合世界"引领出新航路开辟的背景、经过、影响。

教材内容的取舍也应以此为核心。"开辟新航路"一课,学生在初中阶段已经有了大致了解,所以在高中阶段的学习过程中,可以适当淡化诸如"过程"之类的问题,腾出时间和精力主要用于重难点问题的探究和感悟,重点介绍地理大发现将世界联结在一起这个核心问题。

本课应以全球史观为理论基础,从世界历史的整体发展和统一性考察历史,全球史观研究的是全球而不是某一个国家或地区的历史;关注的是整个人类,而不是局限于西方人或非西方人,重在阐述不同地区和国家之间历史的联系与影响。这就需要注重探讨本课在历史长河中的位置作用和影响。一是重点把握人类历史发展过程是从分散向整体发展转变的过程。这一转变开始于15世纪末16世纪初的新航路的开辟,到19世纪末20世纪初资本主义世界体系的形成,标志其基本完成。二是重点把握生产力的发展和世界各地区交往的发展是人类历史发展的两条主线,建立在生产力发展基础上的世界各地区交往的发展是推动人类社会从分散走向整体发展的决定因素。

本课主要采用史料教学。史料教学不仅可以激发学生学习历史的兴趣,培养学生自主学习、深度学习的能力,而且可以提高学生材料解析能力,进行有效的历史思维训练。在积极探究的理解中,学生通过运用史料的实践活动来提高自己的学习水平。通过选取与解析史料,既帮助学生加深理解教材,做到了论从史出,又提高了学生分析材料的能力,训练了他们的思维分析能力。

**思考题**

1.结合自身的实践选取一个你最不满意或让你尴尬的教学案例,并说明出现问题的原因,以及你的反思与解决方案。

2.结合自身实践写一篇教学反思。

**参考文献**

[1]广东省教育厅教研室.高中新课程历史优秀教学设计与案例[M].广州:广东高等教育出版社,2005.

[2]郭子其.从预设与生成角度谈历史教学设计[J].教育科学论坛,2009(3).

[3]何成刚.史料教学案例设计解析[M].北京:北京师范大学出版社,2012.

[4]胡小平.新课标下课堂教学设计应注意的几个转变[J].教育与教学研究,2009(7).

[5]济南市教学研究室.高中新课程教学启示录:历史教学案例分析[M].青岛:山东教育出版社,2005.

[6]李庆忠,唐凌.高中历史课程实施与案例分析[M].桂林:广西师范大学出版社,2007.

[7]李惠军,周飞.笃学行思录[M].天津:天津古籍出版社,2008.

[8]李芳.高中历史模块教学的探索与实践[M].济南:山东大学出版社,2010.

[9]聂幼犁.历史课程与教学论[M].杭州:浙江教育出版社,2003.

[10]仇世林.名师历史教学设计分析[M].济南:山东人民出版社,2011.

[11]王铎全.全国优秀历史教学案例选(高中部分)[M].上海:上海教育出版社,2006.

[12]王雄.现代历史课堂教学设计的原则与操作方法[J].课程·教材·教法,2003(2).

[14]王俊昌.新课程背景下高中历史教学设计策略初探[J].历史教学,2006(6).

[15]夏辉辉.问题解决:历史教学课例研究[M].北京:北京师范大学出版社,2012.

[16]徐金超.现代史学理论与历史教学设计的创新[J].历史教学,2007(12).

[17]赵亚夫.历史课堂的有效教学[M].北京:北京师范大学出版社,2007.

[18]钟红军.新课程在新课堂[M].长沙:岳麓书社,2007.

[19]周仕德.历史课堂教学设计策略刍议[J].历史教学,2004(12).

[20]周仕德,何成刚.历史教学设计观的转型探析[J].中国教育学刊,2010(4).

[21]邹樱.基于专题的高中历史教学设计[J].历史教学,2005(9).

**拓展阅读文献**

[1]黄牧航.高中历史科学业评价体系研究[M].长春:长春出版社,2011.

[2]何成刚.历史课堂教学技能训练[M].上海:华东师范大学出版社,2008.

[3]李林川.高中历史新课程教学设计与评析[M].北京:高等教育出版社,2008.

# 第四章 如何教(二):课程改革与历史课堂教学实施

课堂教学是“如何教”的核心部分,课堂教学的低效、无效是目前制约课程改革继续深入推进的瓶颈。因此,新课改背景下历史课堂教学的实施是我们关注的重点。课堂教学实施的焦点是转变教学方式,以生为本,构建有效课堂。因此,教师要进一步转变观念,超越课前教学设计,重视学习指导,探索课程资源,做课程的开发者和实施者,采取丰富多彩、生动活泼的教学形式,让学生主动学习、探究学习、合作学习,以实现课程目标的要求。

## 第一节 课程改革对历史课堂教学的希冀与视角

### 一、课改理念对历史课堂教学的影响

课程改革的核心理念是一切为了学生,为了每一位学生,要求教师树立新的课程观、教学观、教材观、学生观,变革传统的教学方式,这引发历史课堂教学理念、教法策略、评价方式发生了本质变化,强调以建构性、生成性、多样性的教学观来统领历史课堂。

#### (一)课程观取代传统教材观

新课程一个最大的改变就是更新教材使用观念,由过去的“教教材”向“用教材教”转变,要求教师从课程目标出发,根据学生的实际情况和教学的需要,灵活地取舍、整合、开发、运用课程资源。历史教学选用典型事例,呈现具体史实,力争贴近生活,教学过程不完全按照教科书的叙事方式进行教学,并且树立“以学生为本”的观念,让学生愿意学,听得懂,学得

会。课堂教学重视学生的学习,使学生通过历史学习,认识人类社会发展的统一性和多样性,形成开放的世界意识,着眼于对学生学科思维能力、学科素养和现代公民素养的培养,以实现新课程倡导的"三个转变":从教材中心向课程中心转变,从结果中心到兼具过程中心转变,从历史专业教育向人文素养教育转变。

广大教师用开放的眼光,重新对待新教材,认为历史教学不是简单的教材重复,历史教学需要建构,需要找准历史课堂教学的原动力:主题、主线、角度以及方法,需要读教材背后蕴涵的历史。历史课堂新意迭出,呈现出整体的历史、生活的历史、概念的历史、启蒙的历史,学生不仅看到教科书中的"一面",也看到教科书外的"另一面"。

如高中学段的《辛亥革命》一课,有教师以三个重要角色为着眼点组织教学:孙中山、袁世凯、清政府;以三大价值为统领:走向民主是近代中国历史发展的大趋势,和平建国是各派政治力量的理性选择,振兴中华是辛亥革命留下的伟大遗产;教学内容以三大方面呈现:乱象中国——辛亥革命前的中国,新象中国——辛亥革命中的中国,印象中国——辛亥革命后的中国。教师成了新课程的自主建构者和主动实施者。课改给了广大教师大显身手的机会,创造性地使用教材,拓展课堂教学空间。今天的历史教学不仅仅局限于课堂和书本,而是延伸到了整个社会生活。

### (二)关注学生的情感态度与价值观

历史教育的根本目的是育人,关注学生的发展。历史教育要唤醒学生价值观,唤醒价值观才能促使学生真正成长。人文学科只有触及学生的灵魂,才算真正的有效。价值观教育是中学历史教学的重要目标。教学实践中许多历史教师注意挖掘蕴藏在历史过程和历史知识中的巨大精神财富,采取一切有效手段,使其变成有效的教育资源,注意学生心理体验、情感震撼,充分尊重学生亲自体验与感受的领悟,适时、适度地发挥教师示范、熏陶、引导、启发、升华的作用,使学生感受人类历史文化中的精神力量。

"神入"历史,课堂中经常被采用。"神入"意味着让学生置身于历史发展的环境中去观察,站在历史人物的立场上去研究,从而把握历史人物的思想、情感、信仰、动机和意图等，并理解他们思想的发展变化。“神入”的手段会使历史价值教育的目标“随风潜入”，“无声润物”。可是，笔者在教学实践中发现，学生对价值观的理解还不是很到位，存在模糊不清、偏执过激等现象。有一次，教师向学生提出了这样一个问题：民族资本主义是近代中国的一种进步的生产方式，但是，中国近代的发展最终却陷入困境，为什么？不少学生回答：“日本侵华战争和解放战争破坏了民族资本主义的发展，战争严重破坏了生产力，阻碍了社会进步。”透过这一回答，可以看出学生对战争性质的认识还存在问题。但仔细分析起来，恐怕与我们的教学有很大关系，如果教师有意识地展示教材以外的“另一面”，让学生去阅读，去思考，学生又何至于陷入非A即B的线性表达！

教学过程中必须将学生作为一个有思维、有情感的统一体加以研究，应突出情感在教育中的作用。可如果不把教育意图隐藏起来，急于给学生结论，情感态度显性化是有害的。因为太直白显得苍白无力，不容易让学生接受，反而引起排斥。课堂教学中进行情感态度与价值观的渗透，要用丰富而恰当的材料，营造好历史情境和历史氛围，需要我们教师借助于历史著作先期到达历史现场，了解历史的真实，提炼人类社会的普世价值观。例如，分析文艺复兴和启蒙运动的思想主张与影响，介绍哥伦布开辟新航路等，培养学生的国际意识；介绍各个时代风流人物的雄心壮举，展示古今中外的文明成果，演示中外古今的名文乐章，培养学生美的感受力；颂扬近代林则徐捍卫民族利益、孙中山发动革命救国救民的壮举，激起学生爱国意识、民族自尊感等。

### （三）从不同角度审视历史，重视新史观渗透

新课程理念催生出来的新教材，使用了许多史学新观点。包括当前流行的文明史观、全球史观、近现代史观、社会史观。借助新一轮课程改革的契机，广大教师要切实改变传统教学观念，使用新史观教学。在课堂教学中，采用学术界比较认同的观点，即人类历史从低级向高级，从农业文明到工业文明，从分散到整体的趋势，把现代化作为近现代历史发展的主线，从全球文明进程的宏观视野观察历史，将人类社会作为一个整体来看待，关注的是全球而不是一个国家和地区的历史，关注整个人类的发

展。这些观点是对僵硬教条地搬用“五大社会形态”单线演进旧观点的重大突破,也在较高程度上改变了此前单一的革命史观的偏差。如把“鸦片战争”不仅看做是中英两种制度的较量,更是两种文明的较量;不再把哥伦布看做恶魔,而是放到历史长河中或大航海时代去考察审视;1640年英国资产阶级革命不再作为世界近代史唯一界标,而是认为世界近代史的上限应前推至15世纪至16世纪之交;对辛亥革命的影响运用文明史观来全面评价,反映出中学历史教师对史学动态的关注和跟踪。

新课程要求中学历史教师应该成为史学的研究者,树立终身学习的信念,掌握史学研究的新成果;在课堂教学中,倚重教材,但不应拘泥于教材,应该注意随时介绍最新的研究成果,并在教学过程中注意培养学生灵活性和批判性思维。不同的史学观念能够从不同的角度,来帮助我们理解今天人类文明的成果以及未来的走向,没有多样化的思维过程和认知方式,没有多种观点的碰撞、争论和比较,学生的创新精神和创新思维就不可能培养起来。

### (四)创造性地尝试多种方式进行教学,优化教学策略

课程标准明确指出:“努力为学生的探究性学习创造条件,教科书中的学习内容要有利于培养学生的能力,呈现方式要尽量多样化……”在新课改这面旗帜引领下,许多教师以全新教学观念组织教学:媒体使用,走进历史,倾听交流,创设情境,互动合作,自主探究,活动体验,鼓励创新,享受乐趣。教学中关注问题的结论,更关注解决问题的途径和进程;在提高课堂教学的有效性上大做文章,把问题作为教学活动的重点,注重历史认知方法的培养,重视辩证思维能力的培养,有效地构建学生的历史时空观;巧设悬念,发展“导问”,重视历史错题档案的建立,帮助学生创设“另类问题”情境,解决疑难问题,浅化历史,促进教和学智慧的共生。

但是,探究式教学也不同程度地存在一些问题。要求广大教师不断探索,找出适合自己的最佳教学方式。基于这一点,要在深入理解探究性教学精神实质的基础上,建立一套相应的实施策略。例如,以课题任务为中心来组织教学或以问题为中心来决定探究方向,根据学生的年龄特点,设置学习重点,凸显学生的主体地位,教师主动地与学生共同参与到学习过

程中，提供知识背景，让学生思考现象与问题背后更深刻的一些社会原因，使学生认识到现实问题的复杂性和关联性，为今后的进一步学习作准备。

## （五）给学生自主、合作、探究学习的机会

课程改革不仅要调动教师的积极性，更要调动学生的学习积极性，转变学生的学习方式。新课程倡导“自主、合作、探究”的学习方式，让学生不再是知识的被动接受者，而是知识的主动发现者和探究者。让学生走上讲台，教师成为学生的听众，构建学生创新的平台，加强课堂教学中师生之间的非语言沟通。运用讨论法、竞赛法，指导学生搜集和整理材料，加强小组合作学习，让历史学习成为一件令人快乐的事情，使学生真正拥有学习的自信心，教师只是学生学习的“引路人”、“伙伴”，或者是“平等成员中的首席”。

但是，传统的考试制度仍未根本改变，为完成教学任务，满足社会、学校、家庭的需要，部分课堂在很大程度上还是依赖教师的讲解，学校和教师担心浪费时间，影响速度，不愿给学生参与活动的机会，使探究学习成为课堂教学的一种点缀。这就需要教师从思想上更新观念，在方法指导上大胆创新，在实践上付诸于行动。如中国近代史上学习到的南北议和，教材只对南北议和的代表伍廷芳和唐绍仪简单提及，很多学生不清楚，而且教材中只出现一次，很多时候我们会一带而过。其实，我们完全可以抓住时机，启发学生思考：伍廷芳和唐绍仪是何许人？他们是何身份？在辛亥革命史上有何历史地位和作用？要求学生课后查阅资料或上网查找，了解课本内容以外的史实。这不仅促进学生对历史的学习，还能提高学生综合能力，促进学生全面发展。

## （六）多样化的学生评价方法

倡导以学生为主体的课改教学理念，必然引发历史教学评价的大变化，一改过去单一考试的评价模式，重视课堂教学激励性评价，最大程度激发学生潜能，促进学生的全面发展，并将教学评价贯穿整个教学活动的始终。变重知识轻能力为能力知识并重，变重结果轻过程为注重求知过程，将历史学习与多种形式教学交替进行。如进行课堂展示，实践调查的

汇报,家乡名胜古迹的考察,历史小报的编制,历史图片的展示,历史小话剧的演出,历史故事的演讲,史料的搜集分享,历史小制作的演示等活动,都体现了历史学科的特点。教师不仅在课堂上口头表扬表现精彩的学生,包括语言表达的完整性、问题归纳的逻辑性、知识掌握和运用的灵活性,还让学生采用互相打分的方式进行评价,而且在下课后,还要按等级记录在学生的档案中。更为可贵的是,让学生记录下对自己的评价:学习过程中取得的成绩、存在的问题,以及今后的改进方法。

教学评价不仅关注学生的学业成绩,而且要发现和发展学生多方面的潜能,了解学生发展中的要求,帮助学生认识自我,建立自信,实现自身价值。教师要让历史教学评价和学生的学习活动融为一体,使其真正成为学习过程的有机组成部分,促进学生能力的全面发展。

## 二、历史课堂教学的视点与标准

课堂教学是一个充满变数的动态过程,历史课堂教学也不例外。如果以单一的量化方式进行价值判断,未免会表现出僵化、简单化和表面化的结果。新课程强调教育的根本目的是为了每一位学生的发展。美国的历史科教学大纲与我国课程标准相比,则更侧重培养学生的比较、批判能力,注重培养学生的个性思维和创造能力,鼓励学生大胆质疑,向权威挑战,让学生形成自己的思想。由此,应该把"关注学生"作为历史课堂教学视点与标准的出发点和归宿。结合历史教学过程、教学效果,以及影响历史教学的多种因素,进行定量和定性的价值判断,应该体现在以下几个方面:

### (一)教学思想

体现正确的学生观,以学生为本;体现正确的教师观,做组织者、引导者和促进者。如对教材的处理,应贴近课堂,适应学生认知水平,思考学生需要什么,学生的思维障碍是什么,调动学生的学习兴趣和学习主动性。教师带着学生走向教材,努力实现教材和学生主体性活动的协调统一;在新课引入方式上,教师注意创设情境,让学生进入情景,体验感受,投入活动,而不是课本直授;在教学内容实施中,重视学习过程,让学生启发性接受,激发性参与,发散性回答,创见性交流。如何通过一节课实现历史教育的价值,我们应该清楚靠强行灌输是没有生命力的,教师只有启发引导鼓励学生,通过自身的探求,把知识点内化为知识体系结构,才能起到育人的作用。

(二)学科价值

用思想点燃历史课堂,引领学生成长。历史学科本质上是一门思想学科,有思想的历史课堂和历史教学才是有价值的。内涵的开拓,意义的挖掘,赋予历史以现实和灵魂的思考,凸显历史的通感。历史教学不是复古,更不是简单陈述,历史教学需要建构,不能缺乏"情",更不能缺乏"魂"。如对"秦朝统一"的意义可作如下挖掘:秦朝统一给中华民族带来的不仅仅是地理上的合并,还有国家统一、疆域扩大而产生的安定和荣耀,政治、经济、文化的融合给人民心理上带来的强烈认同感和凝聚感。正是有了这种情感与力量,在以后的岁月中,哪怕有再强的外敌,再深的危机,都不能把中华民族分割开来。

(三)教学思路

符合教学内容的内在特质和学生实际的学习水平。教学思路反映的是教师课堂教学的脉络与主线,在课堂上,教学思路的设计是多种多样的。如高中历史《开辟新航路》一课,考虑到初中学习新航路开辟以过程为主的实际状况,结合高中生的身心特点,可以制订这样的教学思路:学生结合思考题预习——教师帮助学生分析新航路开辟的原因、性质和对资本主义世界市场形成的意义——学生自学新航路开辟的过程,并比较郑和的远航与哥伦布的航行,做出评价——最后课堂小结,结合多媒体资源设计教学情景。有效教学取决于教师对有效信息的发挥、传递及阐释,同时也取决于学生对有效信息的接受、感受理解以至内化。

(四)教学方法

运用得当,具有多样性和创造性。教学方法是教师在教学过程中为完成教学任务而采取的活动方式的总称,包括教师教的方法和学生学的方法。教学方法运用是否得当,因时、因学生而言,优与劣是相对的。应根据不同的课堂、不同的学生灵活运用,切忌单调死板。教学活动的复杂性决定了教学方法的多样性,并且注意要调动学生的非智力因素。

### (五)教学风格

个性独特,语言摄魂夺魄。历史课作为中学基础学科之一,有着相当丰富的教学内容和学科特色,历史教学的艺术就在于生动地再演恢宏的历史画面,激发学生学习历史的兴趣,让学生感悟历史,把握历史的脉络,领略历史的风采,并引发对现实的思考。课堂中教师的个性化魅力是历史学科教学中极其重要的资源,不仅能使学生轻松掌握相关的历史知识,给学生视觉、听觉的享受,而且对学生学习兴趣的激发、能力的培养和学习习惯的养成也能产生深远的影响。

历史是具体的,是动态的,对历史的描述也应该是具体而生动的。一堂好的历史课一定要有典型的例子,而好的例子一定要有典型的细节。优秀的历史教师首先是优秀的故事描述者,良好的语言素质能使学生清晰地了解和掌握历史,获得科学的历史知识和真情实感。缺乏美妙语言的教学,再新的信息也不会被接受,甚至可以说,教学之成败,以语言为先。一名历史教师的语言,充满时代特色,有小说家的言谈,外交家的敏捷,演说家的风度,哲学家的睿智,政治家的雄辩,相声演员的幽默,一定会魅力十足,"千人一面,何谈突出"!教书匠和"人类灵魂工程师"的概念是不一样的。

### (六)课堂氛围

有问题意识,焕发生命的活力。问题常常是思维的起点,许多科学家的成长历程证明:发明创造离不开发现问题和提出问题,"发明千千万,起点是一问"。在历史教学中,最大的问题就在于提不出问题或者不能发现问题。一堂历史课如果出现若干学生都发现了问题,都提出问题,尤其是提出富有挑战性的问题,而不是随意地、盲目地提出一些浅显问题,就足以说明学生思想与课堂教学产生了共鸣,出现了共振效应,可以说,学生真正成了课堂学习的主人。

（七）教学结构

构建合理的知识体系。教师如果能够有意识地渗透历史知识之间的逻辑关系，理清教材的线索，构建合理的知识体系，学生对历史知识的掌握就会容易得多。教学结构随着教学思想的变化而变化，教学结构的力量一方面是诱导知识的发生，另一方面是理解知识的工具。

（八）教学主题突出

一节好课往往是主题明显，围绕主题的内容丰富多彩，形式多种多样。主题是课的灵魂，在当下的教学体系下，初中以通史为线索渗透主题，而高中以主题为统摄关照历史的时序性，把握教学的主题首先需要考虑的就是课程标准的要求。

（九）教学环节

具有科学性和艺术性。一堂成功的历史课，开头应该引人入胜，中间环环相扣，结尾耐人寻味。一般来讲，教师对于教学前的准备和课堂上的教学比较重视，而往往忽略了"课后小结"这一环，殊不知，这是教学过程中重要一环，并且是必不可少的一环。它是整节教学内容的高度概括，是教学总体思路最明确、最深刻、最集中的阐述，即整节课教学的精华所在，不仅能帮助学生巩固本节课的重点知识，还能培养学生分析问题的能力。

## 第二节　超越课前教学设计

### 一、如何根据历史课程特点变通教学设计

课例：一位教师上《难忘九一八》，首先由歌曲《松花江上》导入，接着放视频《柳条湖事件》，之后放歌曲《义勇军进行曲》引出西安事变，播放《西安事变》视频，结束时再次播放歌曲《没有共产党就没有新中国》。

整节课课堂气氛很活跃，课后与学生交流："这节课，给你印象最深的是什么？"学生普遍回答："唱歌。"听课教师都说这节课给人的印象不像一

节历史课,而像一节音乐欣赏课。历史课怎么成了“音乐课”?有人说都是多媒体惹的祸。其实,并不尽然,有些课的设计使用多媒体辅助教学效果非常好。问题出在哪儿?历史课到底该如何进行教学设计?

## (一)变通教学设计必须考虑历史发展自身的逻辑和学生思维的逻辑

新课程倡导“用教材教”,教学一线涌现出许多很有创意的教学设计。打乱教材顺序,采用倒叙的方式进行教学设计就是其中比较突出的一种。

课例1:一位教师在上《改变世界面貌的蒸汽革命》时,采用逆推的方式,首先假设自己生活在工业革命时期,出门看到新型的交通工具,再由新型交通工具的使用想到自己父亲时代的手工工场,由父亲如何选择手工工场厂址再到工业革命初期的新型发明,由工业革命初期的新型发明引到蒸汽机的发明,再到蒸汽机使用的影响,接着探究工业革命为什么首先发生在英国。

课例2:一位教师在上《江南地区的开发》时,从“开发”入手,引导学生明确江南地区的地理范围,结合教材归纳江南地区开发的表现,接着比较江南地区开发前后的变化,由此展开讨论“为什么在魏晋南北朝时期江南地区能够得到开发”。在学生回答到北方战乱时,教师及时抛出下一幕“西晋的兴亡和内迁的各族”、淝水之战等教材内容。

同样是打乱教材顺序,都采用倒叙方式,两个课例给人的感觉不一样。课例1没有考虑历史事件自身发展的逻辑,给人以眼花缭乱的感觉。课例2追本溯源,顺势一带,给人感觉就是一种问题探究,显得自然顺畅、水到渠成。“教学想出彩,就得不拘一格”没有错,但不一定要“打乱教材顺序,采用倒叙的方式”。

历史是一种时序性教育,历史教学要培养学生正确的时空观。开发课程资源适当采用因果倒推未尝不可,但这种方式不分类型、不分场合成为一种时髦、成为一种常态、成为一种引领就有点可怕。一些历史事件的发生是特定历史时代各种因素综合发展的结果,是历史必然性和偶然性的综合,倒推的一个缺陷就是忽视历史偶然性的存在。另外,历史事件总是一定时间的产物,是时间的积淀,只有走进这个特殊的时代,才能真切感受到它的脉动,机械的推理、单纯的理性很容易使我们“自以为是”,从而背离历史的真相。另外,对于中学生来说,按照时序性来教学更容易被他们理解。探究历史发展的原因,不能过于复杂,过多的“推理”或“绕”不仅不会让学生思维深刻,还会影响他们形成正确的历史意识。

### (二)变通教学设计必须考虑学生的生活经验和知识储备

奥苏贝尔曾说,如果我必须把全部的教育心理学减少到一条原理的话,我将说,影响学习最重要的一个因素就是学习者已经知道的是什么。一个人的准备知识影响到他们学什么和如何进行学习。

课例1:一位教师在讲“大跃进和人民公社”时,首先出示一幅“大跃进”时的壁画,问学生此画可能出现在什么时候?学生感觉是一幅漫画,猜各种时期的都有。

课例2:南京市宁海中学的刘向荣老师是这样讲“大跃进和人民公社”:他不慌不忙地走上讲台说,由于我们班期中考试的成绩不理想,为使期末时我们的成绩能够跃居年级前列,特制订以下规定:从今天开始,大家中午不能休息,必须要在教室里学习,晚上要学习到12点,家长要签字。期末考试时,成绩超过年级平均分的同学有奖,成绩低于年级平均分的同学取消一切评奖机会。话音刚落,全班同学哗然,反对声一片。眼看时机成熟,他顺势询问同学为什么反对,大部分同学说这违反了学习规律。因此,刘老师顺理成章地把学生的视线引向了几十年前发生的违背经济发展规律的大跃进运动。

课例1没有考虑到学生已有的生活的经验,“大跃进”虽然从时间上看离现在不远,但对于在改革开放中成长起来的学生来说,那是一个“遥不可及”、“无法理解”的时代,因为那些“离谱”的事件和现在的学生生活经验相当“隔离”。课例2是一个通过变通设计、引发学生思考和提问的成功案例。其一,刘老师把历史学习内容与学生的个体经验有效联系起来;其二,设计之中包含了比较丰富的质疑因素,使学生有话可说,有经验能说;其三,在师生对话中,我们看到教师的角色改变了,他既是学习信息的来源,又是学习信息的指导者和学生连接新知识所必需的伙伴。教学设计必须贴近学生生活,只有这样学生才能和课程发生必然的联系,互动、建构才会成为可能。

### (三)变通教学设计必须深刻领会课程标准的内容要求

补充历史材料,通过整合教学资源来深化与拓宽教科书所涉及的内容,既使学生从课程整合中得到他们感兴趣的知识,使历史课堂有了时代感与亲近感,更为重要的是,通过这些补充的历史材料和对教材的有机整合,使学生在一定程度上找到历史思想的价值所在,有益于实现历史教育教学的目的。

课例1:一位老师在上《古代世界的战争与征服》时,分别讲述了希波战争、亚历山大东征、罗马帝国的扩张与文化传播,接着进行课程拓展,重点讨论"你对美国的侵略扩张怎么看"。

课例2:一位教师在上《美国独立战争》时,首先讨论来到美洲大陆的都是些什么人?他们具有怎样的信仰和精神?从《"五月花号"公约》反对独裁,到"波士顿倾茶事件"反对压迫,再到《独立宣言》追求自由、平等,最后学习《1787年宪法》诞生的背景,讨论为什么要建立三权分立的政权组织形式。

两位教师都对教材内容进行了拓展和整合,但两位教师在对课程标准内容目标的理解上是有差异的。课例1中教师没有明白课程标准选择"古代战争"的目的,本课的内容主旨是让学生走进历史,明白古代战争对人类的历史影响,和"反对战争、珍爱和平"没有多大关系,如果教师能在最后把三次战争联系起来,阐述古代战争的必然性和对人类进程的影响,可能比引导学生讨论"美国对外侵略扩张"更有意义。

课例2中教师没有按部就班讲述美国独立战争的过程,但从更深层次让学生明白了独立战争发生的深刻原因,让学生理解美国为什么要确立三权分立的政权组织形式,也使学生看到了美国民族性格的一个重要方面:崇尚自由,反对独裁和压迫。

### (四)变通教学设计要为课堂生成留有一定的空间

课堂教学是活生生的生命个体的对话与交流,要突出学生主体地位,必须给学生展示个性留有机会,这样就存在着一些我们无法预见的教学因素和教学情境。在教学设计中，我们就应该为“溢出效应”留有一定的空间。

课例：一位教师借班上课，在讲到岳飞抗金时，让学生谈谈“我所知道的岳飞”，可是学生频频向老师提出问题：请问老师岳飞是哪里人？岳飞儿子叫岳雷吗？牛皋真是笑死的吗？金兀术到底怎么死的？这位老师根本没有心理准备，没想到学生会向他提出这么多问题。这些问题他根本无法应对，而且这些问题和教学预设风马牛不相及。于是，面对学生们连珠炮似的提问，教师课后哭了……

教学设计实际上是教师对教学活动进行计划、实施和反思的过程。教学前设计是基础，教师要根据相关情况进行调整、补充、预设。课中要调整生成，课后要反思完善。只有做好“预案”，我们才能放得开，收得拢，课堂才会张弛有度，才能保证教学的质量。

## 二、如何将设计问题转化为问题情境

2011年安徽省中考试题第一题：

公元前210年，一位前往南海郡做生意的商人携带的货币是(　　)

A. 开元通宝　　B. 刀形币　　C. 秦圆形方孔钱　　D. 交子

这是一道起点很低的考查学生知识迁移的题目，本题答案是C。考试后和部分答错的同学交流，他们说：“如果问我秦朝统一的货币是什么，我一定会回答出来。”一道非常简单的题目，只是设置了一个情境，学生竟然回答不了，这不能不引发我们的思考。反思的不仅是教学法，而是学生究竟从自己的课上学到了什么？知道知识，不会运用，这种知识又有何益处？

柯林伍德认为：应努力在内心构筑一个历史的氛围，这种氛围能再现和还原历史事件发生时代的特定局面，任何历史都是现在的历史，只有更加深入一个特定时代人的心灵和思想，才能触摸到历史的脉搏。这段话精辟地阐述了历史老师应努力用材料和情境建造更加有利于学生理解的场景,打开现代人与古人的心灵,让历史活化得更易接触,从而加深对历史的理解和认识。

## (一)巧设情境,构建学生与历史对话的平台

课例1:请从政治、经济、军事、文化等角度阐述隋文帝为什么能统一全国?阅读教材归纳隋文帝巩固统一的措施。

课例2:假如你就是隋文帝,你能对文武百官谈一谈为什么要完成统一吗?完成统一后你又将怎样巩固政权、建设政权、促进社会发展呢?

都说问题是教学的心脏,有了问题,思维才有方向。精心设计问题是学生掌握知识、形成能力、培养学生创新意识和实践能力的重要途径,也是教师备课的必要环节。而怎样在课堂上发问,又对教师的机智、教学经验提出了更高的要求,怎样把设计好的问题在适宜的情境下提出,这必须结合学生已有的生活、知识经验和现实等多方面的因素。

课例1很直接,不符合初中学生学习的心理需求。课例2关注到了学生的年龄特征,巧设情境,让学生走进历史,不仅突出了学生主体地位,更重要的是在学生与历史之间架起了沟通的桥梁。

## (二)目前教学中问题情境创设存在的几个问题

### 1.问题情境随意化

随意的、粗糙的和不讲究质量的问题只是流于形式,达不到良好教学设计的效果。问题设计得如何,教学效果就大不一样。教师要透彻研究教材、课标,针对不同层次、目标分析而设计。在构建问题情境时没有考虑问题的坡度、难度和角度,没有根据教学内容要求和学生的学情、认知水平合理设计问题,问题设计超出学生的知识能力范围,或者不符合认知心理和年龄特征,就不能促进学生思维发展和能力提高。从问题的分类看,普遍重视识记型的问题,轻视理解与评价型的问题。

### 2.教师知识陈旧

随着新课程的逐渐深入,随着教学方式的转变,对教师提出了更高的要求。问题情境的构建创造了一种更适于学习的课堂教学条件和氛围,

同时也对教师提出了更高的挑战。如何构建有效的问题情境？要求教师不断学习、广猎信息，提高自身知识水平和业务水平，同时更应注意不断反思，及时总结教学得失，才能在课堂教学中“游刃有余”。

**3.与新课程理念“貌合神离”**

相关的调查报告指出：目前的教与学的方式，以被动接受为主要特征，真正让学生通过自己的活动与实践来获取知识的机会很少。“以本为本”，用书本的无上权威压制了学生的创新思维和能力。如展示教学目标后，把内容划分成几部分，学生自学后回答幻灯片上的问题，教师借助幻灯片将结论一一展出，这种设计本质上是教师把自己的“满堂灌”交给电脑，自己退到幕后。

## （三）创设历史问题情境的几种方法

设计问题的依据有两个：一是根据教材设计问题，二是联系实际设计问题。通常来说依据教材设计问题简单直接，有利于巩固基本知识，加强基础知识的记忆，但在对知识运用的能力培养上远远不如设置问题情境。创设历史问题情境的方法有以下几种。

**1.运用史料，还原情境**

“论从史出”一直是学习历史的基本方法和原则，历史资料汗牛充栋，信手可得。作为历史教师学会从浩如烟海的史料中选取符合教学需要的资源，是一项基本的技能。历史教学中，要善于熟练地运用各类史料（包括文字、图片等），帮助学生还原事物发展的情境，设身处地地思考问题。

课例：在七年级下册第12课《宋代经济发展与重心南移》一课中，人大附中丹莜彤老师就运用了大量具体的史料来帮助七年级学生分析和理解宋代经济发展这一相对抽象的问题。在导入部分，该教师就应用了罗兹·墨菲《亚洲史》中的“在许多方面，宋朝在中国都是个最令人激动的时代——算得上一个政治清明、繁荣和创新的黄金时代”，以及宫崎市定在《吉川幸次郎〈宋诗概说〉书评》中提出的“宋代人们的生活环境，与此前的中国划出了分界线，而是指近于我们现代的”这一观点，诱发学生对本课内容的兴趣与思考。

形象化的语言描述使学生似乎回到了宋代繁华的街巷，听到买卖的叫喊声。此处教师趁热打铁展示张择端的《清明上河图》,将学生对文字的想象转化成具体的图景,有效地还原出宋代经济繁荣的情境。

而同类型的课中,北师大二附中纪连海老师则将教材进行了有效的重构,运用《清明上河图》这一知名的艺术作品分析北宋城市经济的发展,由于这一课是在古城西安展示的,纪连海老师首先介绍唐代长安城的"晨钟暮鼓"和城市特点后,补充了两段史料:"材料一:长安大道横九天。材料二:六街鼓歇行人绝,九衢茫茫空有月。"通过两段史料,学生把自己想象成当时的长安人,谈谈自己生活在长安的感受,一方面可以感悟到长安城的气势宏伟,另一方面也感悟到长安城夜间"行人绝"、"空有月"的寂寞与单调。这样使生活在今天西安的学生顿生亲切感的同时,也为后面即将展开的宋代城市的经济繁荣的学习埋下伏笔。纪连海老师没有照本宣科解读教材内容,而是根据自己对教材的把握,对史料、教材进行了个性化的整合。

**2.使用案例,创造情境**

在教学过程中设计、使用案例不仅可以提高学习兴趣,也能够学以致用。比如在九年级上册《大河流域——人类文明的摇篮》这一课的学习中,关于《汉谟拉比法典》的内容,教材介绍了该法典产生的地区、性质和基本内容。教师可以根据教材中提供的法典内容,再通过设置案例来说明,帮助学生加深对法典的理解。教师可以设计这样的案例:

奴隶主甲欠别人钱,想把奴隶乙拿去抵债。乙不愿意,伺机逃跑,为了不被人发现,他去找朋友理发师丙帮他剃掉头上的奴隶标记。奴隶乙走出理发店与人发生冲突,被自由民丁杀死。然后请学生根据教材所提供的法典内容尝试当一回法官对材料中所提供的四个人进行相应的判决,最后得出这部法典的实质是维护奴隶主利益的。

同样的设计我们也可以呈现在高中必修1第6课《罗马法的起源和发展》中,在本课的教学实践中,教师可以根据罗马法在形式上和范围上的两种变化,设计两个案例来帮助学生理解。《十二铜表法》的出现,表现出罗马法在形式上出现了从习惯法到成文法的变化,这部分可以设计为:

罗莫洛是一个仁慈、善良的贵族,也是罗马一支军队的首领。生前立遗嘱,希望把他一半的财产捐给那些跟随他作战受伤或战死士兵的家人。但罗莫洛死后,他的家人却不履行罗莫洛的遗嘱,士兵的家人因此将罗莫洛的家人告上了法庭。

案例设计出来以后,请学生根据习惯法和成文法性质的不同做出判断,根据习惯法的定义,就是未经政府明确承认而被一般人接受默认为社会生活中相互关系的法律方式,具有很大的伸缩性和不确定性,为保护贵族特权提供了方便,因此法官会偏袒罗莫洛的家人。因为罗马共和国早期只有习惯法,没有成文法,无形中为法官故意压迫平民、袒护贵族提供了方便。上面这则案例在有了成文法之后,就会根据《十二铜表法》第五表的规定:"死者的财产需按其遗嘱进行处理。"所以,罗莫洛一半的财产将捐给那些跟随他作战受伤或战死士兵的家人。在公民法到万民法的发展过程中,可以设置以下案例:

古罗马大将恺撒进兵埃及,与美丽的埃及女王克丽奥帕特拉一见钟情,两人还有了一个私生子,取名托勒密·恺撒。当恺撒归国执政之后,克丽奥帕特拉携儿子赴罗马与恺撒相会,并向罗马法庭为自己和儿子申请罗马籍,请问法官会判给克丽奥帕特拉和她的儿子享有罗马籍吗?为什么?

凯撒是罗马共和国后期的执政官,当时只有公民法,因此克里奥帕特拉的要求无法实现,如果该案例发生在罗马帝国时期,克里奥帕特拉的要求就有可能实现,因为万民法的适用范围是罗马帝国统治范围内的一切自由民。从以上两则案例的运用中可以看出,无论是在初中阶段还是在高中阶段采用案例教学,根据学生的程度不同以及教学的要求提出不同难度的问题,便可以解决教学中的重难点。

**3.巧用影视资料,设置情境**

很多影视资料都可以成为我们的教学资源。影视资料非常多,但不可以滥用,教师必须学会设置相应的情境服务教学。比如在教学七年级下册《对外友好往来》时,安徽省繁昌县教师钱玉宁将金铁木导演拍摄的纪录片《玄奘大师》的片段作为本课的导入部分,对教材进行重构。

玄奘西游部分在教材本身的安排上属于后半部分内容,教师将之调整到前面进行处理,上课伊始,教师提问学生:"近几年,社会上掀起了留学热,如果让你选择,你愿不愿意出国?如果愿意,你希望能去哪些国家?"问题提出以后,学生积极回答。之后教师播放《玄奘大师》的相关视频并让学生思考:"影片中的这个人是谁?他到了哪个国家?他为什么去?""这段视频中哪些词语让你印象最深刻?这些词语又说明了什么问题?"一连串的问题抛出以后,使学生将影片资料上的内容与教材中的内容对接,既调整了教学内容,又能提高学习效率。

又如在九年级下册《动荡的中东地区》一课的处理中,安徽省芜湖市的万鸣老师根据中东地区的焦点问题——巴以冲突这个主题,利用以色列国歌《希望》这一视频,让学生在聆听悲壮的歌声同时,看到犹太人曾经遭受到的非人待遇,自然会激发学生对法西斯的憎恨和对犹太人的同情,并为二战后不断爆发的中东战争的成因留下感性的认识。这种情景式导入的设置比直接问学生"为什么中东地区战争不断?"或者"以色列为什么要在中东地区建国,并且与阿拉伯世界国家发生多次战争?"这一类问题要形象生动得多。

**4.利用技术,制作情境**

历史教学资源非常多,教师可以充分利用多媒体网络技术,通过精美的课件、多彩的图片、悠扬的音乐,共同构成符合教学需要的情境激发学生思考。

比如在教学过程中有些重大历史事件或者战争,会用到各个国家和地区的地图,教师可以利用多媒体技术手段制作动态演示效果来帮助学生掌握重点地区和重大历史事件。例如,教师在安排《动荡的中东地区》一课时,可以尝试制作以色列国旗在《我想有个家》的音乐声中冉冉升起,这种情境的设置很容易使学生站在犹太人的角度思考在二战后建立民族国家的必要性。

## 三、如何体现"预设与生成"的统一

本次课程改革的一个重大变化就是新增了"过程与方法"目标。教学目标的变化必将引发课堂教学行为的突变。因为注重"过程与方法",探究式教学必将成为课堂教学的主流。既然有了探究,课堂突发事件的出现就不可避免。如何处理好预设与生成的统一,贯彻好新课标的理念,从预设走向生成,使之成为新课程进一步展开的契机,也就成为课堂教学不容回避的问题。

课堂突发事件大多是在师生交往对话中生成的,这是新课程课堂期盼的最佳效果。但我们大多数老师还是被考试束缚,被现成答案束缚。许多教师不敢展开,怕教学时间不够;不愿展开,因为心中已有所谓标准答案。新课程"过程与方法"目标的提出,就是要求暴露知识的获得过程,强调体验与思辨,关注知识的获得。换句话说,思辨能力提高了,不患其不知道最后的结果。所以,新课程应该是生成的,应该不怕突发事件的产生,甚至应该欢迎这种突发事件的到来。我们应该敢于从"复制式教学"向"建构式教学"转变,使我们的课堂从封闭走向开放。新课程不仅要求知识是绿色的,课堂也应该是绿色的,是不断生成和成长的。

### (一)课堂生成不能完全抛弃课堂教学目标

课例1:一位教师在上《秦王扫六合》时出示了一幅长城图片,学生突然问了一个问题:"这幅照片是站在长城南边拍摄的?还是站在长城北边拍摄的?"老师让学生讨论,结果花了很长时间,得出结论是站在南边拍摄的。

课例2:那天上课,班长刚喊完"坐下"。学生小丽就站了起来:"老师,小斌骂我是宦官。"上课竟敢骂人?按以前习惯,我一定要把小斌拎出来狠狠训斥一通。可一想到教材培训时专家的谆谆告诫:关爱学生,要注意从学生"错误"的言行中,找出美丽的"闪光点"。我冷静下来:"小斌同学知道'宦官'这个词,说明他提前预习了课文,这很好;但给别人起外号,这可有失中学生的'水准'。以后,可要注意改正。"

我刚想开始讲课。一位女生问:"什么叫宦官?"课堂顿时唧唧喳喳。回不回答?回答,这种事在课堂上如何启齿!就此打住?同学们肯定心有不甘,后面的课也会听得不专心。我想起新课程倡导的理念——能释放学生心灵和思维的课都是好课。就鼓励他们:"谁知道,上来大声说。"小斌说:"小铁说他知道。"

小铁:"我查过书,宦官就是太监。""那什么是太监呢?"谁知第一位发问的女生竟刨根问底。小铁望着我,想答又不敢答。学生们的目光都投向我。我的心中突然升起一种作为教育者的豪气来:"小铁,你把你知道的,告诉大家。”小铁说完后,小斌又冒出句“老师,宦官是男的,还是女的?”“当然是男的。”“可他们那样了,还是男的吗?电视剧里宦官大都是女人腔,走路也扭扭捏捏。”教室里的唧唧喳喳声没了,竟异常安静。我知道学生们的期待。这个问题如何深究?但面对一个个鲜活的生命,我今天还有退路吗?我不得不向学生讲述了阉割后的男子与正常男子的区别,接着又向学生描述宦官大都身世凄凉、地位低下,是剥削社会惨无人道的牺牲品。这时,我看到一些同学的眼中已饱含了泪水……

两个课例都偏离了原来的教学设计,课例1“长城”是教学内容,但课标和教材要求学生掌握的是秦始皇在军事上的作为,以及为什么修建长城和长城的起止点。讨论“拍摄的角度”不仅和本课无关,也对以后教学无多大帮助。课例2也偏离了原先的教学设计,但宦官(太监)在以后的教学中会多次涉及,正确理解有助于以后的教学,所以教师多花了时间进行讨论,这是非常必要的。

教学目标是课堂教学的方向,是一堂课的灵魂,是判断教学是否有效的直接证据。生成让课堂充满“动感”,但课堂生成犹如一把“双刃剑”,它可能使课堂精彩纷呈,也可能画蛇添足,使课堂误入歧途。我们必须紧紧围绕教学目标进行生成,因为教学时间有限,过多无效的生成会浪费教学的有效时间,让我们完成不了既定的教学任务。

### (二)课堂生成要尽量面向大多数学生

课堂生成常常是因为一个学生的“突发奇想”或偶然事件的介入而引起的。教师要考虑的是这个问题是否具有普遍性,花很多时间进行讨论对大多数学生是不是有益。

课例:一位教师在组织七年级下册《辉煌的隋唐文化(一)》课堂教学,为加强学生对李白不畏权贵高贵品格的印象,特意安排了一个小品《李白醉酒戏权贵》。小品结束后,要求学生讨论问题:“从刚才的故事中,同学们受到何种启迪?”学生们纷纷说李白精神可嘉,可就在这时,一位同学说:“李白不识时务、恃才傲物。”于是教师引导学生进行讨论:

师:李白对谁的态度不友好?是不是所有人?讲礼貌该不该分对象?

生:老师,我觉得李白不值得学习。他让别人为自己脱靴子,这是对别人的污辱,是不讲礼貌的行为。

生:我觉得李白是对的。高力士、杨国忠都是大奸臣,对他们这样祸国殃民的权贵就不应该讲礼貌。

生:我也觉得不应该客气。鲁迅说"横眉冷对千夫指",就是要敢于和权贵作斗争。

生:作斗争应该讲策略,不是不讲礼貌。日内瓦会议,杜勒斯拒绝和周总理握手,被世人讥笑,有失外交家风度。1972年美国总统尼克松主动和周总理握手,一直被传为美谈。可见,讲礼貌是为人的基本原则……

这堂课让这位教师感触最深的是:"新课程不是一出定稿的剧本,它充满着悬念,但也充满着成功的喜悦。它促使我反思,反思课堂——课前设计应该更充分,生成性品德教育要比刻意地引导效果要好得多;反思学生——不可轻视学生思维的发散性。事后,我让学生讲这节课带给自己的感受,有位学生曾这样说,这节课不仅激发了自己的思维,还拨正了人生的航向,他会永远记得这节课带给自己的生命体验。是啊,如果没有这个意外,如果没有及时引导,这堂课还会有生命的感动吗?"

在感谢这位教师引领的同时,我们不禁要问这是节历史课还是思想品德课?教师在教学预设时有没有考虑到学科的教学特质?历史课讲文学作品,重在分析文学与当时时代的关系,要将文学放到历史长河中进行考量,引导学生分析为什么会出现这种文学形式或为什么文学会呈现这种特征,这是历史课与语文课的区别。在生成时有没有考虑到"讲礼貌该不该区别对象"这个问题对这个班学生具不具有普遍性?是一个学生需要解决的问题,还是大多数学生必须面对的问题?这个问题的解决对本课教学内容有多大作用?对以后教学有多大帮助?

### (三)课堂生成需要提升教育智慧

注意生成必将化腐朽为神奇。生生之间、师生之间在教学中思维和情感相互碰撞、相互启发、相互促进,使课堂活了,学生活了,教师也活了。课堂生成性教学让教师感到教学不再是"为他人作嫁衣裳",在实际的教学中充满着激情;让学生体验到学习不再是枯燥的"鹦鹉学舌",学习有着自己的知识和灵魂,只有这样的教学才是充满智慧和欢乐的教学,是能够创造快意的教学,课堂必将因此而精彩!但课堂生成也考验着执教者的智慧。

课例1:一位教师在上“南京大屠杀”内容时,一位学生竟发出笑声,教师说:“如果死的是你爸爸妈妈,你能笑出来吗?”

课例2:一位教师在上“二战”内容时,有学生说:“希特勒很帅,”教师没有斥责学生,而是引导他们看希特勒的所作所为,让学生评价,一个有教养、有良知的人,应该如何作为?我们评价一个人除了他的能力外,还应该考虑什么?什么人才是我们心目中真正的英雄?

新课程提倡历史教师要对课堂教学进行精心设计,但是课堂是动态的,越是活跃、重视学生主体性的课堂,生成的问题就越多。偶发性考验教师的教学机智,要求教师要在瞬间做出正确判断,决定相应的应对策略。这就需要教师在平时教学中养成不放过任何细节的习惯,重视教学中的多项交流,善于总结自己的得失。多读书,多反思,多和同事进行交流,做教育的有心人,如此,教学才会日臻成熟。

### (四)如何进行有效生成

**1.就汤下面,化虚为实**

课例:一次,一位教师在外校借班上课,在上完八年级上册第一单元《侵略与反抗》时,提了一个问题:“通过本单元的学习,你觉得给你人生最大的启迪是什么?”学生纷纷举手发言:“弱国无外交”、“记住历史,勿忘国耻”、“落后就要挨打”……教师觉得不太满意,原因是没有联系学生自己的实际。就点了一个想举手又犹豫不决的学生。他站起来摸摸头说:“我决定以后好好学习。”堂下笑声一片。学生们可能觉得他的话太直白、太简单,也可能觉得与本节课主题“侵略与反抗”不太切合,或者是该学生平时学习成绩不太理想。该学生在同学们的笑声中局促不安,学生们也期待着教师的反应。

教师决定就汤下面,化虚为实——“鸦片战争的失败,一个重要原因就是清廷缺乏人才,不了解世界形势。鸦片战争后被迫签订《南京条约》,当时想在朝廷中找个懂外语的人都找不到。记得龚自珍有首诗叫……”学生接道:“《己亥杂诗》。”“回答得好,谁能背给大家听听?”

“九州生气恃风雷，万马齐喑究可哀。我劝天公重抖擞，不拘一格降人才。”

“好好学习，正是当代青年学生的历史使命。爱国不是空喊口号，落实具体行动是爱国的最好体现。”

学生的直白超出教师的预设，学生的嘲笑更超出教师的预料。由于教师能顺着学生提供的材料、情境，就汤下面，顺水推舟，从务虚走向务实，让一个习以为常的启示成为学生实实在在的感悟。这样处理不仅解除了该学生的窘境，还其自尊自信，深化了学生对课文的理解，也间接对学生进行了品德教育。所以说，当突发事件出现时，我们教师要有耐心，要临危不乱，要善于从中寻出有价值的东西进行生成。

**2.反弹问题，变守为攻**

课堂上出现意外时，教师的观念、角色、教学行为、教学策略都要发生变化，不能再按部就班，应该敢于调整上课内容、次序、方法等。一成不变只会导致教师僵化、学生僵化、课堂僵化。不要急于把问题答案告诉学生，可采用把问题反弹给学生，先破后立，变守为攻，化被动为主动。这样就能成功地调动学生参与“角色”创造的积极性，不仅可以激活学生学习的兴趣，还能训练学生思维的敏捷度和即兴表达能力。

课例：记得有一次，在上七年级下册《蒙古的兴起和元朝的建立》时，我组织了一些学生介绍有关历史人物的事迹。当有学生讲到文天祥被俘后坚贞不屈，表现了崇高的气节时，一个平时不太守纪律的学生突然冒了一句——“无聊”。全班同学都笑了起来。我知道继续按部就班上课，学生肯定不会安心。直接批评他，他也不会心悦诚服地接受。课后讨论，则会不了了之。遂决定调整上课进度，把相关教学内容向后压了压。就问道：“说说你认为‘无聊’的原因？你认为怎样才叫‘不无聊’？”反客为主，让学生回答问题，从中找出漏洞，各个击破。

学生说：“良禽择木而栖，南宋已经灭亡，他还死抱为南宋尽忠的理念，唱高调，不无聊吗？统一是历史趋势，文天祥抗元是螳臂当车，毫无价值。”我知道以理服人，才会赢得学生尊重。就追问道：“元派宋恭帝前来劝降，文天祥说‘社稷为重，君为轻’作何解释？当民族危难时，当我们遇到比我们更强大的敌人时，是不是只能投降？司马迁说‘人固有一死，或重于泰山,或轻于鸿毛',你怎么理解? 美国的物质财富远远超过我们,是不是我们都去仰其鼻息? 人类的生活是否需要精神榜样的牵引?"经过学生们的讨论,大家认识到:一个人不应该仅仅为自己的私利而活着。统一是历史趋势,但处于当时的文天祥,一个汉族知识分子,再说蒙古军队南下,也是一路烧杀抢,你能期待他认同元政权吗?

课堂上学生的"捣乱"语言,也许正是他们的"心结",这个"心结"可能是学生们共有的。只是有的学生敢表达,而有的学生则选择了沉默。但"心结"不解,课堂就永无生机,就会缺乏持续发展的动力。

**3.提炼问题,生成对话**

课例:一次,在教学七年级下册《民族政权并立的时代》时,当讲到岳飞被秦桧等以所谓"谋反"罪而杀害时,一个学生说:"活该!"我问:"何以见得?""将在外,君命有所不受,都不懂,还带什么军、打什么仗!""我不同意,军人以服从命令为天职。""有忠君思想的岳飞能违背朝廷的意旨吗?"我知道若再不提炼问题,学生会越跑越远,就帮学生把问题转化成"如何在具体情境中坚持原则性和灵活性的统一"。这样就避免了无谓的争论,使讨论的问题具有一定的深度和可探究性,提供了思维的广度,有利于学生终身发展。

教师要善于提炼问题,要敢于把问题交给学生,让他们去碰撞、相互启发、相互促进、生成对话,以求得真知。

**4.直面挑战,剔谬求真**

有时在教学中,学生的思维还会转换方向,误入歧途,有悖教学目标。教师要机智、及时地控制,使学生的思维在正确的轨道上运行。

课例:一天上课,学生问:"老师,迷信有没有社会价值?"我很诧异,但也没有放在心上,随口答道:"没有。""那七年级下册《灿烂的宋元文化(一)》一课中提到'火药是我国古代炼丹家发明的',不就是说火药的发明是迷信的产物吗?"这时我才知道学生今天是有备而来。平时虽然我鼓励求异思维,并不是要学生接受错误信息。看此情境只有直面挑战,剔谬求真了。我解释道:"很多事情都有利有弊,但我们不能因为有些事有点小弊就因噎废食,更不能因迷信偶然产生了火药,就夸大其作用。应看到其整体上的危害远大于其产生的社会效益。"接着我列举了一些迷信带来的恶果。但我还是表扬了这位同学敢于求异思维的精神。

**5.把握契机,因材施教**

当教学中学生提出的问题,对开发学生智力、激活学生思维有好处,教师就应该把握这一教育契机,适时把问题"抛"还给学生,进行深度开发。

课例:一次教学九年级上册《第一次世界大战》,当学习"萨拉热窝事件"时,我说:"9·11事件后,有人对普林西普刺杀斐迪南大公的正义性、正确性提出怀疑。你们怎么看?"有人说其是爱国主义表现;有人说其是恐怖分子;有人联系到"荆轲刺秦王"的故事,说是弱小者对抗暴政的壮举;有人说其是"政治冒险",刺杀斐迪南改变不了奥地利入侵塞尔维亚的意图与进程,反而加剧矛盾,得不偿失;有人把从网上收来的最新资料——9·11事件后,波斯尼亚人撤走了原先设立的用水泥制作的普林西普脚印模型,关闭了博物馆,来反证其"正义性"已遭到怀疑和否定。经过讨论,学生们对暴力普遍持否定态度,感到和平的珍贵。明白了人类社会在每个历史时期和发展阶段都有不同的游戏规则,但在政治生活和国际交往中反对搞暗杀等恐怖活动是共同的准则。同时也感到纪律的必要性,在国家关系之关键、敏感时期,个人行为也可能对国家和民族带来重要影响。

总之,新课程是生成的。正是因为其充满意外,才更富有挑战性,正是因为其充满悬念,才更显生命力。这不仅有利于锤炼学生的品格,也有助于教师的成长。

## 第三节　关注课堂教学行为

### 一、如何有效落实历史基础知识

新课程实施以来,由于教师对课程标准的理解和体悟的程度不同,有人就简单地以为,新课程不重视"基础知识"了。其实,历史知识是学科能力的基础,没有牢固的基础知识,能力培养就只是能空中楼阁。新课程尽管反对知识本位观,认为"掌握历史知识不是历史课程学习的唯一和最终目标”,但同样要求学生掌握基础知识,强调“知识与能力、过程与方法、情感态度与价值观”三维目标的统一。新课程标准历史科考试大纲规定的考核目标之一是“调动和运用知识”,体现了对基础知识的考查。新课程高考历史试题体现了新课程的理念,尽管采用新材料,创设新情境,注重考查学生的综合素养,但对基础知识考查所占比重仍然不小,即使是能力性试题也渗透了对基础知识的考查。那么,在新课程背景下的历史课堂中应如何有效地落实历史基础知识呢?

### (一)创设引人入胜的教学情境

提高课堂教学效率,首先要抓学生的学习兴趣。要提高课堂兴趣,首先得明白课堂任务,这节课要达到什么样的教学目标,然后寻找学生熟悉又感兴趣的事例,把这堂课的知识和教学目标结合在这有趣的事例中去落实。一堂课的准备工作做好了,就等于任务完成了一半。我们应始终记住,兴趣是最好的老师。

### (二)利用多种教学手段,优化教学方法

利用多种教学手段,整合课程资源,吸引学生的注意力,让他们在课堂当中思考、学习、训练。每节课学生的注意力都是有一定限度的,单一的教学方法或手段,学生很容易出现感官疲劳,注意力分散,这就要求我们精心组织课堂教学,采用多种方法,吸引学生的注意力。“教学有法但无定法”、“条条大路通罗马”,各种各样的教学方法有几十种,但无论哪一种不可能都适合不同的教学内容、不同的教学对象。作为教师应从教学实际出发,选择不同的教学方法组织教学,优化自己的教学方法。

### (三)重视基础,重在落实

新课程历史课堂往往重视活动,过于强调探究,而忽视了基础知识的落实。这里举一个历史字词问题教学的例子,希望年轻教师引以为鉴。其实,历史教师首先要过好语言文字这一关。

七年级上册“战国七雄”的知识点中,学生不理解或不甚理解的字词就有:七雄、卿大夫、爵位、俸禄、太子师傅、合纵、连横等,不会读音的就有

阡陌(mò)、蓟(jì)、郢(yǐng)、临淄(zī)、公孙贾(gǔ)等。七年级下册“和同为一家”的知识点中，也有突厥、毡帐、颉(xié)利可汗(kè hán)、贱夷狄、回鹘(hú)、大祚(zuó)荣、车书本一家、彝(yí)、吐蕃(bō)等，这些在课本上只有少数有注音，有些词的活性用法也没有解释，教师必须要讲解。这样，学生才能弄懂这些字词在课文中的意义，从而准确地理解历史概念和知识。

再如“禅”字，在“禅让”一词中读shàn，指古代帝王让位给别人；在现代汉语中读chán，如坐禅、禅师。“宛”字，在楚国历史上是地名，读yuān；现代史上和现代汉语中都读wǎn，如宛平城、宛如。“单于”一词是匈奴君主的称号，其中的“单”念chán；在现代汉语中念shàn(姓)、dān(跟“双”相对)。“大夫”在古代爵名、卿名中读dà，如卿大夫；用在宋代以后的医生名字后面，则读dài，如李时珍，可称李大夫。还比如，阿房(ē páng)、冒顿(mò dú)、龟兹(qiú cí)、东汉委(wō)奴等，都有它们独特的读音。对这些字词，如果学生仍按现代汉语去读，则要闹出很大的笑话。

### (四)充分发挥学生的主动参与性和创造性

教育改革的方向，是使学生知识、能力、人格和谐发展，而知识、能力、人格和谐发展的关键是强调学生主体化和个性化。在教学过程中，学生是主体，教师是主导。学生是活生生的人，课堂上只有把他们的主体作用发挥出来，让他们积极参与到教学过程中，才能起到事半功倍的效果。如果我们在教学过程中不管学生的体会、感受，满堂灌，可能你讲得头头是道，非常精彩，但学生却是一知半解，不知所云。

作为“导演”的教师，在“有效教学”理念指导下，其主要任务就是努力使得每个学生达到最佳状态。根据教育心理学的研究，学生在下列情况时容易达到此项目标，分别是：有兴趣时，身心处于最佳状态时，遭遇到理智的挑战时，发现知识的个人意义时，能自由参与探索和创新时，被鼓舞和信任做重要事情时，对自己有更高期待时，对教师充满热爱时。这就意味着教师要以尊重学生为前提，以关注差异和满足不同学生的需要为行动指南，以提供引导学生主动参与的课堂教学环境为目标，通过有效的行为养成,充分重视感情交流,创造更多合作学习、探究学习的机会,重视学生在课堂上归属感的获得,使学生积极参与到学习活动之中。

## 二、如何体现历史学习的“过程与方法”

所谓“过程与方法”是指为了实现在“知识与能力”、“情感态度与价值观”方面的教学目标,在教师的指导下,学生所采用的学习过程和学习方法。“‘过程’是指让学生经历知识与技能的形成过程,在体验、活动、探究中进行学习;‘方法’是掌握各类知识与技能的学习方式与策略,学会学习,学会反思,学会创造,能对自己的学习过程及其结果进行有效监控。”华东师范大学教育科学学院教授、博士生导师聂幼犁先生也认为,过程与方法目标就是学生的学习经历、体验和思维方式的变化、发展及其程度。系指通过获得和怎样获得“知识与技能”的经历,形成从这些经历中抽象或概括的更有统摄力的思维程序与思维方法,即思维方式。

对于历史课程而言,“过程与方法”目标隐含着我们要培养学生的观察能力、提出问题的能力、收集和处理历史材料的能力、分析概括能力、探究能力、创新能力等科学素养。课程标准之所以将“过程与方法”作为课程目标,主要是基于“以学生发展为本”的理念,针对现行教学只重结果、不问过程的颠覆性改革。对于学生的学习来说,虽然课堂上学到的历史事实和结论很重要,但学生掌握研究历史的方法是他们深入学习的基础,也是独立解决问题的出发点。这种获得结果的学习过程更为重要。本次课程改革的主要任务不仅要改革旧的教育观念,还力图推进教学方式和学习方式的转变。“学生的学习过程不仅是一个接受知识的过程,而且也是一个发现问题、分析问题、解决问题的过程。这个过程一方面是暴露学生产生各种疑问、困难、障碍和矛盾的过程,另一方面是展示学生发展聪明才智、形成独特个性与创新成果的过程。正因为如此,新课程强调过程,强调学生探索新知的经历和获得新知的体验”。

教师在设计“过程与方法”时是根据自己所面对的学生实际学情的,因此没有定式可遵循,没有方法可照搬,应该根据学情和自己教学的实际情况灵活设计,当然,“充分发挥学生的主体学习地位”是原则。

### (一)学习内容多样化,学生参与理解、提问、想象

教学内容的呈现力求多样化、多层次,以使全体学生都能参与。例如史料的展现与解释,故事的讲述与想象,案例的使用和类比,结论的由来与分析,等等。学生总会对其中的某一项内容感兴趣,他就会参与教学过程,或提问,或想象,或分析。

### (二)教学方法多样化,利于各层次学生参与

完成学习任务要采取一定的途径和方法。历史学习的一些基本方法包括记忆、思维、听说、阅读、观察、练习、写作、实验、参观、表演、欣赏、研究、总结、评论、创作、讨论、访问、调查、游戏、收集资料、制作图表、社会活动等,提倡教学过程中方法的多样化,积极探索多种教学途径,组织丰富多彩的教学活动,对引导学生参与教学过程很有必要。我们应多层次、多方位地创造有利的教学条件,提供多种辅助性教学材料,以利于教学方法和学生学习方法的改进,为学生进行自主学习、探究性学习提供条件。

### (三)坚持多元评价,学生参与成果表达和交流

学习的一般过程离不开学习、运用、巩固、总结等环节。在教学中,历史教师必须让学生成为历史学习真正的主人,以摆脱以往教学中学生只有学习,而没有运用、巩固、总结、评价、交流的机会,创造条件使学生能够充分展示、交流自己的学习成果。

完成历史学习"过程与方法"的目标,最重要的是使学生掌握学习历史科学知识的方法,所以以上概述的学习方法的执行者都是学生。"过程与方法"目标实施的过程,是学生体验学习并学会学习的过程。

## 三、如何引导学生体验历史

中学历史教学要带给学生怎样的收获?新课程标准给予了明确的说明:一是把握基本历史知识,培养历史思维能力和解决问题的能力;二是进一步熟悉历史学习的一般过程,把握历史学习的基本方法;三是培养民族精神、爱国情操、社会责任感,塑造健全的人格,形成积极进取的人生

观,培养开放的世界意识。一句话,就是在情感态度与价值观方面全面提高学生的人文素养。那么,怎样的教学方式才能更好地发挥历史教育功能,达到这一理想的教育目标呢?在实际教学中,许多学生反映,他们喜欢历史,却不怎么喜欢上历史课。因为,他们感到历史课在考试的背景下,往往远离现实生活,枯燥乏味而没有兴趣。那么,如何真正让学生既能触摸到历史的真实,体验到历史学习的乐趣,又从中获得对历史问题的深刻认识呢?这就是要让学生体验历史,感悟历史,走进历史本相。

所谓体验式教学,就是教师通过创设实际的或重复经历的情景机会,呈现、再现或还原教学内容,使学生在经历的过程中凭借自己的情感、直觉、灵性等去感受、体味、领悟,并产生情感、建构知识、生成意义、发展能力的教学观或教学模式。它强调教学过程应是师生交往、互动的过程,学生是具有主观能动性的人,而不是配合教师上课的配角。学生应该带着自己的知识、经验、灵感、兴致参与课堂活动,从而使得课堂教学更加丰富多彩。教学的真正价值是引导学生在学习中获得感受、体验情感、提高认识并转化成智慧,最终形成自己丰富的精神世界。

新课标历史教科书非常注重让学生体验和感悟历史,亲身参与,主动探究,保留他们对历史课程的好奇和兴趣。例如,人教版初中历史教材安排的"制作泥活字"、"参观古代工程、建筑"、"参观博物馆"、"给日本中学生写信"、"观看历史影片、访问老人"等,都是让学生体验历史课程,获得对历史的感性认识,让学生走进历史的本相。

一位教师在上百家争鸣的内容时,让学生分别扮演儒家、道家、墨家、法家、兵家的代表人物,阐述自己的主张,然后让一位学生饰演秦始皇,问:"你们哪一派的主张对我的统治最有用啊?"然后各派纷纷发表自己的观点。通过论辩和比较,秦始皇选中了法家思想作为自己的统治工具。这真正形成了"百家争鸣"的局面。

安徽省一位教师参加全国初中历史课堂教学大奖赛,参赛的课题是《辉煌的隋唐文化》。她在课堂上给每位学生发一块橡皮泥和一把小刻刀,让学生雕刻出自己的名字,然后用红色印泥把名字印在老师的本子上。所有同学都认真完成了此次活动,都想把名字留给老师作纪念,这节课获得了全国一等奖。这节课有不少值得肯定的地方,其中这种让学生以积极的情感体验和深层次的认知参与教学，就是一个比较突出的优点，是比较成功的地方。

上述两节课例都抓住了“过程与方法”目标的核心——体验性。通过“再现历史”式的情境体验学习，能帮助、引导学生“身临其境”，让学生在掌握知识的同时培养了能力，在学习过程中掌握了方法。

## 第四节　重视学习指导

转变学生的学习方式是本次课改的一个重要目标。在新课程理念下，学生是学习的主体，要将学生从被动学习、机械学习、单个学习、不会交往、不会质疑、不敢探究的传统状态下解放出来，要培养学生自主学习、合作学习、探究学习的习惯和能力。

### 一、如何引导学生进行“自主学习”

自主学习是就学习的内在品质而言的，与它相对的是被动学习、机械学习、他主学习。自主学习的过程就是由学生自己协调学习系统中各种因素的功能和作用，使它们发挥出最佳效果，从而使自己的学习达到最优化的过程。历史教学中，如何引导学生自主学习呢？可以通过以下途径和方式。

#### （一）激发学生的学习动机

学生是自主学习实践的主体，主体性要求学生自身首先有一种对学习的需要、一种强烈的求知欲望、一种学习的主体意识，即要求学生有学习的动机。因此，激发和维持学生的学习动机，对于开展自主学习显得十分重要。

**1.通过创设情境、改善环境来激发学生的学习动机**

在历史教学中，教师可以通过创设直观情境和问题情境、改善教学环境、提供给学生可支配的学习资源等，激发学生的学习兴趣和学习动机。

例如，一位教师在“商鞅变法”的教学中，设计了这样一个问题情境：“商鞅在廷议中能否战胜旧贵族？有谁来尝试当一回商鞅呢？”这一问题情境的设置,符合初中学生的心理特点和认知特征。因此,问题一提出,学生们的学习热情和动机就被激发出来,个个跃跃欲试。又如,有一位历史教师,经常在课前10分钟休息的时间,利用平时所收集的与本节课内容有关的历史图片、历史想象画、历史地图和其他资料,将教室作一番装饰,使学生仿佛置身于历史的时空隧道中。教学环境的这种变换和改善,能够有效地激发学生的学习兴趣和学习动机。

**2.通过认知强化动机**

主要是使教材中的新知识、新内容与学生已有的生活经验和原有认知结构中的知识体系建立实质性联系,促进认知的同化与发展,从而使动机得到强化。

课例:芜湖一中胡天宝老师执教人教社教材回访调研课——高中必修1《祖国统一大业》时,把全课内容分为三部分:历史之源,统一之策,回归之路。整节课分三块用超链接一一展开,内容层次清晰、易记,形象生动。历史之源增加了背景知识,包括香港问题、澳门问题、台湾问题的由来;回归之路增加了两岸关系的现状等。对教材进行适当增减,符合历史自身发展的逻辑连接;同时,联系学生现实生活,组织学生开展探究。学生模仿董建华特首发表讲话;学生扮演凤凰卫视台记者在香港回归后采访商人、教师、学生代表,谈感受和打算。

这节课充分考虑学生生活经验和已有知识储备,并真正发挥多媒体辅助教学的作用,大大激发了学生的学习兴趣,提高了学习效率。因此,这节课受到了人教社课程专家,省教科院领导、教研员的高度评价。

**3.通过增强学生的自我效能感来激发学习动机**

学生有良好的自我效能感,让学生确信自己有能力从事自主学习活动并能取得成功,这可以激发学习的动机。提高学生的自我效能感,应从两个方面努力:首先,在教学中,教师应创造条件,使每个学生在学习中都有机会获得成功,使其不断享受成功所带来的喜悦,以满足学生的归属感和影响力的需要,从而使学生逐渐形成较高的自我效能感,产生较强的成就动机;其次,教师应不断提供反馈信息并采取矫正性的补救措施和鼓励性评价,以减少学生在学习过程中的受挫机会,缩小学生之间成绩的两极差距,避免部分学生因为在学习中累积的挫折而产生的失败感等。

### (二)给学生自主学习的机会

由于知识、经验、兴趣、情绪及个性等原因,一些教师容易对学生在认知过程中所作出的推测与猜想产生认识上的偏差。这种认识上的偏差,是以有限的或不正确的信息来源为基础而形成的。久而久之这种偏差便形成偏见。偏见往往会使教师固执己见,不相信学生,看不到学生的独立性、创造性,总是牵着学生走,从而侵占学生学习的时间和空间;偏见也会使学生缩手缩脚、思维受到限制,不敢大胆地自主探究。因此,要给学生自主学习的机会,让学生生动活泼地自主学习、自主发展,老师就必须首先消除对学生的偏见,充分地相信学生,放手让学生去学。

自主学习中学生的自主性特征表明学生是自己行为的主人,他们有权对自己的活动作出自我选择和自我决定。要使学生真正实现自主学习,就必须还学生以学习的自主权,即要让学生根据自己的兴趣爱好、已有知识经验、能力水平、个性特点等,自我确定适合自己的学习目标,选择适合自己的学习方式和学习方法,管理和调控自己的学习过程,并且应尊重学生的选择和决定。

### (三)把时间和空间还给学生

有了学习的自主权,还需要有真正属于自己的、可以自由支配的时间和空间,学生才有可能开展自主学习。那么,在历史教学中,怎样才能把时间和空间还给学生呢? 比如,学生通过自己看书能够看懂学会的知识可以不讲;学生通过独立思考与探究和合作学习可以理解的不讲或少讲,如变法改革的措施、战争的经过等内容,学生通过自学一般都能理解,教师就可以不讲,把时间留给学生。

教师应善于精讲、善于引导和启发学生。对于学生经过独立思考与探究和合作学习仍然难以理解的问题应该精讲,教师在讲解这些问题的时候,应注意方式方法,不要直接告诉学生问题的答案或结论,而应当向学生讲明思考的方向,给学生以自主探究的空间,引导、启发学生寻找答案。

例如,一位教师在“家庭联产承包责任制”一目的教学中,让学生讨论

“社会主义制度下为什么要实行家庭联产承包责任制？实行家庭联产承包责任制对不对？有什么意义？”。讨论中，很多学生不知道应从哪方面着手展开分析，这位教师便及时地给学生讲解了“生产力与生产关系的相互关系”的基本原理，为学生指明思考的方向，引导学生继续探究。

### (四)促进学生主动参与学习

自主学习是以学生的主动参与为前提的，没有学生的主动参与，就没有自主的学习过程。学生只有积极主动地参加到认知活动中去，才能学得生动、活泼、主动，才能实现历史新课程三维目标的统一。因此，在初中历史教学中，要注意激发和引导学生主动参与学习。

这就要求教师要善于营造以学生为主体的教学环境，在以学生为主体的教学环境里，学生真正成为活动的主体、学习的主人，往往才能够自觉动脑、动口、动手，参与学习活动。在初中历史教学中，可以通过创设问题情境、角色扮演、探讨与现实社会和现实生活有关的历史问题、参观考察、展开社会调查等方式，营造以学生为主体的教学环境，培养学生的主体意识，使学生主动地参与到学习活动中来。

### (五)建立民主、平等的师生关系

师生关系的平等性及生生之间交往的平等性、无拘无束和非强制性，能使学生在人与人的关系中体验到平等与自由、尊重与信任、理解与宽容、亲情与友爱，同时受到鞭策和鼓舞、感化和召唤、指导和建议，并感受到人的自主和尊严，从而更好地促进学生的主动性、创造性的发展，使学生积极主动地参与学习活动。

建立良好的师生关系是提高教学效率的前提。教师应当学会尊重学生，尊重学生的主体地位和独立人格，给学生提供各种参与教学活动的机会，让学生自己读书，自己感受、体验历史，自己观察、分析、思考问题。尊重学生，意味着保护学生的自尊心和自信心，当学生学习成绩不好、遇到困难、犯有过错时，不体罚、不辱骂、不大声训斥、不冷落、不嘲笑、不羞辱、不随意当众批评学生。

教师要及时地赞赏学生，往往教师一个鼓励的目光、一个赞许的微笑、一句及时的表扬,都能给学生以莫大的鼓舞,给学生以积极、自信、成功的体验。因此,教师应学会赞赏学生:赞赏学生的独特个性、兴趣、爱好、特长;赞赏学生在历史学习中所取得的哪怕是极其微小的进步;赞赏学生在历史学习中的闪光点;赞赏学生在历史学习中所付出的努力;赞赏学生对已有历史结论的质疑和对教师的超越,等等。

### (六)让学生学会学习

开展自主学习,要求学生独立地、自主地获取信息、处理信息,并做出科学的分析与判断,即要求学生学会学习。中国古代就有“授人以鱼,只供一饭之需;教人以渔,则终生受用无穷”的至理名言,让学生学会学习,就是要教给学生学习的方法,培养学生的学习能力。

这里以人教版课本“自由阅读卡”的使用为例加以说明。新教材在每课之后都安排了一个自由阅读卡,它们主要介绍了与课文相关的物质文明、社会生活等方面的知识,目的是增加学生的学习兴趣,以达到开阔眼界、增长知识、培养学生自由阅读和自主学习的能力。比如,受一些古典文学作品的影响,不少人误以为古代人个个人高马大,今人反倒矮小了。为此,第10课的自由阅读卡特意设计为一名秦代武将同现代篮球中锋比身高,若让秦代武将也站在地面上,自然就会比篮球中锋矮一大截。这么比,显得太直白了。现在的教材中,秦代武将骑在马上,画面就更生动了,学生们看了印象也会更深。

## 二、如何引导学生进行“合作学习”

20世纪70年代,联合国教科文组织提出了“学会生存”的教育口号。它在一份重要报告中指出,现代教育的一个重要目标,是使学生在这个复杂而不断变化的世界中学会与具有不同文化背景的人交往和相处。国际理解、人类友爱、民族间相互依存的意识,是现代人文教育与人文精神所追求的世界性的道德目标之一。1989年联合国教科文组织在北京召开的“面向21世纪的教育”世界教育大会,也以“学会关心”作为大会的主题,极力倡导人类间的关爱、合作。

乐于合作、善于合作是现代社会人文精神的重要基石。开展合作学习,有利于培养学生的合作意识与合作能力,也有利于提高学习的效率。合作学习方式是学生在小组或团队中为了完成共同的任务,有明确的责任分工的互助性学习方式,它是针对教学中学习的组织形式而言的,与它相对的是个体学习。合作学习以异质学习小组为基本形式,系统利用教学动态因素之间的互动,促进学生的学习,以团体成绩为评价标准,共同达到教学目标。

在历史教学中,应该怎样进行合作学习呢?

### (一)进行合作讨论

即学生在小组内就某一个历史问题展开讨论,把自己对该问题的想法说给小组的同学听,也认真倾听其他同学的看法。合作讨论的基本要求有:

(1)讨论前,每个学生应独立思考,整理自己对问题的看法;

(2)讨论时,小组内应先进行角色分工,明确职责,再进行发言交流;

(3)讨论后,应由各小组的发言人把本组的讨论情况、结论、观点等与其他小组交流。

### (二)开展小组调查

即以小组为单位,对某一个历史现象、某一个历史问题展开社会调查。小组调查的基本程序是:

(1)确定调查主题;

(2)小组合作商讨,共同制订一个切实可行的调查计划,计划的内容包括调查主题、目的、时间、调查者、被调查对象、对被调查对象所要提出的主要问题、如何有效地解决调查中可能出现的意外等;

(3)按照计划开展调查,并做好调查笔记或者录音;

(4)共同整理调查材料,撰写调查报告(调查报告必须得到全体组员的认可,并由全体组员签名);

(5)向全班陈述调查结果,展示调查报告,并以此为依据接受评估。

### (三)组织"拼图法"合作学习

这种类型的合作学习,就如一个小组共同玩一个拼图玩具,必须每一块都用上才能把图完整地拼起来。在这种类型的合作学习里，必须通过分配任务，让每个成员占有独一无二的信息、充当一个特殊的角色来确保个体的积极参与，小组成果必须在每个成员都做好自己所分担的工作的情况下才能取得。

### (四)开展团队竞赛

即以小组为单位，展开各种学习竞赛。团队竞赛类的合作学习有小组间的历史知识竞赛、历史游戏竞赛、历史谜语竞猜、小组辩论赛等。各种竞赛有不同的规则和要求，但有一点是共同的，那就是：为了使本小组能够在竞赛中取得好成绩，小组内的成员必须进行充分、有效的合作。此外，合作学习还可以进行合作制作(仿制历史文物、制作历史人物像、绘制历史图表等)、合作扮演(合作编演历史短剧)等。

### (五)利用教材开展合作活动

新课标实验教材为探索多种教学途径，鼓励学生集体学习、合作学习，还创设了活动课。活动课，可以说是合作学习的重要抓手。以人教版历史七年级上册教材为例，活动课有：寻找历史——家庭史、地方史、厂史、村史等；编历史小故事；秦始皇功过的辩论；运用历史地图学习历史：温故而知新的方法和技能等。

这些活动课符合课标要求，贴近学生生活，可以有选择地、灵活地开展，还可以开展一次成语知识竞赛。秦汉时期到三国时期，成语典故特别多，可以开成语典故知识竞赛，或笔写成语故事竞赛、展览等。像孔子因材施教，塞翁失马，苛政猛于虎，孟母三迁，三国时黄盖苦肉计、许攸献计、草船借箭，孝文帝迁都洛阳，淝水之战“草木皆兵”，勾践卧薪尝胆，陈胜、吴广号召起义等，都可以编排课内短剧。

活动课的开展，要注意以下几项问题。①注意活动的可操作性：历史课堂活动课离不开学生内在的思维活动，又必须呈现学生外显的行为活动，这种外显活动要是一种能够操作的实践活动。②注意活动的自主性：必须以学生为活动的主体，自主地制订计划、确定活动方式、选择活动伙伴、组织活动开展、参与活动过程、显示和评价活动成果。③注意活动的互动性和合作性:历史课堂活动课是生生间的交流合作活动,也是师生间的交流合作活动,共同分享彼此的思考、经验、观念,从而达成共识、共享、共进,实现教学相长。在这样的合作学习活动中,学生获得的不只是知识和技能,更重要的是获得合作的快乐、学习的方法等。

## 三、如何引导学生进行"探究学习"

美国教育心理学家布鲁纳认为:教一门科目,并不是希望学生成为该科目的一个小型图书馆,而是要他们参与获得知识的过程;学习是一种过程,而不是结果。为了不使学生成为历史知识的"被动接收器"和"小型图书馆",在历史教学中,就应该倡导和培养学生的探究学习方式,让学生在独立思考和自主探究的过程中,生成智慧,学会学习,增进思考力和创造力。

探究学习方式是学生自主发现问题、通过自主探究解决问题的一种学习方式,探究学习并不十分关注探究的结果,而是要让每个学生都经历、体验探究的过程,并通过自己的体验逐渐形成一种善于质疑、乐于探究的心理倾向,培养创新精神和实践能力。

### (一)选择探究学习的内容

探究学习作为一种学习方式,需要以一定的学习内容为载体。历史探究学习的内容,可以由学生自主选择,也可以由教师设计。这里,我们只研究由教师设计、选择探究学习内容的要求。

**1.依托于教材内容**

中学历史(尤其是初中历史)探究学习的内容选择,总的来讲要以教材内容为依托。在此前提下,既可以按照教材的编排选择内容,如"清政府的'闭关锁国'政策对中国社会的发展产生了什么影响";也可以延伸教材内容而提出问题,如"人类的起源";还可以是整合教材内容而提出综合问题,如"中国古代劳动工具的演变"等。

**2.符合学生的兴趣**

学生如果对某个问题感兴趣或感到好奇,就会产生一种探究的欲望和冲动,主动地去探究它。因此,教师在选择探究学习的内容时,应关注学生的兴趣和爱好,选择学生感兴趣的历史问题,如"拿破仑是不是英雄”、“李鸿章是不是卖国者”、“辛亥革命是成功了还是失败了”、“古代世界的战争有积极意义吗”等,以激发学生探究的欲望,培养学生探究的情感,使学生乐于主动地去探究。

**3.联系现实生活**

人类社会历史的发展具有连续性和继承性,过去、现在与未来同处于一条永不停息的历史长河中。现实社会是历史的延伸和发展,在现实社会的实践中保留着过去的历史实践的遗传基因、信息密码。因此,选择与现实社会和学生的现实生活联系密切的历史问题进行探究学习,既有利于拉近历史与学生生活的距离,有助于消除历史的遥远感、陌生感和神秘感,也有助于学生通过认识历史来认识现实社会和现实生活。比如,探究“古代丝绸之路的历史作用”,可以使学生“重走”丝绸之路,重温丝绸之路沿途昔日的繁荣,也有助于学生正确理解改革开放的现实意义和西部大开发的必要性。

**4.具有开放性**

历史探究学习的内容,应选择一些开放性的、有一定“张力”的问题。例如,郑和与哥伦布社会贡献有什么区别?孙中山与拿破仑历史贡献的相同点是什么?法国与美国工业革命的起步都在18世纪末19世纪初,为什么法国工业革命的进程却比美国工业革命慢呢?开放性问题一般没有固定的结论,探究的方法也不是唯一的,要给学生留有较多的探索空间。

### (二)探究性学习活动开展的方式

**1.利用课本插图**

新教材配有大量的插图,教师要充分认识、研究并使用好这些插图,要会从中启发学生发现问题,探究问题。

人教版历史七年级上册课本有一道习题,依据《牛尊图》和一段文字材料作探究。材料一有《吕氏春秋》的记载,材料二是考古发掘出来的“牛尊”。这道题源于课本,又高于课本,结论最后又落实到课本上。教材虽然讲到了“牛耕”,但是是怎样驾牛的,需要探究,此题具备发展思维的功能。另外,“以地下之史料参证纸上之史料”,这是王国维发明的治史的“二重证据法”。这种探究有利于培养学生学习历史的方法。

人教版历史七年级下册课本有一幅《耕获图》。其画面为:起伏连绵的青山下,一条小河蜿蜒流淌,两岸稻田连片。小河东岸,庄园大门,一架翻车,南面一片片稻田。小河西岸,南面是仓场,北面是稻田。东田西仓场之间有一座小木桥。画面上共有78个人。庄园门前一老者策杖而立,这是前来视察的庄主。在木桥东头,一手持阳伞的人,是监工。其余的都是佃客,正在从事耕地、耙田、插秧、灌溉、收割、挑禾、脱粒、舂米、入仓等劳动。画家描绘的是一座江南地主田庄生产劳动的场面,重点反映了种植水稻的佃客从耕田到收获的全过程。《耕获图》具有极高的史料价值,是我们了解宋代江南农业生产状况难得的形象材料。

该图体现的历史信息非常丰富,可以让学生讨论、探究。一人一牛的犁耕法比过去二牛一人法进步,关键是在宋代的犁具进步了;出现了耙田,江南农业更加精耕细作了;图中出现的翻车应该是北方传入的;图中既有插秧又有收获,反映宋代江南地区水稻一年两熟的情景;青山绿水,片片肥田,自然条件较为优越;体现社会的安定和富庶。再让学生进一步探究,从图中可以得到以下认识:优越的自然条件、较为安定的社会环境、北方生产力的南迁(包括劳动力和先进农业技术),是促进南方农业发展的原因。

**2.利用课本"动脑筋"**

人教版历史七年级下册第6课有一个"动脑筋",要求比较唐朝的"开元通宝"、"日本的和同开王尔"两种货币,从中得出结论。对于"开元通宝"不少人望文生义,认为是在唐玄宋开元年间铸造的,其实这是错误的。后世(特别是清朝)有以年号来命名的钱币,但此处不是。"开元通宝"在我国陕西以及日本都有大量考古发现,它是从唐高祖武德四年(621年)始铸,又叫"开通元宝"。它结束了铢两钱制(半两钱、五铢钱),开始进入通宝、元宝时代,因此"开元通宝"是后世通宝、元宝之起源。为什么叫"开元通宝"呢?"通宝"是通行宝货之意,是具有统一倾向的称谓,"开元"意为武德四年开始铸造。

"和同开王尔"是我国考古人员于1970年10月在陕西西安南郊发现的五枚银钱之一(上面开元通宝是铜钱)。据考证,"王尔 "是"寳"字的简化,日本人曾经误认为"珍";"和同"是日本奈良朝和铜年号的省略。这枚

“和同开王尔”银币是日本遣唐使所献的贡品，是由朝廷颁赐的，这一点与在日本发现的成千上万枚的“开元通宝”意义不同，显然后者有更多的贸易作用。

这两幅图很值得探究一番。从发现两种货币的地点来看，说明了当时中日两国贸易往来频繁，特别是唐朝对日本贸易影响很大；从形状看，日本受中国圆形方孔钱影响，说明在思想上深受中国“天圆地方”观念的影响；从钱文看，日本文字深受中国汉字的影响；从钱文的书写看，日本人非常喜欢中国人的书法艺术：“开元通宝”的字体由初唐大书法家欧阳询制词并书写，“和同开王尔”字体明显受欧阳询字体的影响；从钱的制造看，“开元通宝”采用的是范畴法，“和同开王尔 ”的外轮与“开元通宝”相同，铸法一致，说明日本的手工铸造业也受到了中国的影响。通过两种货币的比较，以小见大，窥斑见豹，说明当时日本应该是全方位向唐朝学习。

这种探究活动不仅是对学生读图能力、提取有效信息能力的培养，更是对学生创新思维能力的培养。教师要多学习，沉下心去钻研，提高史学素养，形成自己的特色和优势。

**3.虚拟历史情境进行探究**

有一节《开元盛世》的课，教师设置一个“假如我们通过时间隧道来到唐朝，我们将怎样生活呢？你可以是农民、手工业者、商人、官吏、皇帝等，要求符合唐朝经济生活的实际”。让学生看教科书5分钟，然后分别扮演角色。

学生一：我是唐朝的农民，我用曲辕犁耕地，用筒车灌溉庄稼，生产效率大大提高……

学生二：我是江南的农民，我在房前屋后种了大片茶树，还专门研究了减肥茶，噢，不对，是增肥茶，唐朝以胖为美。

学生三、四、五：我是唐朝商人，经营高档陶瓷，我的店里有三彩陶瓷，还有越窑的青瓷、邢窑的白瓷；我专做贩马的生意，因为我们这里的女子喜欢骑马春游……；我专门经营丝绸，我的丝绸很精致，透过两层丝绸还能看到身上的痣，我还接待来自阿拉伯的商人……

学生六：我是玄宗时的县令，我上任正好遇到蝗灾，我带领人民灭蝗虫……（教师穿插几句话，如：你是一个好官……）

学生七:我是唐朝皇帝,我穿精制的丝绸衣服,来到朱雀大街上逛逛,登大雁塔,我在大街上看到世界各国和边疆各族的人士,我还亲自命制过殿试的考试题目……

这样,帮助学生营造和维持积极的学习氛围,使学生处于最佳状态,思维活跃,注重过程和体验,学生非常喜欢。探究性学习是新课程强调的一种重要学习方式,有助于改变传统教学方法,有利于拓展视野,开拓思维,培养创新精神。

### (三)开展探究性学习活动的注意事项

**1.让学生"跳一跳,摘桃子"**

苏联著名教育学家维果茨基认为,儿童有两种水平,一种是儿童实际具有的水平即现实水平,一种是在教师引导下儿童所能达到的水平即潜在水平;在儿童的现实水平和潜在水平之间存在着一定的空间,即儿童的"最近发展区"。维果茨基的"最近发展区",我们形象地把它称为"跳一跳,摘桃子"的空间。在这个空间里,桃子不是一伸手就可以摘得到的,需要跳起来才能摘得到,但又不是怎么跳都摘不到。根据这一理论,教师在设计探究学习的问题时,应让问题落在学生的"最近发展区",使学生"跳一跳,就能摘到桃子"。如果问题太浅,学生"不用跳就能摘到桃子",就没有探究的价值;如果问题太难,学生"使劲跳起来仍然无法摘到桃子",学生就会失去探究的兴趣,也不会有结果。

**2.处理好自主与合作的关系**

在探究学习中,虽然合作是必不可少的,协调的合作既省时又高效,但是只有合作中人人都积极地参与,自主地完成分工的任务,才会有集体成果的产生。否则,如果人人都没有积极性,都等着分享其他合作者的成果,就会出现"三个和尚没水喝"的情况。因此,探究学习应立足于学生个体的自主探究,合作探究只是辅助,并且合作探究中也要重视学生个体的自主探究。

**3.要善于指导**

在探究学习的过程中,教师不要过多地干涉学生的探究活动,但也不能放任自流,而应该善于从方法上加以指导,即从历史认识的逻辑出发,循循善诱、循序渐进地指导学生怎样提出问题、怎样思考问题、如何搜集和处理历史资料、怎样合理地表达自己的看法等。

## 第五节 探索资源开发

课程资源的开发与利用是课程建设的重要组成部分,没有课程资源支持的课程实施必然会受到一定程度的限制和阻碍。目前,有关课程资源的概念有很多,但并没有形成一个公认的定义。

总的来说,课程资源有广义与狭义之分。广义的课程资源指有利于实现课程目标的各种因素,狭义的课程资源则仅指形成教学内容的直接来源。综合两种观点,可以将课程资源视为课程设计、实施和评价等整个课程教学过程中可以利用的一切人力、物力以及自然资源的总和,包括教材、教师、学生、家长以及学校、家庭和社区中所有有利于实现课程目标,促进教师专业成长和学生个性全面发展的各种资源。但并不是所有的资源都是课程资源,只有那些进入课程,与教学活动密切联系的资源,才是现实的课程资源。因此,从这个意义上说,课程资源的合理开发与有效利用是课程目标顺利达成的必要条件,也是课程改革顺利进行的有力保障。

### 一、如何结合历史教材内容开发课程资源

新高中课程对原有课程进行了整合,设置了八大学习领域,并增加了技术和综合艺术科目,学科内容以模块制的形式呈现,这些都对课程资源的开发和利用提出了新的要求。一方面普通高中课程改革对课程资源的开发与利用提出了很多新要求,另一方面课程资源的合理开发与有效利用也有利于保障新课程实施的顺利进行。那么,应该如何结合教材内容开发并合理利用课程资源呢?

#### (一)改变教师观念,发挥教师资源作用

教师是最为重要的课程资源,教师的素质状况决定了课程资源的识别范围、开发与利用程度以及发挥效益的水平。因此,在课程资源建

设的过程中,要始终把教师队伍建设放在首位,改变教师观念,提高教师的课程资源意识和开发运用能力,无论是课内课程资源,还是课外课程资源,毕竟都需要教师去发掘、利用。教师队伍建设是开发和利用课程资源长期和核心的工作,也是开发和利用课程资源的主要突破口和生长点。

### (二)丰富教材内容,个性化使用教材

教材不是唯一的课程资源,但它对于教师仍然是一个重要的课程资源。如果根据课程标准的要求和学生的实际,灵活组织和处理教材,在教法上另辟蹊径,大胆创新,也会收到很好的教学效果。

课例:一位教师在教学《中国民族资本主义的发展历程》一课时,大胆处理教材,补充大量课外知识丰富教材,从学生关注的荣氏家族切入,将这一课设计为《荣氏家族的兴衰沉浮——中国民族资本主义的发展历程》,整体设计为四个板块。第一板块:《破土而出》(1896—1912年),讲述荣氏企业作为民族资本主义发展的一个缩影,在甲午战争以后由钱庄业逐渐转入面粉业并缓慢发展的历程;第二板块《冬天里的春天》,讲述民族工业在辛亥革命后、北洋军阀统治前期出现的发展的春天;第三板块《逆势飘红》,讲述国民党统治前期,在日本侵略、国共内战的背景下艰难的发展;第四板块《九九归一》,讲述抗日战争胜利后民族工业的处境,新中国成立后,对民族工业的政策变化,通过三大改造,成为社会主义公有制经济的一部分。

上例中,教师能够把教材作为主要的课程资源来使用,并能根据自身实际创造性地使用教材,凸显个性化的风格和特点,使课堂教学逐渐变灌为导。在这样的课堂教学中,“教材”、“教师”、“学生”一起都成为历史学习的“课程资源”。学生逐渐养成自由讨论、自主探究、合作学习的习惯,教师在教学中真正起到“四两拨千斤”的作用。

### (三)对教材内容进行合理整合

高中新课标历史教材是以专题形式呈现的。必修分政治史、经济史、思想文化史三本,选修分为六本。其中有交叉,有重叠。教师可以在必修

教材和选修教材之间进行合理整合，抛开重复内容，补充缺漏部分。就是三本必修之间，也要合理调整。

在本章第四节所举的高中历史必修1《祖国统一大业》的课例中，教师将整课设三个一级标题，即历史之源、统一之策、回归之路。历史之源是执教者自己增加的，阐述了香港问题、澳门问题、台湾问题的由来，帮助学生理清历史脉络，了解背景知识，以便后面的探究学习。在回归之路部分，归纳了两岸关系发展的历程，畅谈了两岸关系的发展前景。学生轻松地学完了这一课，得到了正确的情感态度与价值观的熏陶。这节课的成功，在于教师不局限于一课、一个知识点，而是从知识的全景出发，在整本教材里对教学内容进行整合，合理开发和利用课程资源。

### (四)充分利用遗迹、遗址类教学辅助材料

历史学习的目的之一是使学生认识和了解历史发展的进程。由于历史发展进程的一度性和不可复原的特点和局限性，使得我们只能通过历史发展进程中留下来的“遗迹”来了解历史。这些“遗迹”可以说是从不同角度，比如政治、经济、文化、军事、思想以及社会生活等更具体的微观层面，反映了当时历史发展的某个特点或者某个进程。这种对历史进程的反映是一种更为“直接”的反映，在一定程度上是对教科书中描述的历史的有益补充和完善，有助于我们更全面、更客观地认识历史。

其实，历史教科书就是建立在这些历史“遗迹”基础上，经过认真整理和仔细研究编写出来的，也是历史进程的客观反映，但是这是一种对历史进程的“间接”的反映。很明显，如果将这些保存下来的历史遗迹运用于历史教学之中，其所具有的价值是教科书所不能比拟的。从促进学生的历史学业发展角度考虑，历史遗留下来的“遗迹”自身所具有的独特的价值，决定了它们是历史学习过程中不可缺少的优质教学资源。

很多教师有意识地将考古实物、文献、档案、古建筑、老照片、民俗技艺、报纸杂志、书信、日记、录音、录像或光盘方式储存的声音及影像史料、口述史料等许多重要的资源，结合历史学科特点，引入历史课堂教学，这就突破了传统历史教学知识载体仅仅局限于历史教科书提供的文献史料，从而扩大了历史学习资料的来源途径，丰富了历史教学的内涵，使得

历史学习过程变得更有兴趣,真正实现了让历史“说话”的目的。

### (五)开设校本选修课

单一的国家课程开发模式不可能解决学校遇到的所有课程问题,为满足不同学校和学生的不同需求与不同特点,开设校本选修课很有必要。教师可以依据个人学术专长,提出选修课名称、内容和学业评价方案,经课程指导委员会审查、修正,再把该课程的题目、主要内容、学习目的与方法等向全年级学生公布,由学生按自己的学习兴趣、学业水平,确定是否选学。这不仅有助于扩展视野,丰富历史知识,激发学习兴趣,而且对于提高学生的认识能力和思考能力有很大帮助。

## 二、如何结合学生生活经验开发课程资源

《普通高中历史课程标准(实验)》指出,图书馆里储存的历史文献、历史读物、历史报刊、历史文学艺术作品、历史音像资料等,社区的图书馆、资料室、少年宫、文化宫等,历史遗址、遗迹、文物以及蕴涵历史内容的人文景观和自然景观等,都属于历史课程资源的范畴。历史课程标准还特别指出,历史教学要善于充分利用家庭资源,以增强学生对历史的体验和感悟。有条件的地方和学校,可以利用信息技术和网络技术,搜集丰富的网上资源、制作历史课件、展示历史资料、制作多媒体教学软件、开发历史网页等,使学生更直接、更全面、更迅速地了解历史。新课改鼓励和提倡不同地区和学校结合自己的实际情况,从学生生活经验出发,因地制宜地利用和开发历史课程资源。那么,怎样结合学生生活经验开发和利用课程资源呢?

### (一)结合学生生活经验,发掘学生动力资源

要让学生获得自主发展,就必须充分发掘学生的动力资源,使之能不断激励或推动学生个体去学习。教学中可采用多种方式,积极创设教学情境,激发兴趣,让学生主动参与学习,这是发掘学生动力资源的有效形式,能达到事半功倍的效果。

课例:一位教师执教《变革与争霸》一课时,提了这样一个问题:“面对

春秋时代的各国君主,如果你生活在那个战火纷飞的年代,你会帮助谁?”很多同学由于事先进行了预习,所以热情很高,课堂上积极发言。而后教师又让同学表演了自编的小品《越王勾践》,让同学们感受当时的政治局面,作为一名君主、谋士,要想成就一番事业,需要艰辛的付出,甚至做出牺牲。让学生课下收集相关资料,尊重学生的主体地位,让学生主动参与课堂,取得了意想不到的效果。

通过新颖的教学、生动的语言、有趣的形式、可感知的内容来激发学生的思考欲、参与精神,在浓厚的教学氛围、融洽的师生关系中唤起和增强学生的情感体验,开发课程资源。教师也可以通过讲故事、演小品、展示图片、漫画等创设情境,寓激发兴趣于教学的始终,做到“课伊始,趣已生;课进行,趣正浓;课结束,趣犹存”。

### (二)重视学生差异性资源,面向全体学生

面向全体学生,让每个学生在原有基础上有所发展,是素质教育的主要特征之一,它要求教师要重视学生之间的差异,因材施教。

**1.教学目标富有弹性**

学生学习能力、学习水平存在差异,他们对学习的需求是不同的,因此教学目标要有弹性,要对不同学习能力、学习水平的学生提出不同的学习要求。基本的教学目标要求全体学生必须达到,学习能力强的学生可以超越基本目标。作业设计要体现弹性要求,分基础题和综合提高题。

**2.学习内容丰富多彩**

学生由于基础、爱好不同,对学习内容的兴趣程度必然不同。但现行的教材是统一的,很难满足具有个性的学生的学习要求。为此,教师在教学中,在达到基本教学目标的前提下,应使学习内容丰富些,让学生有选择的余地。可以让学生选择自己喜欢的方法来深入学习,选择自己喜欢的历史人物、历史事件来思考、讨论等。

**3.学习方法形式多样**

不同的学生有各自的学习方法,教师应鼓励学生选择适合自己的学习方法。例如学习《罗斯福新政》,有的学生喜欢自学,有的学生喜欢交流

探讨,有的学生喜欢调查访问。虽然学习方法不同,但他们都理解了这是资本主义社会自身的一次成功调整。教学中,重视学生之间的差异,会使教学方法变得更加形式多样。

**4.学习伙伴互相促进**

每个学生都有自己的优势和潜能,他在与其他伙伴共同学习的过程中,可以发挥各自的优势,互相帮助、互相促进。小组合作学习更好地提供了学生之间的这种相互作用。在小组合作学习中,教师是以小组总体表现为奖励依据的,使成员之间互相依赖,形成一个密不可分的整体,每个成员都要尽到自己的责任,才能达到预定的学习目标,小组才能获得成功。积极的群体压力,促使那些动机、毅力、责任心较弱的学生产生学习动力,提高学习效果。

### (三)开发和利用学生的家庭课程资源,引导学生了解、研究家庭历史

每一个家庭都有着丰富的历史,了解、研究家庭的历史应该成为学生历史学习的重要活动。当代历史学强调“由下而上的历史”、“面向大众的历史”,家庭是社会的基本单位,家庭的历史进入了史学家的研究范畴,此种趋势也反映在历史教学之中。我们要引导学生开发和利用家庭课程资源,通过各种形式和手段了解、研究家庭历史。

家谱是家庭生生不息、代代相承的历史记录,研究家谱不仅是学生了解自己家族历史的良好机会,也能够尝试使用历史学家常用的研究工具。家谱在历史教学中是一种有价值的资料,学生通过它了解祖先的业绩,回顾家庭走过的历程,学会从微观层面研究历史。家庭照片是家庭生活的真实写照,也是凝结的历史画面。学生整理家庭照片,编配上说明文字,以时间为线索组成系列专题,反映不同时期的家庭生活,还可以从中发掘所包含的历史信息。学生尝试编撰家史,先向家人了解祖先的生活事迹和曾经经历的历史,并收集丰富翔实的家史资料。家史的编撰能够帮助学生更深刻地认识家庭的历史,从中体验家庭浓浓的亲情。开发和利用家庭课程资源,是我们进行爱国爱乡教育的重要途径。

## (四)结合学生生活经验开发相关的课程资源

**1.开发乡土历史课程资源**

乡土历史能够多角度向学生提供历史素材和历史见解,对学科认识也是一个极好的机会,它还能唤醒学生保护乡土资源的意识。因此,要发挥乡土史教学的功效,增强学生对于历史的感性认识。

**2.开发和利用学校课程资源**

传统的学习资源中,教材被视为权威,其他学习资源只能对教材内容解释、补充和说明。因此,学生学习的目的只能是“学教材”,极大地制约了学生学习的自主能力。其实,课外学习资源毫不逊色于课堂教学资源,课外资源可以扩展学生的知识面,有助于学生的学习和成长。课外学习资源包括报刊、影视资料、报告会、辩论会、研讨会、图书馆、展览馆、阅览室、科技馆、博物馆等。应该说课外学习是课内学习的补充和延伸,学生通过利用课外资源进一步理解课内所学的知识,拓展课内知识的深度和广度。

**3.发挥社区课程资源的作用**

社区课程资源指的是学校所在社区周边环境中蕴涵的具有教育教学价值的各种资源的总和。社区课程资源具有丰富多彩、鲜活生动、亲切自然等特点。加强社区资源的开发利用,有助于找到历史教学融入社会的切入点,打破学校与社区的隔阂,增强历史教学的开放性、选择性、灵活性和时代性,提高学生和教师的综合素质。

**4.重视网络资源、影视资源在历史教学中的运用**

网络资源、影视资源的开发与利用,能激发学生学习历史的兴趣。利用网络资源、影视资源制作历史课件,插入所需要的各种原始文字、声音、图片和影视资料,从而对学生感官产生刺激,使学生的听觉形象和视觉形象相结合,加深学生对历史表象、历史概念的理解和记忆,使其对所学知识产生强烈的好奇心和求知欲。网络资源、影视资源的开发与利用,还有利于优化课堂结构,提高学生学习历史的效率。

**思考题**

1.浅谈历史课堂教学的视点与标准。

2.如何体现“预设与生成”的统一?

3.如何引导学生进行“探究学习”?

4.如何结合历史教材内容开发课程资源?

**参考文献**

[1]教育部基础教育司.新课程的教学实施[M].北京:高等教育出版社,2004.

[2]齐健,赵亚夫.历史教育价值论[M].北京:高等教育出版社,2003.

[3]王文霞.解读高中新课程[M].北京:中国轻工业出版社,2004.

[4]余伟民.历史教育展望[M].上海:华东师范大学出版社,2001.

[5]朱慕菊.走进新课程[M].北京:北京师范大学出版社,2004.

[6]张一平.初中历史新课程教学法[M].北京:首都师范大学出版社,2004.

**拓展阅读文献**

[1]傅道春.新课程与教师角色转变[M].北京:教育科学出版社,2001.

[2]教育部基础教育司.课程资源的开发与利用[M].北京:高等教育出版社,2004.

[3]张行涛.新世纪教师素养[M].北京:首都师范大学出版社,2003.

# 第五章　如何教(三):课程改革与历史教师的说课

教师的说课是“如何教”的重要条件,是教师总结教学经验、发现教学问题、提升教学智慧的重要手段和桥梁,也是教师提升专业素质的途径之一。教师说课的设计包括确定教学立意、制订教学目标、落实教学资源、选择教学方法等环节。说课能够促进教师进行教学反思,提升教师的专业素质,推动课堂教学的创新。

## 第一节　说课概述

说课是运用一定的理论,将教学系统设计的思路、依据或者教学后的反思,借助口头语言和其他辅助手段,简约地与同行、教学研究人员以及教育部门有关领导进行交流、探讨,以改进说课者的教学设计、提高教学质量、促进教师成长发展的一种教学研究活动和方式。说课实质上是“如何教”的重要组成部分,是教师总结教学经验、发现教学问题、提升教学智慧的重要手段和桥梁,也是教师提升专业素质的途径之一。

### 一、说课的意义

#### (一)从教师成长角度看,是教师提高综合素质、实现专业成长的有效途径

说课对教师的要求是全方位的、全面的。如果真正要把教师的教学思路,对教学的认识,对教学各个环节的设计很好地表达出来,不仅要求教师有实践经验,而且要求教师必须有一定的理论素养。短短十几分钟的说课,实际上能够比较全面地反映一个教师的基本素质。

### (二)从促进教学看,说课是促进教师进行教学反思,推动课堂创新的重要手段

说课在一定意义上把教学思想、教学理论和教学实践融为了一体,把教学中的一些关键环节,比如备课、上课、评课有机地结合在一起。它反映的是教师对最主要、最关键的教学认识、教学策略和教学设计的一些思考;它所做的是最集中的、最简略的,同时也是最关键、最本质的一种教学提炼概括。因此,从这个意义上来说,说课有利于引起和促进教师对教学进行比较系统和深层次的反思,有利于促进课堂教学的创新。

### (三)从价值意义角度看,说课还是优秀教学经验总结、交流、扩散的一个广阔平台

教师可以充分利用这个平台,通过说课,把自己的教学观点、教学认识、教学经验简要地、概括地表达出来,在最大的范围内进行交流。

总之,说课是一种有利于提高教师教学水平和能力,锻炼和提高教师教学综合素质的有效手段,能极大地提高教学效果和教学质量,它作为教学研究工作的新形式,为教学研究工作注入了新的生机与活力。

## 二、说课的几种主要类型

说课可以划分为不同类型。从教师“如何教”的实践性角度,以下重点剖析课前说课、课后说课、评比型说课、主题型说课和示范型说课。

### (一)课前说课

课前说课是教师备课之后的一种教学预演活动,它是教师认真研读课程标准、教材,以及在分析其他课程资源基础上初步完成教学设计的一种说课形式。从其对课堂教学效果的影响看,通过课前说课,可以借助集体的智慧来改进、优化教学设计,预测课堂教学的实际效果。

### (二)课后说课

课后说课是教师按照既定的教学设计进行上课,并在上课后向所有

听课教师或教学研究人员阐述自己教学得失的一种说课形式。它是建立在教学反思活动基础上的一种集体反思与研讨活动。

### （三）评比型说课

评比型说课是对教师运用教育教学理论、理解历史课程标准和教材，以及进行教学设计的能力与水平做出评判的活动方式，是教师专业素质评价的一种手段。相对于评比型说课，教师在日常教学研究中所进行的说课，都属于非评比型说课。

### （四）主题型说课

主题型说课是以教学中的重点、难点或热点问题为主题，引导教师在探索研究的基础上，用说课的形式向其他教师、专家或领导汇报其研究成果的教育教学研究活动。主题型说课是一种更深入的问题研究活动，它有助于教学问题的解决。

### （五）示范型说课

示范型说课一般以优秀教师（如教学能手或学科带头人、特级教师）向听课教师做示范型说课为基础，请该教师按照其说课内容上课，然后再组织教师进行评议的教学研究方式。示范型说课可以使教师从听说课、看上课、参评课中增长见识，开阔视野，提升教师的教学能力。

## 三、说课的主要内容

说课究竟说什么？说课的内容包括在教育教学理论指导下的课堂上所要展示的具体内容的总和，重点要说的则是“为什么这样教及教得怎么样”的问题。如果对说课的内容进行分解，可以将说课的内容归纳为说教学设计（说教学理念、说教学理论、说教学目标、说学生情况、说内容确定、说方法选择，说教学预设、说备课过程）、说教学实施（说教师引导、说学生参与、说教学生成、说问题解决、说突发事件、说个案学生）、说教学收获（说教学效果、说教学启示、说存在问题）三大块。

当然，从操作性的角度，说课内容主要包括以下几方面：

(一)说教材

就是说课者在认真研讨课程标准与教材的基础上,阐述所要选定课题的教学内容,本节内容在教学单元乃至整个教材中的地位,将课程目标化解到具体的教学内容之中,确定教学的重点和难点。说教材一般包括两方面的内容:一是剖析教材。按照课程标准,简要阐述所选内容在本课题、单元、教材、年级乃至学段中的地位、作用和意义,说出所选内容的重点及难点,以及确定这些重点、难点的依据是什么。二是说课时安排。根据学生认知水平及已学内容,对所选内容或课题提出合理的课时安排并阐述这样安排的依据。

(二)说目标

根据课程标准,结合具体的学习内容,全面落实三维目标,即从知识与能力、过程与方法、情感态度与价值观三个维度,将课程目标分层化解,阐述依托内容载体实现这些目标要求的途径与方法。

(三)说学生的情况

就是根据学生的年龄特征和认知规律,全面客观地阐述学生已有的学业情况和已经掌握的学习方法,为优化教学设计提供参考。一般而言,学生的情况需要重点关注三个方面:一是已有知识和经验。二是学习方法与技巧。三是个性发展与群体提高。

(四)说教法

就是根据本课题内容的特点、教学目标和学生学业情况,说出选用的教学方法和教学手段,以及采用这些教学方法和教学手段的理论依据。教学方法的选择与制订往往受教材内容、学生特点、教师教学风格等条件的制约。

(五)说教学过程

包括主要教学环节、教学方法、板书设计、作业设计等。说教学过程是说课的重点部分，因为通过这一过程的分析才能看到说课者独具匠心的教学安排，它反映了教师的教学思想、教学个性与风格。也只有通过对教学过程设计的阐述，才能看到其教学安排是否合理、科学，是否具有艺术性。教学过程的设计分析是说课的重头戏和关键之处。说这部分内容时要说清下列环节：说明整体构想，即起始—过程—结束的内容安排；说明如何导课；说明典型环节的设计；说明师生双边活动；说明如何针对课型特点及教学法要求，在不同教学阶段师与生、教与学、讲与练是怎样协调统一的；说明教学手段（教具，投影仪，多媒体等）。

### （六）说教学策略

对整个教学做出动态性预测，考虑到可能发生的变化及其调整对策，主要是针对学生的具体情况做出目标和方法的调整。

## 四、说课的语言

说课能否生动、深刻且吸引人，"说功"是关键。要想达到好的说课效果，说课需要合理地使用以下几种语言：

### （一）独白语言

说课者在说明课堂教学设计的理念，分析课堂教学的内容、学生的学情、学习目标的设计、学习重点和难点的罗列，说明教学流程的安排及其原因等方面表述自己操作意向的描述性部分和理论依据部分，都应使用独白语言。一般而言，说课者面对的基本上是同行，因此独白语言的使用尽量做到言简意赅、有条有理。说课者用好这种语言，能让听者容易明了说课者的设计意图和具体的操作策略，从而让说课变得有亲和力与感染力。

### （二）课堂语言

这种语言在说教学流程这个环节中用得比较多。说课者在预演或反思课堂中将会出现的教学情境时，要把自己的身份由说课者切换为上课者，通过绘声绘色的课堂语言把预演或反思的教学情境展现在听者的眼前,把听者带到真实的课堂教学情境中去,这是课堂语言在说课中的独特魅力。

### (三)肢体语言

尽管说课只是说课者的单项活动,但说课者如果能充分运用好自己的肢体语言,会为自己的说课效果增色。当然,说课者面对的主要是同行,所以,说课者不能手舞足蹈、目中无人,特别要注意与听者做好眼神交流,不溺不倦,不媚不冷,在平等中温情交流。

### (四)评书语言

由于说课重在"说",因此,对说课者的语言提出了更高的要求。语言作为传递说课信息,交流说、听双方思想感情的工具,要发挥其更大作用,就要求说课要有高度的艺术性,能够灵活运用第四种语言,即评书语言。评书是一种主要诉诸听觉的语言艺术,人物的音容笑貌,大自然的山光水色,战场上的金戈铁马,闺阁中的莺声燕语,几乎全靠说书人绘声绘色的评说和表演。这就要求评书语言须形象生动、绘声传神。能上口,能入耳,艺人说得清,听众听得懂。评书语言要传神,结构要疏密得当。

## 五、说课和讲课的区别

### (一)目的不同

讲课的目的是将书本知识转化为学生知识,进而培养能力,进行情感态度与价值观教育,也就是使学生会学;说课的目的则是向听课者介绍一节课的教学设想,使听者听懂。

### (二)内容不同

讲课的主要内容在于教哪些知识,怎么教;说课则不仅要讲清上述内容,而且要讲清为什么这样教。①对象不同:讲课的对象是学生;说课的对象是领导、同行或专家、评委。②方法不同:讲课是教师与学生的双边活动,在教师的引导下,学生通过读、讲、议、练等形式完成学习任务;说课则是以教师自己的解说为主。

(三)重点不同

说课过程中突出"说"字。①说课不等于讲课,不能视听课对象为学生去说;说课不等于背课,不能按教案只字不漏地背;说课不等于读课,不能拿事先写好的说课稿去读。②把握"说"的方法。说课的方法很多,应该因人制宜,因教科书施说:可以说人、说事、说理、说演变、说本质、说事实、说规律、正面说、反面说,但一定要沿着一条主线说,以防跑野马。③语言得体,简练准确。说课时,不但要精神饱满,而且要充满激情;要使听课者首先从表象上感受到说课者对说好课的自信和能力,从而感染听者,引起听者的共鸣。④说出特点,说出风格。说课的对象是教师同行,所以说课时不宜把每个过程说得过于详细,应重点说出如何实施教学过程、如何引导学生理解概念、掌握规律,说出培养学生学习能力与提高教学效果的途径。

## 第二节　如何说历史课

说课的环节与程序并非固定不变。根据历史学科的特点,历史学科的"说课"大致经历以下环节。

### 一、教学立意的确定

"立意"原为文学领域的常用词语,指"作者立言之本意"。将其用于历史教学,可理解为:教师在深入研读历史文献基础上,对要讲述的历史事件纵横联系、前后相通,并结合课程与教学原理,确定教学的中心或灵魂。具体到一节课,即为此节课的"灵魂"或"中心"。所谓"中心"或"灵魂",其实质是学生在课堂上获得的、不仅能统摄本课且能与本课前后(即本单元)贯通的核心概念,即本课通、本单元通、本段历史通的"三通"概念。

### (一)教学立意的分析维度

**1.教学立意要深刻,能洞察历史发展的原初本真**

教学立意既然作为一节课的核心,它必然要立意深刻,能够统摄本节课程内容,从本节课所涉及的历史事件、历史现象中洞察历史发展的原初真实。

课例:《新航路开辟》一课的立意仅仅是"地理大发现"?过去,人们一味强调殖民主义的残酷掠夺;现在,不少教师又偏好航海探险的大无畏气概。笔者以为一堂课的立意不仅取决于本课的历史内容,更取决于这段内容在历史长河中的主要位置、作用和影响。《新航路的开辟》史学界一般作为世界近代史的重要前奏之一。因此,这堂课的立意应当是人类文明从"区域史"走向"世界史"的起点,是资本主义从西欧向全球殖民扩张的开端。[①]

【分析】教师从文明史角度解读新航路的开辟,看到了推动人类早期文明的真正动力是利益、利润,"英雄无畏的航海家"与"追逐利润的亡命徒"是一伙人,正如恩格斯曾经说过,"正是人的恶劣的情欲——贪欲和权势欲成了历史发展的杠杆。"抛弃其中的道德评判,也可以说,财富和权力,是历史发展的原动力。若没有如此深刻的教学立意,《新航路开辟》这节课的历史就会脱离历史发展的原初真实,也不能反映新航路开辟时期的真实状况。

**2.教学立意要辩证,能贯通历史发展的前后阶段**

教学立意不仅要统摄本节课程内容,而且要超越本课,辩证地反映本课内容,将本课内容所反映的历史事件前后联系起来,贯通本课所反映的历史发展的前后阶段。

课例:清末民初社会生活的变化是近代中国千年变局中的有机组成部分。西方列强用炮舰打开中国的大门,用暴力获取私利,强行推行其先进的工业文明;而中国人则用腐朽的王朝体制和落后的农业文明维护着自己的独立和正义,在这一过程当中,越来越多的中国人逐步认识了世界潮流,并力图改变自己,救国图强,中国由此开始了近代化的历程。清末

① 本课例由上海外国语大学附属外国语学校林镇国老师提供。

民初社会生活的变化正是这个过程与本质的反映，所谓惊咋中有醒悟，醒悟中有吸收，吸收中有新生，新生中有融合。这一时期社会生活的新变化，主要还只是出现于沿海城市而极少出现于内地农村，即使是城市，也是变与不变并存，新与旧杂糅。因此，《清末民初的社会生活》一课的教学立意，可归纳为："黄土地沉沦下的蓝色文明，老城厢涅槃中的西洋风气。"①

【分析】如果教学只关注到清末民初社会生活的新变化，大书特书所谓西服、咖啡、礼帽、洋房、洋车、电话等近代社会生活领域出现的新事物，只能给学生带来近代生活"形势一片大好"、"风景别样美丽"的偏颇认识。辩证地看，将本课教学立意确定为"黄土地沉沦下的蓝色文明，老城厢涅槃中的西洋风气"，事实上指出了清末民初社会生活变化的"量"与"质"，即清末民初的社会生活虽然有变化，但这种变化实际上非常有限，只限于旧中国广袤黄土地沉沦下的沿海地区，而且沿海地区中也是变与不变并存，新与旧杂糅。当然，这种变化尽管规模不大，但却是新生事物，是"沉沦下的蓝色文明"，"涅槃中的西洋风气"。指出这一点，有助于理解近代中国受西方近代殖民主义侵略的双重影响：侵略下有惊咋，惊咋中有醒悟，醒悟中有吸收，吸收中有新生，新生中有融合。确立这一教学立意，既有助于理解鸦片战争以来西方列强侵略中国，给近代中国社会生活造成的复杂性影响，在本阶段历史中找到恰当的定位，有助于从宏观上把握当时社会新旧杂糅、变与不变并存的格局特征，也有助于理解辛亥革命、新文化运动等重要历史事件，从而有助于贯通这一历史发展阶段。

**3.教学立意要新颖，能切合历史发展的时代特点**

史学永远随着时代而发展，新成果层出不穷，教材中的观点和史实的滞后性是不可避免的。教学立意要及时吸取史学研究新成果，纠正原有的错误与偏见，切合历史发展的时代特点。

课例：辛亥革命推翻了清王朝，建立了中华民国，颁布了中国历史上第一部具有民主共和宪法性质的《临时约法》，昭示了人民应有的民主权利。辛亥革命是在革命条件尚不充分，但清王朝已经一触即溃的情况下，革命党人前仆后继、背水一战、以退求全的中国民族民主革命之首创伟

① 本课例由上海市长宁区复旦中学王长芬老师提供。

业,可谓20世纪中国式的“光荣革命”。辛亥革命使国人在激荡、迷茫,黑暗、抗争中看到了近代民主政治的一线曙光,也使革命党人痛感社会觉醒和革命武装严重不足的致命伤。[①]

【分析】此教学立意较好地吸取了史学界的研究成果:一般的评价都说《临时约法》给了人民一些民主权利,但据近年来的研究成果,有些权利清末新政时期就已开始了,故用“昭示了人民应有的民主权利”;以往阶级分析史观下,认为辛亥革命是资产阶级革命,但从民族复兴的角度看,辛亥革命是“以退求全的中国民族民主革命之首创伟业,可谓20世纪中国式的‘光荣革命’”。辛亥革命是近代中国民主革命的重大历史事件,以上教学立意适时地切合了历史发展的时代特点。

### (二)教学立意的特点

以下以高中历史选修课《明治维新》为例,分析教学立意的特点。

《明治维新》一课的教学立意:19世纪中叶,黑船事件及其引发的破关开放使业已充满骚动的岛国日本深感末日危机。尊王攘夷之败使他们懂得了武装倒幕、兴行兰学是挽救于没顶的圣舟,而德国的崛起使本有武士传统的民族看到了最有可能的复兴范式,迅速走上了王政维新、脱亚入欧的帝国之路,热衷于成为资本主义世界扩张中的东方一哥。[②]

从上可看出,教学立意有如下特点:

(1)聚焦而不失要素。教学立意无疑要聚焦于本节课程的核心内容,提炼其精华、凝聚其旨意,但也并不意味着要概括笼统。上述教学立意既凝练了意旨,又包涉到了时间、地点、人物、事件等基本要素,呈现的历史信息是清晰的,聚焦且要素分明。

(2)简明但兼容并蓄。教学立意要简明扼要,但同时又能兼容并蓄本节课程内容所涉及的重大事件。上述教学立意将“黑船事件”、“尊王攘夷”、“武装倒幕”、“兰学之盛”、“王政复古”、“脱亚入欧”等明治维新时期的重大事件皆概括于简明扼要的叙述之中,较好地体现了这一特点。

(3)独立而前后贯通。教学立意是独立的,单独看来也能反映此段历

---

① 本课例由华东师范大学聂幼犁教授提供。

② 本课例由华东师范大学聂幼犁教授提供。

史的本质与特点。但同时,它又是前后贯通的,向上可接续于继往已发生的历史,向下可开启其后的发展。以上教学立意接续于19世纪以来已呈没落之势的日本幕府统治危机,将“明治维新”放置于近代资本主义世界扩张的潮流之中,围绕“武士道”、“德国老师”、“兰学”、“王政维新”、“脱亚入欧”等内容加以解读,阐明了明治维新既是日本走向强国的开始,也蕴藏了二战毁灭性失败的根源,可谓独立而前后贯通。

## 二、教学目标的设计

教学目标指为了达到本节课的宏观立意,学生通过本课学习应当达到的具体的、可操作、可观察的思想和行为变化。它是教学立意的具体化,是一节课的起点和终点。教学目标的设计正确与否,直接关系一节课的成败。就一堂课而言,从性质上说,“三维目标”是在教学过程中一体化地实现的,但在具体操作上不是平起平坐、等量齐观的,不同的内容、不同的学生应当具体情况具体对待,有不同的侧重。应当有重点的,也有非重点的;可以显性,也可以暗示;可以强化,也可简化。

课例:高中《文艺复兴》一课的教学目标.

知识与能力:

(1)知道薄伽丘等人的主要作品;

(2)认识文艺复兴时期人文主义的含义。

过程与方法:

(1)通过探源文艺复兴的背景,培养根据史料,分析历史问题的能力;

(2)通过感受文艺复兴的成果,培养通过感知,得出历史结论的能力;

(3)通过回味文艺复兴的内容,培养通过反思交流,形成价值判断的能力。

情感、态度与价值观:

(1)体会文艺复兴在人类文明发展历程中的重要意义;

(2)感悟文艺复兴时期人文主义的时代价值。①

【分析】上述教学目标的各个维度和而不同,疏而不漏,全而不虚。既有教与学的具体规定,又有学业测量评价上的可操作性。另外,从教学

① 本课例由深圳市教科院唐云波老师提供。

目标的写法上看,做到了从学生的角度定义教学的预期效果,并使用了规范的行为动词。与许多大而空、多而繁,“花边”似的假教学目标不同,是切实能够贯彻的教学目标。尤其情感态度与价值观目标的设计,与历史内容本身蕴含的情感价值相吻合,能给学生以智慧的启迪。

## 三、教学资源的选择

教学资源主要指教学的材料来源。就历史教学来讲,历史教学资源是指有利于历史课程目标实现的各种资源的总和。历史学科所具有的独特性质,使其教学资源异常丰富,大致包括历史教材、历史教师、学校图书馆、社区历史课程资源、历史音像资料、历史遗迹和各类博物馆、纪念馆、信息技术和网络技术等。一般而言,为达成相关教学目标,教师在充分利用教材(课本、练习册、教参)的前提下,还须重视教学资源的开发与利用。

### (一)补充有关史料、观点性资料

课例:郭富斌老师在《斯大林模式社会主义经济体制的建立》一课中解读斯大林模式时说:“斯大林探索的途径主要有三个:一是社会主义工业化,第二农业集体化,第三阶级斗争尖锐化。非常简单的三句话,但有着非同寻常的重大意义,所有照搬斯大林模式的社会主义国家,大都是按照这样的方式搞社会主义。而且,按照这样途径建立起来的社会主义,一定符合那三个特征:公有制、计划经济、按劳分配。”前面总结的三点概括了斯大林模式的主要特征。①

【分析】大搞阶级斗争是实现工业化和农业集体化的手段和保证。有关斯大林模式残酷的一面,是需要学生理解的教学目标。对此,岳麓版没有文字描述;人教版只说在农业集体化运动中富农被镇压、关入集中营或驱赶到边远地区;人民版说出现强迫命令现象,出现了“谁不加入集体农庄,谁就是苏维埃政权的敌人”口号,随着集体化运动的高涨,苏联开始了消灭富农阶级的斗争。

① 本课例由陕西省西安中学郭富斌老师提供。

### (二)补充有关图片、表格和影像资料

课例:高中《印度"非暴力不合作运动"》一课为聚焦第二次"非暴力不合作运动",研究非暴力斗争力量何在,教师播放影片《甘地传》中的相关片段,组织学生交流观后感,从情感体验入手,升华为历史理性。[①]

【分析】影片极具情感震撼力,学生能体悟到"非暴力"斗争蕴含的伟大精神力量,抓住这一契机,教师引导他们从感性认识提升到历史的理性认识层面。

## 四、教学逻辑的运用

教学逻辑指教学过程中各环节和步骤的逻辑关系。从认识与逻辑的关系讲,无论教学中的详说、简论,或顺讲、倒叙,都必须遵循"逻辑与历史相一致"的认知规律。其中的"历史"可以是客观历史,也可以是后人认识客观历史的历史。一般地说,教学逻辑的运用,应以前者为主,并遵守"凭证据说话"、"一分证据说一分话"和"大胆假设,小心求证"的基本规则。有关"程序"的写法上,可以是一连串步步相扣的问题,也可以是层层推进的标题式表达。

课例:高中历史《改革开放》一课,整个教学流程讲述了五个故事:

课堂导入:万书记奇遇——母女一条破裤子

第一环节:小岗村密约——坐牢杀头也心甘

第二环节:深圳的诞生——杀出一条血路来

第三环节:走向全世界——发展才是硬道理

课堂小结:时代的印记——流行语中的心声[②]

以上课例中的教学逻辑,采用层层推进式的标题式表达,通过五个故事的讲述,将改革开放的背景,农村为什么改,以及怎么改,城市为什么开放、怎么开放,以及改革开放的关键点等内容,以"逻辑与历史相一致"的教学逻辑呈现出来。

---

① 本课例由上海市进才中学杨国纬老师提供。

② 本课例由上海同济大学附属中学贾彦春老师提供。

## 五、教学策略的调整

教学策略的调整主要是指针对课堂教学过程中可能发生的情况而准备的各种调整和应变预案。首先,教学策略的调整应针对教学目标,看其是否可靠或有效;其次,针对教学逻辑与方法,看其是否适合或恰当。在这里,前者强调了教学策略的宗旨性,后者说的是教学策略的执行力。

### (一)目标程序的调整策略(保底、降低或提高)

课例:《明末清初的社会生活》一课的教学策略。

教学中密切关注学生的有效变化:

——如果情况不理想,应当引导并确保第一环节教学目标的实现,并调整第二环节的教学方法,改为以教师讲授或与学生对话为主;

——如果情况很好,可以提出一个延伸性思考的问题:社会生活的变化是否会反过来影响社会的其他方面?以此培养“社会变化有因果互换”的潜意识。(具体操作上可以在课堂上解决,也可以作为课后思考)

以上是一种常态的基础型课的设计。由于本课的课题比较贴近学生,资料也比较丰富,所以,在实际教学中,还会根据学生的实际情况和兴趣,征求他们的意见,以此作为研究性学习的课题。这样,就把第一个环节交给了学生,请他们通过课外阅读、采访等方式收集、整理清末民初社会生活的各种资料,开展探究讨论,归纳特点,课堂的重点则放在第二环节。

### (二)方式方法的调整策略(为提升效果的准备)

课例:《新航路开辟》一课的教学策略。

教学中依据学生的情况,随时调整:

——如果情况不理想,学生从材料中归纳体悟观点有一定困难,教师可视实际情况临时设置台阶性的问题帮助学生归纳整理,或改为教师讲授为主。最后的小结“新航路新在哪里”也改为课后思考题,甚至将问题改为“新航路,新世界”。

——如果情况较好,在最后的小结“新航路新在哪里”概括新航路开辟影响的基础上,可再作延伸性的思考。比如:这个“新世界”对于“发现者”和“被发现者”意义是否一样?我们观察和评判历史可以从哪些视角进行等,使辩证矛盾的思想方式有所显性化。①

## 第三节 历史说课案例

### 课例1:《美国南北战争》说课设计②

#### 一、教材与学情分析

##### (一)课标解读

(1)课标要求:讲述林肯在南北战争中的主要活动,说出《解放黑奴宣言》的主要内容,理解南北战争在美国历史发展中的作用。

(2)课标解读:要把林肯的历史活动和《解放黑奴宣言》的主要内容,放在南北战争爆发的根源和历史影响这个大背景下来理解,从而达到切入点具体、背景宏大、含义深刻的教学效果。

##### (二)本课的地位与作用

《美国南北战争》是川教版《世界历史》九年级上册第19课,隶属于第三学习主题——资产阶级统治的巩固与扩大。

美国南北战争是资产阶级统治在世界范围内得到进一步巩固与扩大的典型事件,是美国历史上的第二次资产阶级革命,它解决了美国独立战争之前就已经存在、之后又不断发展的南北两种经济形式之间的矛盾,为美国经济的腾飞奠定了坚实的基础。

学习本课,有助于学生了解美国资本主义发展史,以及世界资本主义发展历程。联系我国现实,进一步明确反对分裂,维护

① 本课例由上海外国语大学附属外国语学校林镇国老师提供。

② 本课例由四川省泸州天立国际学校欧阳菊老师提供。

国家统一的重要性。因此,本课无论在整个世界近代史教学中,还是对今日中国的发展,都具有重要的地位和借鉴意义。

### (三)学情分析

(1)知识构建方面:经过七、八年级的历史学习,学生的理解、分析、概括、比较能力都有了一定的提高,学习的自主性和创造性得到了一定的发展。

(2)认知心理特点:九年级的学生,朝气蓬勃,有很强的求知欲,对美国历史有浓厚的兴趣,对美国文化有朦胧、神秘、向往之感。通过本课的学习,有利于学生客观公正地看待美国社会。

## 二、教学任务

### (一)教学目标

**1.知识与能力**

通过学习本课,使学生了解南北战争的基本概况,掌握林肯在战争中的活动和所起的作用,培养学生具有较为深刻的历史观察力和历史理解力。

**2.过程与方法**

(1)学生通过具体历史事件的切入分析,获得任何事件的发生,相关历史人物的活动都是在相应的历史背景中的认识,以小见大。

(2)通过对林肯的评价,让学生进一步掌握运用正确评价历史人物的方法。

(3)通过对图片、表格、文字材料等的分析,使学生能提炼历史信息,运用历史知识,分析解决历史问题。

(4)通过师生对话、生生对话、自我思维对话,学会尊重他人的不同意见,学会与他人合作。

**3.情感态度与价值观**

学习林肯高尚的品德,确立积极进取的人生态度。认识到杰出的历史人物对历史发展有巨大的推动作用。联系现实,激发学生“统一则强,分裂则弱”的爱国主义情感。

### (二)教学重、难点

**1.教学重点:林肯在南北战争期间的作用**

【确立依据】因为战争的导火线、扭转战局的措施都与林肯有关,学生只有了解了林肯在南北战争期间的作用后才能客观评价林肯。

**2.教学难点:美国南北战争的起因**

【确立依据】因为弄清南北战争的起因是理解此次战争结局、战争性质、战争作用的关键点,需要教师补充适当的教学资源,引导学生探究突破。

## 三、教法与学法分析

根据教材分析和学情分析,结合新课程的核心理念“一切为了学生的发展”,让学生“学会学习”,遵循“因学定教”的基本原则,以学生为主体,构建充满生命力的课堂。

### (一)教　法

以林肯为主线整合教学资源,采用问题探究法等,辅以有效的多媒体资源。

### (二)学　法

通过阅读理解、分组讨论、自我展示等,促进学生自主性学习和多元智慧的发展,让学生“主动参与,乐于探究,积极交流与合作”,辩证地观察分析历史与现实问题,在潜移默化中完善学生的精神境界。

## 四、教学过程

教学过程是学生体验、探究过程,也是学生运用历史思维、尝试历史学习方法解决问题的过程。根据对课标、教材、学情的分析,将本节课的教学过程设计为三个环节。

●第一环节:触摸林肯,导入新课

出示林肯汽车、有林肯肖像的美元、“林肯”号航母、林肯陵墓等图片,学生直观感知林肯在美国人的日常生活中的影响无处不在。进而展现近年来美国总统的民意排名,激起学生好奇心。为什么林肯在美国民众的心目中享有如此高的威望呢?这与他在美国历史上的贡献有什么联系呢?以此导入新课,激发学生探究兴趣,转入第二环节乱世林肯。

【设计意图】:德国教育家斯多惠曾说:“教学的艺术不在于传授本领,而在于关于激励、唤醒、鼓舞。通过精选含有林肯元素的图片创设教学起始情景,激发学生的学习兴趣。而兴趣是求知的动力,有利于新课教学的顺利进行。

● 第二环节:乱世林肯,重难释疑

先让学生在教材中寻找林肯的生卒年代,使学生初步获知林肯生活的时代正是美国资本主义迅速发展的时代。在资本主义发展过程中,美国社会内部各种矛盾逐渐积累并日益尖锐。为帮助学生理解这段历史,运用情景教学,以林肯为主线,将南北战争的学习创设为包含五幕剧情的影片,让学生身临其境地学习这段历史。

【设计意图】情境教育是依据马克思关于人在活动与环境相互作用和谐统一中获得全面发展的哲学原理构建的。它从科学上借鉴现代心理学的暗示、移情、角色学、心理场等研究成果,包含了“情”、“境”、“活动”、“思维”、“美育”这五个要素,在老师的引导下,共同作用于学生,促进学生全面素质的提高。

第一幕:家族迁徙

(1)先让学生回顾美国独立时的领土,指导学生自学本课第一子目,交流自学成果。接着出示《美国的领土扩张》的动态地图,解决美国领土扩张的方式、方向、地域等问题。在学生自学交流的基础上,学生讨论得出,在美国领土扩张过程中,美国的工业革命迅猛发展。

(2)美国资本主义工业经济和奴隶制种植园经济这两种资本主义经济形式向西扩张。北方资本主义的发展需要自由劳动力,而南方种植园经济的扩张,则需要更多的奴隶劳动力。南方的奴隶劳动力和北方雇佣劳动力之间的矛盾日益尖锐的结果,使奴隶制的存废成为矛盾的焦点,废奴运动逐渐高涨。

(3)在《美国领土的扩张》图上叠加林肯家族的迁徙路线,让学生明确伴随着美国领土的扩张,林肯家族也从弗吉尼亚州向西迁至肯塔基州,进而迁到印第安纳州、伊利诺伊州。在西迁过程中,青年林肯到南方谋生,亲眼目睹了奴隶制下黑奴悲惨的命运,萌发了废除奴隶制的愿望。

第二幕:南方谋生

(1)展现美国南方贩卖黑奴的剧情,组织学生进行角色体验,抒发体验感受,认识奴隶制的罪恶,感知林肯内心同情奴隶的悲惨遭遇,进而成为废奴主义者,立志要废除奴隶制的情感变化,使学生获得任何历史人物的活动都是在相应的历史背景之中展开的情感体验。

(2)情景剧后,设问:林肯如何才能实现废除奴隶制的志向呢?

第三幕:竞选总统

(1)出示林肯政治生活中的有关材料,使学生了解林肯为实现自己的政治抱负,积极参加政治活动,历经多次失败,终于在1860年的总统大选中竞选成功,担任美国第16任总统,以此激励学生不怕失败,勇于挑战。

(2)出示斯蒂芬·道格拉斯推出的《堪萨斯—内布拉斯加法案和林肯的《总统竞选纲领》。四人小组探究问题:为什么不允许奴隶制发展? 为什么提高关税? 为什么提出这样的《竞选纲领》?

(3)林肯的当选,意味着奴隶制在全国被限制乃至废除。在这种情况下南方种植园主感觉到了奴隶制存废到了关键时刻,指导学生阅读教材123页,获得南方成立"美利坚诸州同盟",发动叛乱,挑起战争。南方分裂国家。

第四幕:内战风云

(1)战争初期,林肯政府是什么态度?导致了什么样的后果?面对失利,林肯政府采取了什么措施?这些措施产生了怎样的作用?学生经过阅读讨论后回答,在《解放黑人奴隶宣言》和《宅地法》的鼓励下,北方转入反攻,最终北方取得胜利。学习本部分内容后,学生通过自主思考、同桌讨论,运用表格归纳整理战争过程。

(2)"房子"没有崩溃,但林肯却为此付出了生命的代价。

尾声:"船长"殉难

(1)南北战争后,1865年4月14日,林肯被拥护奴隶制的狂热分子刺杀了。

(2)但美国的国家统一得到维护,生产力得到极大解放,美国经济迅速发展,到1894年成为世界第一工业大国。美国南方的生活方式进入转变之中,进而影响美国人思维方式的转变。

(3)林肯是一个殉道者,悲壮地结束了自己的生命,他在美国历史上和世界历史上留下了后人永远缅怀的功绩。今天,我们如何认识林肯的历史功绩呢?为培养学生评价历史人物和多角度观察问题的能力,设计了我说林肯的探究升华环节。

● 第三环节:我说林肯,探究升华

(1)通过展现与林肯相关的资料,在上一环节学生已了解林肯在南北战争期间的活动和被刺身亡的史实基础上,让学生表达自己的情感,评价林肯。

【设计意图】历史课程是人文教育的基础课程。历史教学的一个重要任务就是使学生树立对国家、对民族的历史责任感和使命感,此处及时升华了本课教学内容,帮助学生形成统一是国家繁荣发展前提的正确认识,自觉维护国家统一成为思想根基,并指导其行动,落实了本课对于学生的情感态度与价值观的要求。

(2)结合学生丰富多彩的回答,指导学生运用评价历史人物的方法,与导入呼应,着重理解以下两点:

①林肯维护国家统一,废除奴隶制,扫清了资本主义进一步发展的障碍,对美国历史发展的推动作用。

②维护统一、反对分裂对我们国家的现实意义。

(3)在学生达成肯定林肯维护统一、反对分裂的共识基础上,设计下列问题:假设你现在到美国,碰到有美国(政客)人对2008年西藏"3.14事件"发表支持达赖的言论或者扭曲2009年新疆"7.5事件"的事实,你用什么"武器"予以还击?

(4)在学生回答的基础上,引导学生用美国历史上维护统一、反对分裂的史实作为回击武器。伴随歌曲《国家》的视频,师生情感沸腾,整个课堂教学达到历史与现实碰撞,思维与灵魂震颤!至此,新课教学结束,进行简要小结,利用板书理清知识线索与内涵。

(5)为拓展学生思维,讲述《解放黑人奴隶宣言》结束了黑奴制,但美国的种族歧视依然存在。以此为切入点,设计了课后拓展内容:奥巴马是美国历史上首位黑人总统,有人说"奥巴马当选美国总统代表了南北战争的结束!"你对此有何看法?要求学生课后查阅资料,独立思考后,形成历史小论文,以培养学生辩证的历史观和用发展的眼光看问题的素养。

推荐阅读《飘》。

【设计意图】新课程要求历史学习不能局限于课堂,要为学生留出充分的自由发展空间;不能局限于教材,要联系时政,解决新问题。这一课后作业为学生运用历史思维,发表对问题的独特见解提供了平台,增强了教学内容与现实生活的联系,有利于培养学生的创新精神和实践能力。

## 五、教学设计理念

以上的教学设计力图运用建构主义理论,以学生已有的知识为锚,以教学内容的逻辑结构为脚手架,调动学生参与的积极性。在参与中,感知与提升;在体验中,去认识与创造。以鲜活丰满的人物,塑造课堂灵魂,点动历史的美妙乐章!

### 赏析:微观叙述下的宏观揭示

九年级《美国南北战争》是世界史教学中的重要内容。许多教师因事件发生的久远性、复杂性和学生缺乏了解美国历史的基本经验而难于驾驭这场宏大战争的讲述,往往出现一系列零散事件罗列或者是背景、过程、影响等过于专业化的讲解。欧阳老师颇懂教学心理化之真谛,使用微观透视宏观进而把握宏观的方法,巧妙地将教学的逻辑和学科的逻辑揉捏得浑然天成。聚焦一个人物、解读一个事件的做法何以可取?人是具体历史的产物,他的一切特征都是特定历史时刻的社会因素所刻下的印痕。林肯生活、成长并作为总统曾经领导那个时代,将其确定为解读美国南北战争的视角不失为一种“讨巧”之举。通过林肯出生、家族迁徙、长大成人、南方谋生、竞选总统、当选总统,领导战争、胜利后“殉难”等情节揭示战争的背景、经过、影响,并把教学环节设计成生动富有吸引力且满足学生的兴趣需求的情景剧,使整个教学设计不仅新意叠加,且深意浓浓。从某种意义上说,微观演绎比宏观分析更接近学生的经验,也更见一位教师的真功夫,因为微观透视方法可以再现历史丰富多彩、鲜活生动的内容和面貌,可以为宏观把握这段历史的真实性打下扎实的基础,使整个教学不至于成为“空中楼阁”。

## 课例2:《新航路的开辟》说课设计①

课题:初中《新航路的开辟》;课程标准:《上海市中学历史课程标准(试行稿)》、教材:上海版(沪版)初中历史教科书。

### 一、本课的立意与目标

《新航路开辟》一课的立意仅仅是“地理大发现”?过去,人

① 本课例由上海外国语大学附属外国语学校林镇国老师提供。

们一味强调殖民主义的残酷掠夺;现在,不少同行又偏好航海探险的大无畏气概。我以为一堂课的立意不仅取决于本课的历史内容,更取决于这段内容在历史长河中的主要位置、作用和影响。《新航路的开辟》史学界一般作为世界近代史的重要前奏之一。因此,这堂课的立意应当是人类文明从"区域史"走向"世界史"的起点,是资本主义从西欧向全球殖民扩张的开端。

本课的目标是通过本课学习,帮助学生:

大致知道:迪亚士、达伽马、哥伦布、麦哲伦开辟新航路的概况和特征,以及与时代背景和原因、作用和影响有关的典型史实。

初步理解:新航路开辟最重要的动因是西欧商品经济的发展;它不仅仅在地理上将世界"连成一体",更是西方强势文明向全球殖民扩张的探险。

略有感悟:当黄金、白银成为各国通用货币和财富的标志之后,商品、利润之"恶的杠杆"大大撬动了西欧人铤而走险的财富追求,全球化的孕育是以"悲剧"实现的"喜剧"。

为了达到以上立意和目标:

本课重点:新航路开辟的背景与原因。无论从史实联系还是从认知逻辑上看,只有理解了它的背景与原因,才可能正确认识为何其时开始了新航路开辟?为何有极端的艰苦卓绝、残酷的血肉罪恶和空前的财富效应等过程与特征,并为以后资本主义工业文明史的学习做好最本质的铺垫。

本课难点:八年级学生非常有限的历史知识、社会经验和兴趣指向使他们在理解黄金、货币、利润、财富等经济概念及其与社会变化、世界格局之间的关系,以及历史人物的行为上有很大的障碍,应尽可能选择生动、直观、典型的史实才有可能有效达到预设目标。

(说明:当我根据对这段历史的理解,决定以上立意和目标时,就已经意识到这将大大增加这堂课在通俗易懂上的难度,但我认为这是负责任的自我挑战!为此,我将整堂课的结构设计为更容易为初中生接受的:西欧人"为什么开辟新航路?"、"怎样开辟新航路?"、"新航路新在哪里?"三个问题,取代了"背景和原因"、"过程和特点"、"作用和影响"的学术结构)

## 二、教学过程

导入新课:

材料一:15世纪欧洲人所绘地图——大海是未知的恐怖领域。

材料二:麦哲伦船队的皮加菲塔对艰难航程的细节记述。

材料三:达伽马船队、麦哲伦船队极低的生还比率。

引出问题:是什么诱惑当时欧洲人超越死亡的恐惧?

材料四:马克思:有300%的利润,资本就敢冒绞首的危险。

材料五:15世纪香料贸易的利润——5 000%。

(说明:将"英雄无畏的航海家"与"追逐利润的亡命徒"两个形象合一,使学生首先感觉其时代特征,形成强烈的震撼,初步感悟历史演进往往由"恶的杠杆"来撬动。同时也为第一教学环节要落实的新航路开辟的根本动因预设伏笔)

教学第一环节:西欧人为什么开辟新航路?

材料一:中世纪庄园一切自给自足,几乎不差"钱"。

1460—1530年,欧洲白银产量增加4倍,仍供不应求,差的就是钱。

材料二:15世纪的欧洲人视黄金若珍宝。

15世纪太平洋岛屿上土著愿以17磅黄金和麦哲伦换15磅生铁。

材料三:13世纪,《马可波罗行纪》刚出版时,被欧洲人视为"天方夜谭"。

15世纪,欧洲人像是突然间发现了《马可波罗行纪》里对东方财富的记载,一时洛阳纸贵,印刷170多版。

材料四:马克思:黄金并不天生就是货币。一旦黄金、白银成了各国的通用货币和财富的标志,商品及其生产的魔力就被大大激发，成了世界统治者。

（说明：通过这组对比强烈的材料，引导学生归纳结论——商品经济发展使黄金、白银成为货币和财富的标志。反过来，它又大大刺激了商品经济的膨胀。两者的共振催生了西欧的“寻金热”）

教师引申，疯狂的“寻金热”，陆路的阻塞、科学与航海技术的进步……多重因素的叠加推动了新航路的开辟。

教学第二环节：西欧人怎样开辟新航路？

（1）出示“15世纪初欧洲人绘制的‘世界’地图”，提问：假设你是15世纪的航海家，有了新的三桅帆船，知道了地圆说，你会怎样探索新航路。

教师在学生的议论和尝试中慢慢延伸、完善、更新地图。从《15世纪初欧洲人的世界地图》到《15世纪末欧洲人的世界地图》，再到16世纪初和16世纪末欧洲人的两张世界地图，让地图顺着它本来的历史逻辑，逐渐由模糊的团状，演变成我们今天所熟悉的清晰模样。最后教师再出示教材地图册上的“新航路开辟图”，让学生比较他们所开辟的新航路与迪亚士、达伽马、哥伦布、麦哲伦所开辟新航路的异同。

（说明：很多教师在讲授新航路开辟的过程时，往往以现在的世界地图为底本，我以为殊为不妥。因为在哥伦布、麦哲伦的时代，并没有今天世界地图的概念；今天的世界地图恰恰是那些航海家探索的结果。所以在这一设计环节中，我以15、16世纪地图为底本，让学生在还原历史的进程中，去体味当年的航海家创造历史，“发现”世界的惊喜。实际上，这也是一种历史意识的示范）

（2）承接上面的历史情景提问：殖民者历尽千辛万苦，好不容易来到了东方，发现了美洲，干什么？学生可能回答：“抢东西，买香料，抓黑奴，占地盘……”教师循着学生的回答，展示有关图片并作解释：

PPT1：墨西哥银矿的掠夺性开采；

PPT2:原产美洲的巧克力在欧洲街头出售;

PPT3:福建、广东的丘陵山地种植着“新大陆”的番薯;

PPT4:欧洲人拿着美洲的白银收购中国的丝绸、瓷器、茶叶;

PPT5:广袤的“新大陆”上劳作的是来自非洲的黑奴;

……

PPTn: 欧洲的三桅帆船,纵横四大洋。

(说明:以具有视觉冲击力的图片诠释“以欧洲为中心的世界市场”之概念)

(3)教师:且慢!海外贸易本钱很大,1492年,哥伦布首航预算高达200万马拉维迪,而掏空西班牙国库才拿出140万。一个一等水手的月薪高达3 000马拉维迪,《堂吉诃德》里随从桑丘月薪8马拉维迪。随着海外贸易的迅速扩大,没这么多本钱,怎么办?

借款——促进了银行业的发展;还不够,大家凑——于是有了股份制公司;仍不够,上证券市场筹——于是有了证券交易所;还不够,把明年才能到的印度香料先给卖了——于是有了期货;航海生意风险大,万一船沉了,岂不血本无归?不要紧,可以买保险——于是有了保险业。

(说明:通过师生间问答再次将学生引入历史,让他们亲身经历“商业革命”发生的历史逻辑。这部分史实补充既是对本课的充实,有利于学生坐实“新航路开辟的影响”,又为接下去早期殖民历史的学习铺垫初步印象)

(4)当新航路“发现者”们兴高采烈、喜气洋洋地赚大钱的时候,大家可曾关心过世界各地的“被发现者”、“被开辟者”?

出示PPT:坐落在菲律宾的一对纪念碑。近处:1952年菲律宾为纪念杀死麦哲伦的酋长拉普拉普树立的英雄纪念碑;远处:1555年西班牙人为纪念麦哲伦而树立的麦哲伦纪念碑。

如果你在这两座纪念碑前,你会生发出怎样的感慨呢?

此时教师须将课堂气氛从之前讲授“商业革命”时的热烈引

向沉思。

（说明：引导学生从不同视角对新航路的开辟及其带来的时代特征进行再观察，形成对这一段历史全面评价的意识。同时为16课《早期的西方殖民扩张》教学作铺垫）

课堂小结：教师在黑板上写下“新航路”。请学生讨论“新航路新在哪里？”讨论中教师可以视情况决定参与程度，最后归纳学生的回答，引导学生得出资本主义“新世界”、“新时代”的到来。

（说明：在开放性的问题和思考中，引导学生重温和小结本课内容，也在新的“变式”中检验本课教学效果，为下一节课的教学设计做准备）

## 三、教学方法与策略

### 赏析：深入浅出地生成辩证

#### （一）教学方法

教学第一环节“西欧人为什么开辟新航路？”以教师展示史料、经典论断为主，指导学生阅读理解材料、归纳体悟。

教学第二环节“西欧人怎样开辟新航路？”主要采用各种手段创设历史情景，让学生在历史情景中体验历史发展的逻辑。

#### （二）教学策略

教学中依据学生的情况，随时调整。

——如果情况不理想，学生从材料中归纳体悟观点有一定困难，教师可视实际情况临时设置台阶性的问题帮助学生归纳整理，或改为教师讲授为主。最后的小结“新航路新在哪里”也改为课后思考题，甚至将问题改为“新航路，新世界”。

——如果情况较好，在最后的小结“新航路新在哪里”概括新航路开辟影响的基础上，可再作延伸性的思考。比如：这个

“新世界”对于“发现者”和“被发现者”意义是否一样？我们观察和评判历史可以从哪些视角进行等,使辩证矛盾的思想方式有所显性化。

八年级《新航路的开辟》所涉及的内容是新老课程都必不可少的。过去,习惯突出殖民者的暴行和掠夺,现在讲文明史了,大家似乎忘记了这些,不少教师反过来走了另一个极端,只强调“探险家”的精神和勇敢。有的教师还试图要学生抽象地学习这种精神,岂不哀哉？林老师却用最典型的史料和最通俗的语言让学生知道了“英雄无畏的航海家”与“追逐利润的亡命徒”是一伙人,使学生对早期文明发展中“恶的杠杆”有了形象的理解。最出彩的是以下两个片段:一个是只用了几分钟却成功地用学生容易理解的,深入浅出的描述、推论和比喻,以及与学生的对话、讨论,让学生对最难以理解的世界市场的形成和新航路、新经济、新时代有了比较深刻的印象。这个处理在说课比赛现场,两次激起了全场观摩教师肯定、折服而赞叹的笑声;一个是在课的结尾前,让学生想一想,如果站在“被发现者”、“被开辟者”的立场,你将有何感受？如果站在菲律宾岛的麦哲伦和拉普拉普两座纪念像中间,你对这段历史会有何看法？虽无结论,却余音绕梁、回味无穷地给学生留下了历史的辩证和追问,将课堂推向了思想的高潮。

## 课例3:《欧风美雨下清末民初的社会生活》说课设计①

### 一、本课基本概念界定与说明:

(概念界定)今天说课的内容是华师大版中国历史下册第9课《清末民初的社会与经济》,这一课包含两个内容,一是移风易俗,二是黄金时代,主要说明清末民初中国在社会与经济层面发生的变化。对于七年级的学生来说,要在一节课的时间中了解并理解社会和经济两方面的内容,会有一定的难度,所以,对教

① 本课例由上海市长宁区复旦中学王长芬老师提供。

材这两部分的内容进行了整合，把清末民初的“社会生活”作为教学中心，而经济部分的相关知识就放在社会生活的成因中去落实。相对应的，将原来的课题调整为《欧风美雨下清末民初的社会生活》。这样，不仅突出了经济与社会之间内在的逻辑关系，而且压缩了教学内容，确保了教学的有效性。

清末民初大致是指20世纪前20年的时间，也就是辛亥革命的前后十年；社会生活，就是指中国大地上，包括城市和农村的衣食住行、风俗礼仪、道德伦理、文化教育等；而欧风美雨则是这一时期社会生活变迁的一个大的背景。

（本课立意）马克思曾经说过，鸦片战争及其结果给中国人造成了“任何诗人都难以想象”的剧变，这无疑是符合历史事实的。西方列强用炮舰打开中国的大门，用暴力获取私利，强行推行其先进的工业文明；而中国人则用腐朽的王朝体制和落后的农业文明维护着自己的独立和正义，在这一过程当中，越来越多的中国人逐步认识了世界潮流，并力图改变自己，救国图强，中国从而进入了近代化的历程。清末民初社会生活的变化正是这个过程与本质的反映，所谓惊咋中有醒悟，醒悟中有吸收，吸收中有新生，新生中有融合……清末民初社会生活的变化既是近代中国千年变局中的有机组成部分，又反过来深刻地影响着这个千年变局。

当然，清末民初社会生活的新变化主要还只是出现于沿海城市而极少出现于内地农村，即使是城市，也是变与不变并存，新与旧杂糅，可以说是一种黄土地沉沦下的蓝色文明，是一种老城厢涅槃中的西洋风气。如果只说“黄土地沉沦”，或者只说“蓝色文明”都有失偏颇。尽管初中学生知识和经验都有所不足，但不能因此让他们形成片面的、简单化的知识，应当用最形象的、直观的（“大色块”）方式让他们知道清末民初社会生活的复杂性。所以，在教学当中，将开发和补充一些初中学生易于接受和理解的课外史料，使他们通过本课的学习，对清末民初的社会生活有比较生动的、全面的感性认识，以及符合学生特征的初步思考和思想方法的体验。从隐性课程的意义上看,本课可以通过对社会生活的了解,促进学生对中国从农业文明向工业文明转型和半殖民地半封建社会特点的深入理解。

为了达成这一目标,主要设计了以下几个教学环节。

## 二、教学过程与逻辑及其说明:

首先是导入,时间在两分钟左右。

在西方列强用坚船利炮、基督文化入侵腐朽的清王朝的过程中,中国发生了千年变局,越来越多的中国人开始懂得了"师夷长技"、"变法维新",知道了什么是"宪政",什么是"共和"……。那么,到了20世纪初期,当中国已经完全沦为半殖民地半封建社会的时候,在社会生活上,出现了怎样的变化呢?

抛出这个设问之后,出示一幅有强烈对比和冲击力的老照片。引导学生注意穿着传统婚服的新娘的头饰,穿着传统长袍马褂的新郎手中拿的礼帽,使学生形成比较强烈的认知冲突,实现导入,同时也为接下来从整体上观察社会生活做一定的铺垫。

在调动学生的学习兴趣之后,进一步追问:"清末民初的社会生活究竟是怎样的?"从而进入教学的第一个主要环节,事实观察:怎样的社会生活? 时间在20~25分钟左右。

在这一环节,先出示几组材料,包括老照片、图片、小故事等。

(1)列举表现:

第一组材料,主要呈现衣食住行的变化。

第二组材料,主要呈现社会习尚的变化。

教师结合这两组材料,以师生对话的方式对清末民初社会生活的变化进行讲述。而后,请学生继续观察第三组材料。

第三组材料,主要呈现社会生活变化的特点。

在阅读完这三组材料之后,请学生谈谈看后的感受与认识,引导学生归纳清末民初社会生活变化的特征。

(2)归纳特征:黄土地沉沦下的蓝色文明,老城厢涅槃中的西洋风气。

在分析了社会生活的变化以及变化的特征之后，进一步追问："清末民初为什么会形成这样的社会生活？"从而进入教学的第二个主要环节，成因探讨：什么形成了这样的社会生活？时间在10~15分钟。

在这一环节，首先明确告诉学生清末民初人们的生活发生了巨大变化，这个变化是鸦片战争以来中国千年变局的一种反映。而后，将这个问题分解成两个问题：第一，鸦片战争以来究竟有哪些历史事件会促使清末民初的社会生活发生了变化？第二，为什么会是这样一种特征的变化？教师根据学生的问答，从政治、经济、文化等三个角度加以总结。

应该说，这个问题对初中生有一定的难度。但是，史学求的是来龙去脉的"通感"，所谓"究天人之际，通古今之变"，所以，应当让学生在整个中国社会的变迁中去观察和理解社会生活。对初中生而言，在这个问题上虽然不需要达到非常清晰的理性认识，但努力让他们有这个印象和意识是有可能做到的。

在成因探讨结束之后，抽取和集中前面已经出现的典型的材料并利用板书进行小结，时间在三分钟左右。小结中，回顾"事实"，强化"成因"，点出本质，也就是在半殖民地半封建的沦落中孕育着新生的畸形的社会生活。

以上是本节课主要的教学过程，在这一过程中，根据学生的知识储备、生活经验，以及比较积极活跃的心理特征，设定了主要的教学目标以及相应的教学方法和策略。

## 三、教学目标与方法及其说明

(1)教学目标：教学目标的重点在于知道并理解"清末民初的社会生活是怎样的？"(知识与技能)

——为解决这一重点，通过典型的、外显的、有冲击力的照片、图片、小故事等，从衣食住行、风俗礼仪等方面突出清末民初社会生活中存在着强烈的落后与先进、腐朽与新生的对立，以及

融合和剧变,促使学生归纳出特点;初步学习从社会生活的现象中归纳基本特点的思想方法。(过程与方法)

教学目标的难点在于:思考并探索“清末民初为什么形成了这样的社会生活?”(知识与技能)

——为解决这一难点,引导学生充分利用生活中默会的知识,积极联系已经学过的鸦片战争以来的知识与技能,学习在中国社会的整体变化中观察和思考社会生活的嬗变及其本质的思想方法。(过程与方法)

在这一过程中,初步体验比较复杂的“黑暗中有光明、憎恨中有理解”的情感态度与价值观,感受具体问题具体分析,用辩证矛盾思维反映辩证矛盾史实的魅力。正确的情感态度与价值观是在基于客观、辩证思维的基础上形成的,在初中时,就应当有意识地帮学生孕育辩证的情感态度与价值观,努力克服简单化、粗线条而使学生形成“一边倒”的情感态度与价值观。(情感、态度与价值观)

为达成教学目标,采取的主要的教学方法是归纳法。

(2)教学方法:“事实观察”环节,以教师展示史料、讲解和暗示为主,试探引导学生归纳基本特点;

“成因探究”环节,以教师提问、提示和补充资料为主,争取学生自己得出成因联系。

(3)教学策略:教学中密切关注学生的有效变化。

——如果情况不理想,应当引导并确保第一环节教学目标的实现,并调整第二环节的教学方法,改为以教师讲授或与学生对话为主;

——如果情况很好,可以提出一个延伸性思考的问题:社会生活的变化是否会反过来影响社会的其他方面?以此培养“社会变化有因果互换”的潜意识。(具体操作上可以在课堂上解决,也可以作为课后思考)

以上是一种常态的基础型课的设计。由于本课的课题比较贴近学生,资料也比较丰富,所以,在实际教学中,还会根据学生的实际情况和兴趣，征求他们的意见，以此作为研究性学习的课题。这样，就把第一个环节交给了学生，请他们通过课外阅读、采访等方式收集、整理清末民初社会生活的各种资料，开展探究讨论，归纳特点，课堂的重点则放在第二环节。

## 赏析：大历史下的局部立意

七年级《欧风美雨下清末民初的社会生活》属新课程中的新内容。相当多的教师只关注其内容之新，"可歌"，大书特书西装革履、咖啡西餐、高楼洋房、电灯电话和汽车等，殊不知其发生的"可泣"和屈辱辛酸之背景。这不仅在事实上还是在理论上，都使本课与它之前的《辛丑条约》及其后果和紧接其后的新文化运动、五四运动不"通"和绝缘！王老师却别具慧眼，懂得让学生在中国近代化的大历史中来观察、归纳这个社会生活变化之新：一个在特定历史条件下诞生的畸形社会，可谓"黄土地沉沦中的蓝色文明，老城厢涅槃中的西洋风气"，并用一系列有鲜明对比的形象和示意图，以及利用已学知识对其成因的追问，帮助初中学生构建了这个"变与不变并存，新与旧杂糅"的复杂图景；感受具体问题具体分析，用辩证矛盾思维反映辩证矛盾史实的魅力；体验"黑暗中有光明、憎恨中有理解"的真实可靠的情感态度与价值观。

以上三个说课案例虽重心不一却同样精彩纷呈。不难发现，一堂历史说课是否成功，首先取决于课的设计，下面就其设计部分稍作解析。

(1)教学目标具体化、操作化。

教学目标在教学实践中常出现贴标签或大而空洞的现象，尤其表现于情感态度与价值观目标方面。其实，教学目标制订的好坏直接关系到一堂课的有效性。三篇说课稿中的目标表述都充分表现出具体化、能落实的特点。尤其林老师的目标中"大致知道"、"初步理解"、"略有感悟"这组行为动词和程度副词的使用都非常到位，体现了教师对于教学目标的细致思考。

(2)教学环节简要化、逻辑化。

教学环节是说课中较受重视的,教师也通常会在“怎么教”方面下工夫。如何在短短10~15分钟内让听课者明白“怎么教”的做法与思路,教学环节的简要化、逻辑关系的紧密合理至关重要。三篇说课稿的教学环节设计皆为导课、新课、小结,且小结指向整堂课的立意提升,简单明了,容易帮助听课者建构。环节的设计在保证简单分明的基础上,着重通盘考虑环节之间的逻辑关系。如林老师的新航路开辟“为什么要开辟新航路”、“怎么开辟新航路”、“新航路新在哪里”;王老师的《清末民初的社会生活》“怎样的社会生活”、“为什么会形成这样的社会生活”;欧阳老师的《南北战争》“触摸林肯,导入新课”、“乱世林肯,重难释疑”、“我说林肯,探究升华”都是紧密相连、环环相扣且逐步提升,符合历史课必须按照讲述“是什么”、“为什么”、“怎么样”的“历史与逻辑相统一”的原则。

(3)“用教材”而不是“教教材”。

“我的课堂我做主”是新课程赋予教师的重要角色转变。由于课程实施中的“一标多本”现象,说课过程中,教师通常对教材内容做较大幅度的调整,由此也体现了教师对教材内容的深层思考。对教材内容做出最大调整的是王老师,她所做的变动是:将“清末民初的社会与经济”改为“欧风美雨下清末民初的社会生活”;将较难理解的经济部分作为社会生活变动的成因来处理。由此,整个教学以清末民初的社会生活为中心,并在教学策略方面将“对社会生活的呈现”改为“对社会生活成因的探讨”。其次是林老师和欧阳老师。欧阳老师补充了有关林肯的大量资料,以林肯的经历来解读美国内战的相关内容;林老师补充了大量图片,用生动形象的材料解释抽象概念,化繁为简,深入浅出。

当然,好的设计还需要好的表达形式。从说课形式看,欧阳老师的说课是目前较常见的,属于历史课嫁接在说课论大框架下的典范案例。林、王两位老师的说课,试图摆脱一般说课论的束缚,尝试适合历史学科特色的说课形式,也是成功且值得借鉴的。

**思考题**

1.从操作性角度看,说课的内容主要包括哪些方面?

2.说课的类型主要有哪些?

3.教学立意的特点有哪些?如何确立教学立意?

**参考文献**

[1]教育部基础教育课程教材专家工作委员会.义务教育历史课程标准(2011年版)[M].北京:北京师范大学出版社,2012.

[2]教育部基础教育司.历史课程标准研修[M].北京:高等教育出版社,2004.

[3]林镇国.初中八年级《新航路的开辟》教学设计与说明[J].历史教学(中学版),2011(7).

[4]聂幼犁.中学历史课堂教学育人价值的理解与评价:立意、目标、逻辑、方法和策略[J].历史教学(中学版),2011(7).

[5]王长芬.初中七年级《欧风美雨下清末民初的社会生活》教学设计与说明[J].历史教学(中学版),2011(7).

[6]中华人民共和国教育部.全日制义务教育历史课程标准(2011年版)[S].北京:北京师范大学出版社,2011.

[7]中华人民共和国教育部.普通高中历史课程标准(实验)[S].北京:人民教育出版社,2003.

[8]郑金洲.说课的变革[M].北京:教育科学出版社,2007.

**拓展阅读文献**

[1]河南新乡市红旗区教育委员会.说课论[M].北京:北京科学技术出版,1996.

[3]廖哲勋,田慧生.课程新论[M].北京:教育科学出版社,2003.

[2]钟启泉,崔允漷,张华.为了中华民族的复兴,为了每位学生的发展——〈基础教育课程改革纲要(试行)〉解读[M].上海:华东师范大学出版社,2001.

# 第六章　教如何:课程改革与历史教学评价

"教如何"无疑是对教学效果的评估与判断,它不仅针对学生的学习质量,也指向教师的教学质量。课程改革以来,历史教学评价由原来侧重结果性评价,转向更加关注过程性评价,由此增加了诊断性评价、形成性评价与表现性评价等新的评价类型。学生历史学业评价也由原来强调知识性评价,转变为强调"知识与能力"、"过程与方法"、"情感态度与价值观"三维目标的达成度并重,评价方式也尽可能强调多样化、综合化。教师的教学质量集中地表现为课堂教学质量,课堂教学质量的评价应综合考虑教学目标、教材处理、教法选择、师生互动等因素。近年来高考历史试题的新变化主要体现在命题观念、命题技术与类型等方面;试题的审读应该从语言文字(语文)、学生情况(学情)、历史事实(史实)、史学理论(史论)、逻辑规则(逻辑)、处理技术(技术)六个方面进行。

## 第一节　课程改革对历史教学评价理念的影响与发展

### 一、课程改革对历史教学评价理念的影响

教学评价是以事实信息收集和把握为基础的教学活动的价值判断过程。它以教学目标为依据,运用可操作的科学手段,通过系统地收集有关教学的信息,对教学活动的过程和结果作出价值上的判断,并为被评价者的自我完善和有关部门的科学决策提供依据。

教学评价是历史课程与教学的重要组成部分。受传统教学观念的影响,课改前的历史教学评价存在较明显的问题,主要表现在以下几个方面:一是评价功能单一,历史教学评价过分强调甄别和选拔功能,过分看

重考试的作用,这使得历史教学评价的功利色彩越来越浓;二是评价主体单一,对学生的评价过程中,教师作为评价的唯一主体而拥有至高无上的权力,学生作为被评价者处于消极被动的地位,这种评价不能够真正地反映学生在历史学业上的进步;三是评价维度单一,历史教学评价将知识作为其评价的唯一维度,学生学习历史的过程与方法、情感态度和价值观在评价体系中无从体现,这也导致教师教学的片面性,限制了学生的全面发展;四是评价方法单一,过分偏重定量的评价方法而忽视定性的评价手段,学生的评价结果与考试分数划等号,考试成为了评价的唯一形式,教师和学生都把全部的精力放在如何应对考试上。上述问题不利于评价功能的发挥和教学质量的提高,也不可能适应现代教育的发展。

新一轮的课程改革的核心理念是“以学生的发展为本”。新的历史课程标准强调,历史教学评价应以学生综合素质为目标,采用灵活多样的评价方法,注重学生学习过程和学习结果的全程评价,充分发挥历史教学评价的教育功能。这使得历史教学评价的指导思想逐步向“立足过程、促进发展”转变,评价的功能由以检测性为主转向发展性为主,要求“在综合评价的基础上,更关注个体的进步等方面的发展潜能”。与以往的教学评价相比,课程改革以来的教学评价更关注教学活动的全过程,更关注教学评价的发展性,更关注教学评价对学生终身学习和发展的影响。主要体现为以下方面:

一是历史教学的评价主体发生了转变。以往教学评价的主体主要是指学校和教师,学生是被评价者。新课程改革的教学评价过程中,对学生的评价者包括教师、家长、学生、学校领导和其他与该学习活动有关的人。所以,教师不再是唯一评价学生的人,而是强调多主体。“多一把衡量的尺子,就会多出一批好学生。”增加评价的尺子,就是发挥评价的导向功能,促进学生全面发展,尽显青少年蓬勃的个性之美。同时,新的评价主体的确立也使得评价可以更灵活,结果更为客观。如在新课结束后可以侧重组内成员的互评,因为在进行准备的时候,组内几个成员可能表现不一,这一点他们自己最清楚谁表现如何,所以这种评价应该相对客观,而通过这种学生互评,老师也可以更多地了解学生平时的组内表现。在期末的教学评价中可以进行学生自我评价,然后由合作小组的成员进行组内评价、家长评价,最后才是教师评价。

二是历史教学的评价内容发生了转变。传统的历史教学评价往往以历史知识的掌握作为评价的唯一尺度。历史学习能力如何也是围绕历史知识掌握程度、多少来判定的,这样造成很多教师的教学、学生的学习都走入了一个误区,即认为学习历史只要死记硬背就行了,谁能背谁历史就学得好。历史学习的评价往往是通过一次考试定乾坤,至于学生的学习过程,平时表现如何完全不考虑,隐性的思想品德考查、情感态度与价值观考查很少,这压抑了大部分学生的个性和创造潜能。新课程中的历史教学评价目标已发生重大转变,评价的核心以能否促进学生的全面发展、终身发展为根本,突出强调评价"以人为本"的精神,评价内容不仅要考查历史知识、历史技能的掌握,更要考查历史学习的过程与方法,更要把隐性的情感、价值观的表现纳入教学评价之中,并把此当做至关重要的部分。

三是历史教学的评价方法发生了转变。以往的历史教学评价往往淡化甚至忽略历史学习中的过程性评价,只偏重考试。而新的教学评价强调评价方式要灵活多样,不仅重视结果的评价,更注重过程的评价。

## 二、课程改革以来历史教学评价的发展

从评价的功能上看,与课改之前偏重结果性评价相比较,课程改革以来历史教学评价又有新的发展,主要体现为增加了新的评价类型:

(1)诊断性评价。又称为准备性评价,指的是在教学开始之前或教学进行之中对学生的学习准备情况或特殊困难进行的评价,是对教学活动的准备。它主要是对教育背景、存在的问题及其原因作出诊断,以便"对症下药",据此进行教学设计。诊断性评价的实施时间一般在课程、学期、学年开始或教学过程中需要的时候。内容主要有:教学中可能面临的问题;学生知识储备的数量和质量;学生的性格特征、学习风格、能力倾向及对本学科的态度;学生对在校学习生活的态度、身体状况及家庭教育情况等。概括地说,诊断性评价的作用主要表现为三个方面:确定学生的学习准备情况,明确学生发展的起点水平,为教学活动提供设计依据;识别学生的发展差异,因材施教;诊断个别学生在发展上的特殊障碍,以作为采

取补救措施的依据。这种诊断性评价类似于医生给病人看病,是针对学生在某一方面的学习内容或认知能力发展上的严重困难,运用某种特殊的评价手段而作的诊断,目的是找出造成严重困难的原因,进而采取相应的补救措施。所以,这种评价既可以在某种教育活动开始之前进行,也可以在教育活动过程之中进行,只要发现有特殊困难的学生,就应该有针对性地实施这种评价。例如,对存在明显交往障碍的孩子进行诊断,分析造成孩子交往障碍的原因,进而提出帮助孩子发展交往能力的措施。一般地说,教师对学生进行诊断性评价的手段主要有:以前的相关成绩记录、摸底测验、智力测验、态度和情感调查、观察、访谈等。

(2)形成性评价。形成性评价也叫过程性评价,是在课程研制、教学过程中,对课程编制、教师的教学和学生学习动态情况进行的系统性评价,目的是帮助及时了解活动进程的结果,及时反馈信息,以便及时修正、调整和强化。形成性评价主要目的不是为了选择少数优秀学生,而是为了发现每个学生的内在潜质,强化改进学生的学习,并为教师提供反馈。对于学生而言,形成性评价可以使他们获得成功的体验,进而强化他们的学习动力及学习结果。对于那些还没有掌握单元学习任务的学生来说,形成性评价有助于发现他们学习中存在的问题,有利于学习问题的解决。

(3)表现性评价。是教师让学生在真实或模拟的生活、学习情境中,运用先前所获得的知识解决某个新问题或创造某种东西,以考查学生知识与技能的掌握程度,以及实践、问题解决、交流合作、批判思维等多种复杂能力的发展状况,它主要是通过客观测验以外的行动、表演、展示、操作、写作等更真实的表现来评价学生口头表达能力、文字表达能力、思维能力、创造能力、实践能力的评价方法。基本特点:评价的情境问题具有开放性、真实性、综合性;评价方案具有灵活性;评价主体具有多元性;评价结论以质性描述为主,辅之以必要的等级;评价具有持续性,鼓励学生通过合作解决问题。表现性评价较多适用于对历史实践能力和创新精神的评价,可运用于学生的社会调查、专题研究、作品创作等学习活动。

概括而言,课程改革以来历史教学评价有了新的发展,重视学生的形成性评价,评价的功能由侧重甄别转向学生的发展,强调评价的真实性、情景性，等等。

## 第二节　学生历史学业评价

### 一、学生历史学业评价概述

#### （一）学生历史学业评价的一般理解

学生历史学业评价是以中学历史课程目标为依据，运用一切可行的科学方法系统地收集信息，对学生的历史学习结果及变化进行价值判断的过程。学生历史学业评价可以从不同的角度作出分类，比较常见的有：从评价目的可以分为选择性评价、水平性评价、反馈性评价；从认知的角度可以分为知识评价、技能评价、能力评价；从项目组织方面可以分为专题评价、综合评价；从教学过程中的作用角度可以分为形成性评价、诊断性评价和终结性评价；从评价者和被评价者关系方面可以分为他人评价和自我评价；从运用的方法和角度可以分为相对性评价和绝对性评价，等等。

无论是哪一种类型的学业评价，或某一学业评价的某一具体环节，都要体现其科学性和有效性。科学性要求的是评价的必要性和客观性，有效性要求的是评价的可行性和能动性。也就是说，学生历史学业评价应该在历史教学实践中尽可能地符合历史教学的实际情况，尽可能地有利于推动学生的历史学业发展。

#### （二）学生历史学业评价的意义与作用

评价是为了最大限度地获得好的教学效果。历史科学业评价的基本目标就是能够促进学生的全面发展，具体说来就是要发挥评价的真正功能，还评价本来的面目，使评价能够真正地诊断学生在学习中存在的问题，能够真正地、客观全面地确认学生所达到的学业水平，能够真正地促使教师和学生都认真地反思在教学过程中所出现的问题，不断地提高自己的教学水平，发展自己的学习能力。《全日制义务教育历史课程标准（实验稿)》指出:“学习评价要坚持诊断性评价、过程性评价与终结性评价相结合,教师评价与学生自我评价、同伴评价相结合,量化评价与质性评价相结合的原则。既要注重评价学生的学业成就,如历史知识、能力、思维方法与品质等,还要考虑到学习的其他变化,如对所学内容的情感倾向、对学习方式的效果领悟,以及与相关学科的迁移情况,特别是学生历史认识的变化。”[①]《普通高中历史课程标准(实验)》指出:“学生的学习评价是历史教学评价的重要组成部分,具有反馈、调控教学和激励促进学生发展的重要功能。学习评价应遵循注重发展、评价主体多元、目标多元、方式多样、尊重个性、关注结果与过程的原则,综合运用观察、交流、测验、实际操作、调查、作品展示等多种方式。针对高中学生的学习特点,高中历史学习评价的侧重点是历史思维能力的培养、历史学习基本方法的掌握、情感态度价值观的形成。”[②]历史教学中,教师须根据课程标准规定的基本要求和具体的教学内容设立恰当的评价目标体系,并据此选择相应的评价方法和评价指标,以便于在教学过程中根据评价目标和评价指标不断收集各种信息,监控学生的学习状况,及时发现教学中存在的问题并进行改进,从而发挥评价目标的导向作用。

具体而言,学生历史学业评价的意义和作用主要有:第一,学生历史学业评价能够为历史教学提供重要反馈信息,对改进历史教学、提高历史教学质量具有重要意义。对教师来说,通过学生历史学业评价可以了解学生学习历史的情况,把握学生掌握历史知识的程度以及运用历史知识的能力,为历史教学及时反馈信息,帮助教师进行教学决策,同时完善历史教学,使历史教学处于教师的有效监控之中。如果没有对学生历史学业成绩的及时检查,即使是最有经验的历史教师也难免主观、盲目行事。第二,学生历史学业评价是验证历史课程与教学目标是否达成的重要手段。历史课程与教学目标是在历史课程标准指导下,对历史学科的学业发展及结果的一种具体、现实的规定和分类体系。历史课程与教学目标贯穿于历史教学活动的全过程,制约着历史教学活动的每一个环节。历

① 中华人民共和国教育部.全日制义务教育历史课程标准(2011年版)[S].北京:北京师范大学出版社,2012:38.

② 中华人民共和国教育部.普通高中历史课程标准(实验)[S].北京:人民教育出版社,2003:4.

史教学实践中,通过进行对学生历史学业评价,对学生的历史学习效果作出判断,也是衡量历史课程与教学目标是否达成的重要手段。第三,学生历史学业评价可以激发学生的学习动机,培养学生学习历史的积极性。学生历史学业评价可以向学生提供有效的反馈信息,对学生的学习也能起到激励作用。历史教学实践表明,通过评价证明了的成功学习,会给学生带来愉悦的学习体验,这种体验能够增强学生的学习信心,提高他们的学习兴趣。第四,学生历史学业评价可以有效地督促学生的学习,及时纠正历史教学过程中存在的问题。通过学生历史学业评价,可以及时地发现学生在历史学习过程中存在的不足和失误,并通过这些不足和失误进一步分析历史教学过程存在的问题。比如,是教师教的问题,还是学生学的问题;是教学内容处理不当,还是教学方法运用有误;是教学目标有偏差,还是考试测量有失误,等等。通过分析,找出问题出现的原因,研究解决问题的途径和方法,以便不断完善历史教学活动。

## 二、学生历史学业评价的内容

应试教育模式下,学生历史学业评价主要衡量学生掌握历史知识的程度与数量,而常常忽视对学生能力、方法以及情感态度与价值观的考查,这是很不全面的。课程改革以来,教育部颁布的历史课程标准,是对国民在基础教育阶段所接受的历史教育的基本要求和应该达到的基本标准的要求,即是全国绝大多数地区和学校经过努力能够实现的。历史课程标准更多地体现了对"知识与能力"、"过程与方法"和"情感态度与价值观"的关注,强调历史教育对于学生终身学习和全面发展的内在价值,体现了鲜明的时代精神。

在对"知识与能力"的考查上,以往的历史教学大纲所使用的诸如"掌握"、"归纳"、"行为"等术语,缺乏行为例证,因此在对学生进行历史学业评价时,教师缺乏明确的标准,效果并不理想。历史课程标准区别于历史教学大纲的一个显著特点,表现在用清晰的行为动词对学生学习历史的结果进行描述,尤其将知识目标细化为"知道"、"了解"、"简述"、"说出"、"概述"、"列举"等具体描述,能力目标细化为"认识"、"说明"、"解释"、"分析"、"评价"、"设计"、"制作"、"编演"等具体描述。

在有关能力评价方面,如果说历史课程标准中的表述还相对笼统,那么,近年来的历史学科有关高考的"考试说明",就非常明确、具体地规定了历史学科能力:一是再认、再现历史知识,这是侧重对事实性历史知识的记忆和理解能力,包括对历史事实、历史概念和历史结论的认知,也包括对历史发展阶段、线索和过程的理解;二是历史信息处理能力,这是一种材料处理,包括阅读和理解、辨别和取舍、说明和论证的能力;三是历史阐释,这是非常重要的历史思维能力,包括对历史知识的归纳、比较和概括能力,对历史事件、历史人物和观点的分析、评价能力,以及对历史现象及本质、历史发展规律进行辩证分析能力;四是文字表达,这是一种准确表达和传递思想的能力。"考试说明"显然是为历史学科高考制定的,但它也可以作为平时历史考试与学生历史学业评价的一个重要依据。

当然,与以往相比,历史课程标准更加能够体现历史学科作为人文学科的特色,充满着丰富、深远、博大的人文资源特点,其对历史教育价值本质的认识,旨在统合"知识、能力与情感态度价值观"。

## 三、学生历史学业评价的方法与实施程序

### (一)学生历史学业评价的方法

综合《全日制义务教育历史课程标准(实验稿)》和《普通高中历史课程标准(实验稿)》,对学生历史学业评价的基本方法主要包括:历史习作、历史调查、历史制作、纸笔测验、教师观察、学生的自评与互评、学习档案等。

(1)历史习作。这是考查学生收集和处理、挖掘历史信息的能力、历史思维能力、语言文字表达能力等的方式。历史习作主要包括学生撰写的历史小论文、历史影视作品观后感、历史书籍读后感、历史演讲稿、历史短剧剧本,以及课后作业等。

(2)历史调查。这既是一种活动方式,也是一种学习评价方式。教师可在教学中结合教学内容的需要和学生的实际,为学生提供适当、必要的历史调查活动的机会,拉近他们与历史的距离,使学生从多种角度了解历史,由此考查学生综合运用历史知识分析和解决问题的实践能力。

(3)历史制作。与调查一样,它既是一种学习活动,也是一种评价方式。通过制作历史模型、编绘历史图表、制作历史课件等活动,可以考查学生动手与动脑的综合能力。在评价时要注意考查学生在历史制作过程中的心理感受和收获,教师应和学生一起设计可行的考量标准,对学生的作品进行公正、合理的评价。

(4)纸笔测验。这是历史考试的主要形式。在测验时要注重对课程目标的全面考查,可采取闭卷、开卷、开卷与闭卷相结合的形式,考查的内容应体现历史课程的目标和课程内容的要求,确保考试的信度和效度,适当注意试题的开放性与探究性。

(5)教师观察。教师对学生在学习历史过程中的行为表现进行观察,作出记录,从而评价学生参与学习活动的状态、进展与成效。如观察学生如何提出问题、分析问题,对历史的感知、理解的状态,怎样对历史进行论证,历史学习方法的运用情况,以及学生在情感态度与价值观方面的真实表现等。教师观察的记录可作为期末评价学生学习状态的参照。

(6)学生的自评和互评。自评是学生对自己的学习态度、策略、方法和效果等方面进行评价,以更清楚地了解自身的学习特长与不足,逐步学会调控自己的学习习惯,提高自主学习与评价的能力。互评是学生之间对学习态度、策略、方法和效果等方面进行相互评价,共同分析和判断学的状态,有助于学生相互交流和帮助。

(7)学习档案。通过建立历史学习档案,对学生的历史学习进行全面客观的评价。高中阶段每个学生都应建立完整的学习档案。历史学习档案一般由教师、学生及家长共同建设。档案内容主要包括:考试成绩、历史习作、调查报告、历史制作、历史学习过程中的各种表现、师生和家长的评语等。建立历史学习档案,有利于对学生的历史学习进行长期、稳定的综合考查和较为全面的评价。

### (二)学生历史学业评价的程序

在实施学生学业评价的过程中,应改变过去主体单一的现象,扩展评价主体,调动学生、家长、教师、学校和社会各界的积极性,共同参与学业评价,特别是学生参与学业评价有利于自主参与学习和自主修正,以求更

好的发展。同时,评价方式尽可能多样化、综合化,力求学业评价结果能全面、客观地反映学生的学习情况。大致按以下程序进行:

1.过程性评价(质性评价)

(1)学生自我评价。学生对自己在参与模块(主题)学习中,对知识和技能的掌握程度、学习态度与主动参与学习的程度、通过学习后对本模块的喜欢程度、将本模块所学知识应用于实际问题中的作为等,作出自我评价。这是学生学习过程评价的主要组成部分,一般以A(优秀)、B(良好)、C(合格)、D(不合格)四个等级形式呈现。如表6-1。

表6-1　学生学习过程自我评价表

| 评价项目 | 评价情况 | 符合程度 | | | |
|---|---|---|---|---|---|
| | | A | B | C | D |
| 修习学时 | | | | | |
| 课堂参与 | | | | | |
| 作业情况 | | | | | |
| 完成作品 | | | | | |
| 检测情况 | | | | | |
| 课外研修 | | | | | |
| 情感价值观的内化 | | | | | |
| 进一步努力的目标 | | | | | |

(2)小组学习同伴互评。以日常授课时形成的学习小组为单位,对本小组内各成员在参与某模块学习过程中表现出的学习态度、参与程度、合作精神、对所学知识与技能的掌握和应用程度、对小组探究学习或合作学习所作的贡献等方面做出评价,成为学生学习过程评价的组成部分。学生互评中要淡化等级和分数,淡化学生之间的相互比较,强调对“作品”的描述和体察,强调品评和反思。如表6-2。

表6-2　学生互评表

| 评价项目 | 符合程度 | | | | 评 语 |
|---|---|---|---|---|---|
| | A | B | C | D | |
| 1.在本单元学习活动中是否积极承担学习任务 | | | | | |
| 2.是否能在课堂上发现问题并提出问题 | | | | | |
| 3.提出的问题是否得到解答 | | | | | |
| 4.学习中是否有独立见解 | | | | | |

**续 表**

| 评价项目 | 符合程度 | | | | 评 语 |
|---|---|---|---|---|---|
| | A | B | C | D | |
| 5.学习中是否乐于帮助别人 | | | | | |
| 6.是否注意吸收同学的学习经验与方法 | | | | | |
| 7.与之一起学习是否愉快 | | | | | |
| 8.作业是否及时完成 | | | | | |
| 9.学习方法是否科学 | | | | | |
| 10.分析解决问题时是否具有历史意识和历史思维能力 | | | | | |
| 11.该同学在学习中还有什么值得学习之处 | | | | | |
| 12.该同学在学习中还有什么有待改进之处 | | | | | |

(3)教师评价。教师根据三维目标要求,记录学生在历史学习过程中的具体表现,以激励为主。如表6-3。

**表6-3 教师评价表**

| 评价项目 | 符合程度 | | | | 简略评语 |
|---|---|---|---|---|---|
| | A | B | C | D | |
| 1.学习状态是否积极主动 | | | | | |
| 2.是否敢于质疑和提出问题 | | | | | |
| 3.是否勇于探究或有创新精神 | | | | | |
| 4.解答课堂问题的表现 | | | | | |
| 5.学习效果状况 | | | | | |
| 6.是否善于与人合作 | | | | | |
| 7.完成作业(作品)情况 | | | | | |
| 8.是否具备一定的历史思维和历史意识 | | | | | |
| 总评价 | | | | | |

(4)其他相关人员的评价。家长、班主任、图书馆工作人员、网站工作人员、研究性学习指导老师、学科小论文或小制作的指导老师等,也可以对学生的历史学习作出相关评价,这也可以成为学生获得过程性评价的参考。

**2.终结性评价(量性评价)**

第一个层次:历史模块(学习主题)的学业成绩评价。

模块(主题)的学习评价应该由终结性的测验成绩和过程性的评价两

部分组成。终结性测验成绩建议以等级制来展示(测验试卷的原始分可以是百分制,然后换算为相应的等级)。过程性评价的成绩可以是资料性的展示,可以是描述性的评价,也可以是等级评定。终结性的测验成绩和过程性的评价结果应分别予以报告,当两者都达到了一定的水平要求后才能够取得该模块(主题)的学业成绩。终结性的测验成绩与过程性的评价结果不宜相加,因为这样既增添工作难度,也无从体现两种评价方式的区别。

第二个层次:毕业水平的学业成绩评价。

在高(初)三阶段,有必要进行检测毕业水平的考试。这样做的原因有三方面:一是加强校(班)际间的横向对比;二是对高(初)中学段所学知识做一个全面的总结,查缺补漏,进一步完善知识结构;三是各学校向社会汇报学校的办学水平,教育管理部门检查学校的办学质量。在具体的操作方法上,毕业水平考试大多数为市以上的统一考试,考试内容应为高(初)中学段的全部内容或者事先规定的内容,采取闭卷考试的形式进行,主要是考查学生的知识结构和能力水平。

第三个层次:选拔考试成绩评价。

中国教育的现实条件下,从维护学生利益、家长利益、为高一级学校输送合格的人才等角度出发,高(中)考仍是检验学校教育、教学质量的重要评价标准。因此,还应该仔细研究“新课改”下高(中)考的要求、特点,加强教学中的针对性,让那些综合素质好的学生在高(中)考中同样也可以胜出。从当前实施的情况看,中考由各省(区、市)统一组织命题和考试;高考既有国家考试中心统一命题,也有各省(区、市)单独命题的。就历史学科的测量而言,有两个问题是必须解决的,一是测量的目标,二是测量的层次。关于测量的目标,国家考试中心已经有较明确的表述,包括四个方面。这样的表述与新课程标准所提倡的三维目标是相适应的,尤其是进一步阐明了“能力、过程、方法”的具体内容。在选拔性的考试中,测量的层次有时候比教学目标更重要。因为要拉开学生的差距,能力的层次比能力的种类重要。不能根据学生有没有运用某种能力而决定要不要给他分,只能够根据他运用某种能力达到哪个程度来决定其分数。

# 第三节　历史课堂教学评价

尽管对学生历史学业的评价是衡量历史教学是否有效的最重要手段,但历史教学是否有效仅仅是历史教学工作的一个重要方面,而不是全部。因为它们不是一一对应的关系,学生的学习结果不能完全体现教师的教学水平。同样是一个教师教的,有的学生学习能力强,学得快;有的学生学习能力差,学得慢。因此,必须对教师的课堂教学工作进行全面的评定。

## 一、历史课堂教学评价概述

要对教师的历史课堂教学工作进行全面的、科学的评价,首先必须明确要评价什么? 为什么要进行评价? 确立历史课堂教学评价的指导思想要注意以下几个方面的转变:一是从强化应试转变为强化提高学生素质作为历史课堂教学目标。历史课堂教学目标是关系到历史教学是否有效的首要问题,也是一节历史课的方向和灵魂,它直接关系到历史教学内容的组织、教学行为的选择、历史教学形式的编排和历史教学评定的运用。二是从以历史教材为本转变为以学生发展为本。教师从事历史教学的依据不应该是历史教材有什么,而应该是学生需要什么。历史教材如果不适合学生的知识结构、心理特征和能力水平,也是不适用的。三是对学习结果的强调转变为对学习过程和结果同样都强调。这就要求教师在历史教学过程中坚持目标导向教学,以历史教学目标来管理或评定整个历史教学的每一段过程,不断注意学生的变化,并根据学生的反映随时调整自己的教学,反对那种只顾结果或一味追求分数的做法。四是要从关注教师的"教"转变为关注学生的"学"。一直以来,评价历史课堂教学的关注点都是教师如何实施教学,如教师的言语表述是否流畅、教师的板书设计是否合理、教师的情感投入是否具有感染力、教师的教学设计是否合理以及教师一节课的教学思路是否清晰等。根据历史新课程改革的精神,历史课堂教学更需要关注学生的"学",这主要包括:学生在历史课堂教学中的学习表现、师生互动、自主学习以及同伴合作等,学生在学习过程中的参与热情、情感体验和探究,以及如何思考的过程。通过了解学生在课堂教学中如何思考、如何交流、如何合作以及如何讨论等学生的行为表现，以此来评价历史课堂教学的效果。

历史课堂教学评价按照不同的分类标准可以有不同的类型。如按照收集评价信息的方法可以区分为现场观察评价、监视监听评价、录像后评价和问卷评价；按照评价目的可以分为奖惩性评价和发展性评价；按照评价的范围可以分为一般评价和重点评价；按照评价主体可以分为专家评价、领导评价、同行评价、教师自我评价和学生评价等。

所谓领导评价主要是指领导班子而不是某一位领导或某几个领导的个人评定，这种评定影响较大，具有较大的权威性。上级教育行政部门或学校领导通过参与历史课堂听课加强和改善教学管理，它可以和教师同行、学生的评定互相参照补充。

所谓同行评价是指由教研室或学校的其他教师对该教师的历史课堂教学进行评价。由于教师之间尤其是本学科教师比较了解，对课堂教学内容较为熟悉，因此，同行评价易于作出恰如其分的评价，同时也有利于教师之间的学习和交流。

所谓学生评价主要是指学生参与课堂教学评价。学生是教师教学的最直接感受者，他们应该是最有发言权的。学生评价可以反映教师在学生中的威信、受欢迎程度以及师生关系，尤其可以反映教师的教学能力、教学方法是否符合学生的特点和要求。当然，学生评价主要是从个人学习的角度出发来评定教学，学生缺乏对教学目标或意图、内容和方法上的总体了解，他们的学习方法、学习成绩甚至师生关系都会影响对教师的课堂教学评价。因此，学生评价应该与其他评价相对照。

所谓教师自我评价是指教师对自我教学活动的评价。教师对自身教学活动进行评价，是历史课堂教学评价的一个重要途径。自我评价的进行一般采用自我分析或自我反思的方法。如拟定一份“自我反思单”，以检查自己的教学。

## 二、历史课堂教学评价的基本要素和方法

课程改革的主阵地在课堂，课堂教学是教师传授知识，学生发展智力、培养能力的最佳途径。提高教学质量，课堂是关键。课堂教学是历史

学习的主渠道,建立完善的课堂教学评价机制,既关注教师的教,又关注学生的学,实现促进学生发展和教师专业成长的双重目标,是确保中学新课程课堂教学改革顺利进行的保障。

## (一)历史课堂教学评价的基本要素

根据历史课程改革理念,历史课堂教学评价必须坚持以学生发展为本的教育理念,同时,也必须坚持以教师自身的专业发展为本。这就要求历史课堂教学评价需要关注教师学生两方面的行为和变化。基于此,历史课堂教学评价的基本要素可从以下几个方面进行:

(1)教学目标。教学目标不仅是课堂教学活动的出发点和归宿,还是课堂教学评价的重要参照。历史课堂教学中,要根据历史教学内容以及学生的历史知识水平,确定比较适宜的教学目标。教学目标的基本要求是要具备科学性、合理性和明确性以及可检测性。教学目标主要评价教师对一节课的历史教学是否体现历史课程目标的三个基本维度,即知识与能力、过程与方法、情感态度与价值观,能否体现历史课程对学生科学精神和人文精神的关怀。对学生而言,主要通过学生的课堂学习,评价学生的学习目标是否明确,是否具有合理性。

(2)教材处理。历史教材是根据历史课程标准编写的教学用书,它根据历史课程标准中的内容标准要点及要求,用文字的形式系统阐述,是历史课程标准的具体化。历史教材在历史课堂教学中具有重要作用,它不仅是学生学习历史的重要材料,也是教师从事历史教学工作的重要工具。教师要上好历史课,就必须钻研历史教材,真正吃透历史教材,精心组织历史教材,科学处理历史教材。历史课堂教学中,教师不能把历史教材内容原封不动地搬到历史课堂,而必须根据历史教学目标、学生的知识情况以及认知特点,对历史教材进行合理的调整与处理,重新组织、科学安排教学程序,选择合理的教学方法,使历史教材能够发挥最佳作用。

(3)教法选择。教学方法是为了完成一定的教学目标,师生双方在教学活动中采用的手段或策略。当前的历史新课程改革非常强调培养学生的创新精神和实践能力;培养学生积极主动地参与历史教学;培养学生的自学能力。因此,教学方法的选择要做到:有利于学生学习积极性、主动性的调动和主体地位的落实;有利于学生良好学习习惯的形成和学习能力的培养;有利于学生个性特长的充分发挥;有利于学生创新能力和实践能力的培养;有利于学生的全面发展。

(4)学法指导。培养学生的学习方法是历史课堂教学的重要环节。对学生的学习方法指导具体包括指导学生养成良好的历史学习习惯;指导学生学会拟定从事历史学习的学习计划;指导学生掌握历史学习的方法;指导学生掌握使用查阅历史工具书与查找历史参考资料的方法等。

(5)教学过程。这里主要评价教师在历史课堂教学中,各个环节安排是否合理、科学,结构是否紧凑,层次脉络是否清晰;同时,各种课堂教学要素的组合是否有一个最佳的结合点,是否能以学生的学习为中心,通过创设富有情趣的教学情境来组织学生参与学习活动。

(6)现代教育技术。历史课堂教学中运用现代教育技术特别是历史多媒体课件,是历史教学发展的趋势。历史课堂教学中教师如果能够熟练操作,运用适当,效果良好,就应该给予充分的肯定。现代教育技术尤其是历史多媒体教学是历史课堂教学评价的重要方面。当然,这里的教育技术运用必须恰如其分,运用得当,而不是喧宾夺主,华而不实。

(7)师生互动。从某种角度讲,历史课堂教学是一种互动过程。教师能否充分调动学生的积极性,在发挥教师主导作用的同时突出学生的主体地位,反映了历史课堂教学中师生的配合默契程度。师生之间的相互合作程度对提高历史课堂教学质量和达成历史教学目标,具有十分重要的作用。该要素被纳入历史课堂教学的评价体系中,主要评价教师能否充分调动学生的学习积极性,合理组织管理以提供给学生更多的参与机会,培养学生主动参与意识、主动学习和主动探究精神。

(8)教师教学态度。教师教学态度反映了教师的敬业精神,反映了教师职业道德水平,是教师素质的一个重要方面,也是体现历史课堂教学质量高低的重要参照。教师教学态度主要包括教师参与教学的激情、教师的教学准备、教师对学生的态度等方面内容。

### (二)历史课堂教学评价的主要方法——课堂听课

所谓听课,是一般教师或评价者凭借眼、耳、手等自身感官及相关的辅助工具,直接地从课堂教学情景中获得相关的信息资料,从感性到理性的一种教学评价方法。

**1.听课前的准备**

(1)明确听课的目的和要求。无论何种类型的听课,听课前都应该确定具体的目的和要求。听课者必须明确这些目的和要求,否则就不可能得到有效、真实的听课信息。课堂听课是历史课堂教学评价的主要方法,应该有制度、有规范、有明确的目的要求和具体的操作计划。

(2)熟悉历史课程标准和历史教材。历史课程标准是历史教学评价的基础,是进行历史课堂教学评价的主要依据。新课程历史教材是历史课堂教学内容的载体,是开展历史教学的基本教学材料。熟悉历史课程标准和历史教材,是听课前的基本要求。

(3)设计听课记录。听课记录是课堂教学听课的必要准备,不同的课型可能有不同的听课需求,听课的侧重点有所不同。但常规的听课记录一般由听课记录本和听课评价两方面组成。

**2.听课的进行和反馈**

(1)认真听课,做到听、看、记、思的有机结合。听课不仅是复杂的脑力劳动,而且是一种方法和技能:一是听什么?怎样听?主要应该听的方面是,教师是否体现新课程的理念、方法和要求;是否突出重点,详略得当;语言是否流畅,表达是否清楚;是否有知识性错误;是否有创新的地方;教师的思维是否宽泛,学生的发言是否准确。二是看什么?怎样看?主要应该看的地方是,教师主导作用的发挥,如教态是否亲切自然,板书是否规范合理,教具运用是否熟练,指导学生学习是否得法,处理课堂偶发问题是否灵活巧妙等;学生主体作用的发挥,如课堂气氛是否活跃,学生是否参与教学过程等。三是记什么?怎样记?原则上听课记录应该包括两个方面:教学实录和教学点评。四是思考什么?怎样思考?主要应该思考的是,教师为什么要这样处理教材,换个角度行不行、好不好;对教师成功的地方和不足或出现错误的地方,要思考原因,并预测对学生所产生的相关性影响;如果是自己来上这节课,应该怎样上,进行换位思考;如果我是学生,我是否能够掌握和理解课堂教学内容;新课程的理念、方法、要求到底如何体现在日常教学中,并内化为教师自觉的教学行为;这节课是否反映教师正常的教学实际水平，如果没有听课者，教师是否也会这样上，等等。总之，应该根据听课目的和要求，有所侧重地把听、看、记、思有机结合起来。在教师和学生发言时，就要以听为主，兼顾观察；教师在板书和学生在练习时，就应该以看为主，兼顾其他；学生在练习时，应该以思考为主。

（2）积极参与评课，反馈要实事求是，以鼓励为主。课后评课与反馈直接关系着听课的成效。课堂听课后，评价者要积极参与评课，对教师的自评、学生的反馈以及其他听课教师的评价都要认真记录。教师的自评能够提高教师的自我意识，提高教师的教学反思能力。为了使教师的自评有较为明确的目的性，可以在课后讨论时拟定提纲。提纲的内容可以突出以下几方面：本节课是否达成课堂教学目标？课前的教学设计与实际的教学情况有何差别？本节课的优点和特色有哪些？本节课存在的问题有哪些？以后如何改进？等等。学生的反馈对一节课的评价至关重要，收集学生的反馈信息既可以通过与学生座谈，了解他们所掌握的教学内容情况，以及他们对教师教学情况的意见，也可以通过课后调查问卷的方式，直接让学生参与课堂教学的评价。其他听课教师尤其是作为评价者，对课堂教学评价的参与非常重要。评价者在听课结束后要反馈及时，如果需要集体讨论后才能给予反馈，或者采用其他方式，也必须要及时抓住时机。同时，评价者在听课后要尽可能与被听者进行交流，评价者的态度要虚心诚恳，热情主动。针对不同的对象要采取不同的语气和方式，例如，对经验不足的青年教师，不要把存在的问题讲得太多，应该有重点地指出存在的突出问题，并以建议的形式提出，并且尽可能地挖掘青年教师的闪光点，让他们多一些成功的体验；对有经验的教师，要实事求是地指出讲课中存在的问题和需要改进的地方，提出更新更高的要求，使他们意识到还有需要改进的地方和提高的空间，促使教师专业能力不断发展。

# 第四节　近年来历史科高考试题的新变革

## 一、近年来历史科高考命题的新变化[①]

### (一)历史科高考命题观念的新变化

#### 1.高考历史科命题中的现代化史观

20世纪80年代以来,我国的唯物史观研究取得了丰硕的成果,其中以罗荣渠为代表的现代化史观备受瞩目,该史观在坚持唯物主义基本原理的前提下,扭转了过去不少教条化的认识,提出了许多耳目一新的观点。关于现代化的理解,从广义来看,可以把现代化理解为工业革命以来的生产力发展引起了社会生产方式的大变革,进而引发了全球政治、文化、思想、社会组织、社会行为等系列领域的深刻变化。而从狭义来看,则可以理解为第三世界向现代化工业社会转变、缩小与发达国家差距的过程。

例1:(2007年广东历史)阅读下列材料。

材料一 长期以来,很多学者将中国近代史的基本线索概括为“两个过程”,即帝国主义和封建主义相结合,把中国变为半殖民地和殖民地的过程,同时也是中国人民反抗帝国主义和封建主义的过程,主张以这一线索作为指导中国近代史研究的重要准则。

材料二 近二三十年来,有些学者注重从现代化角度研究中国近代史,认为中国的现代化就是从传统农业社会向现代工业社会的转变,涉及政治、经济、文化等方面。1840年以来,中国错综复杂的历史,可以用“从传统到现代”这一思路作解释。

请结合所学知识回答:

(1)按照材料一的研究角度来研究中国近代史,可能会对1840—1911年间的哪些重要事件评价较高?

① 本部分主要参考黄牧航.高中历史科学业评价体系研究[M].长春:长春出版社,2011:57-122.

(2)按照材料二的研究角度,评价辛亥革命。

(3)结合材料一和材料二的观点,分析中华人民共和国建立的影响。

这道题目在高考的历史上可能具有里程碑的意义,因为它第一次明确地告诉学生——你们可以用不同的评判标准来看待历史事件。从1840年以来,中华民族其实面临着两大任务,一是反帝反封建,赢得国家的独立;二是如何走出传统农业社会,实现近代化工业转型。第一个任务在1949年已经基本完成,而第二个任务直到今天我们仍在努力之中。中国走向现代化国家之路依然遥远而艰巨,这是现代化史观给我们开拓的新的研究视野。

**2.高考历史科命题中的文明史观**

文明史观认为历史研究中可以独立说明问题的基本范畴或单位是文明,文明史观强调的是长时段的历史变迁。从文明史的角度看,历史最激动人心的一面不是英雄们金戈铁马、气吞山河的传奇故事,而是老百姓的桌上餐、身上服如何静悄悄地改变。

例2:(2006上海历史)文明的意义只有在历史的长时段中才能凸现,站在今天,回顾人类从早期游徙不定到定居生活的转变过程,最具决定性意义的一步是( )

A.谷物种植　B.房屋建造　C.陶器制作　D.牲畜饲养

例3:(2007上海历史)一位历史研究者想要编写《昭君出塞》一书,涉及长安民俗生活的情景,他可利用的素材是( )

A.吃葡萄、喝肉羹　B.盖棉被、穿绸衣　C.放鞭炮、听说书　D.抽卷烟、烤番薯

**3.高考命题中的全球史观**

(1)全球史观的基本理论特征之一是对欧洲中心论的批判。

例4:(2006上海历史)人们在历史研究中,由于立场和观点的差异,对历史事件的解释往往会不同。如关于哥伦布航行到达美洲这一事件,过去,欧洲人总以欧洲为中心来理解,美洲土著则立足自身看问题;在当今全球史观的引导下,人们又有了新的认识。能正确反映上述说法的排列是( )

A.欧洲—发现,美洲—文明相遇,全球史观—侵犯

B.欧洲—文明相遇,美洲—发现,全球史观—侵犯

C.欧洲—侵犯,美洲—发现,全球史观—文明相遇

D.欧洲—发现,美洲—侵犯,全球史观—文明相遇

(2)全球史观以"社会空间"作为审视历史的基本单位。

所谓"社会空间",指的是与人们日常生活密切相关的生活圈。例如,一种疾病可能在一个人、一个家庭、一个家族中存在,但同样也可以在一个国家、一个洲乃至全球范围内传播,理论上任何一个人都有可能性。这的确不是传统的唯物史观和文明史观所能解释得了的。在此思路下,移民史、疾病传播史、宗教传播史、植物传播史、气候变迁史、生态演变史、风俗流变史、语言演变史等应运而生。

例5:(2005年上海历史)匈奴西迁开始于哪个朝代?原因是什么?中国古代史中原始地区有过哪几次大规模的人口南迁?

### (二)近年来历史科高考评分技术的新变化

#### 1.SOLO分层评价法研究

SOLO分类评价理论是香港大学教育心理学教授比格斯首创的一种学生学业评价方法,是一种以等级描述为特征的质性评价方法。SOLO分类评价理论的思想源头可以追溯到皮亚杰的发展阶段学说。皮亚杰认为儿童的认知发展具有阶段性,从低到高依次为感知运动阶段、前运演阶段、具体运演阶段和形式运演阶段,并着手把这一理论与具体学科的学习评价结合起来研究。将这一理论系统化的是比格斯。其主要观点包括:

第一,一个人回答某个问题时所表现出来的思维结构是可以检测的。比格斯称之为"可观察的学习成果结构",缩写为SOLO。这种分析学生解决一个问题时所达到的思维高度的评价方法就称为SOLO分类评价法。

第二,根据SOLO分类评价法,比格斯把学生对某个问题的学习结果由低到高划分为五个层次:

(1)前结构层次:学生基本上无法理解问题和解决问题,只提供了一些逻辑混乱、没有论据支撑的答案。

(2)单点结构层次:学生找到了一个解决问题的思路,却就此收敛,单

凭一点论据就跳到答案上去。

(3)多点结构层次:学生找到了多个解决问题的思路,却未能把这些思路有机地整合起来。

(4)关联结构层次:学生找到了多个解决问题的思路,并且能够把这些思路结合起来思考。

(5)抽象拓展层次:学生能够对问题进行抽象的概括,从理论的高度来分析问题,而且能够深化问题,使问题的本意义得到拓展。

从上述分层法中我们首先可以看到,比格斯提出的思维分类结构是一个由简单到复杂的层次类型,从点、线、面、立体、系统的发展过程。其次,SOLO分类的焦点集中在学生回答问题的“质”,而不是回答问题的“量”。传统高考历史题目中的主观评卷,就习惯于把答案细分为若干个采分点来打分,这基本上就是一种针对“量”的评价方法。SOLO不在乎学生答对了多少个与标准答案相近的字眼,更不在乎学生写出了多少字,只是力求从学生的回答中分析出他能够达到哪一思维层次。第三,从SOLO五个层次分类中我们可以看到,前三个层次是基础知识的积累,后两个层次是理论思维的飞跃。下面试列举SOLO分层评价法在高考评卷中的应用。

例6:(2006年广东省历史科高考命题)阅读下列材料:

材料一　天子之豆二十有六,诸公十有六,诸侯十有二,上大夫八,下大夫六。(豆,古代盛食器具)(摘自《礼记》)

材料二　凡进食之礼……食居人之左,羹居人之右。(食,干饭类食品;羹,有浓汁的食品)(摘自《礼记》)

材料三　羹之有菜者用梜,其无菜者不用梜。(梜,筷子)(摘自《礼记》)

材料四　考古发现的战国以前的餐叉。(图略)(据王仁湘《饮食与中国文化》)

上述材料反映了周人饮食生活的状况。请由表及里、由此及彼地概述周人饮食生活的信息。(不得直译或摘抄原文)

本题要求考生从两个层次回答问题:

第一层次信息:宴饮时,按身份(等级)分配食品;食具有筷子;食具有叉子;食品的摆放有一定的规定;食具的使用有一定的规矩;饮食行为有

礼仪要求。(8分)

第二层次信息:饮食之礼起到加强宗族团结,沟通社会关系的作用;周代已经形成了一定的饮食礼俗;饮食礼俗体现了等级有差、贵贱有序的思想。(5分)

从参考答案中我们可以看到,第一层次就是SOLO理论所说的第一至第三层次,学生捕捉到的信息点越多,其思维能力就越强;第二层次就是SOLO理论所说的第四至第五层次,属于理论分析、提高的阶段。下面就这道题目作具体分析:

(1)前结构:考生完全读不懂材料,不能够提供一个有效信息,得0分。

(2)单点结构:参考答案提供了6个有效信息点,考生只要答对了其中的一个,就可以得2分。

(3)多点结构:参考答案提供了6个有效信息点,考生答对了2个给3分,答对了3个给5分,答对了4个给6分,答对5个以上给8分。

(4)关联结构:为降低难度,试题没有对本结构进行考查,考生只需要从材料中提取准确的信息就可以了,并不需要联结信息点间的逻辑联系。

(5)抽象拓展结构:参考答案的第二层次提供了3个结论,任何一个都是在第一层次的6个知识点的基础上总结出来的,考生只要答出其中一个结论就可以得2分;考生能够回答出3个结论,对整个周代的社会生活有一个整体认识的,可以得5分。

SOLO评分方法简易可行,给主观题的层次评分法奠定了理论基础,而且能够运用到所有的主观题题型中去。

例7:(2010上海历史)一份对外"和约"。

义和团运动期间,一位团民私自替政府拟了一份对外"和约"。"和约"虽不具法律效力,作为历史材料却真实地反映了作者的思想。内容如下:

一、各国前所索赔款,一概作废。二、各国应偿中国兵费四百兆两。三、各国兵船已在中国口者,不准驶出。四、各国租价照今加倍。五、将总署交还中国。六、康有为回国治罪。七、所有各国教堂一律充公。八、日本将台湾地区交还中国。九、德国将胶州交还中国。十、俄罗斯将大连交还中国。十一、所有教士各归其国,不准再来。十二、中国仍有管理高丽安南之权。十三、中国海关仍归华人办理。十四、外国使臣来中国者,照乾隆时所定之例,不许进京。十五、另赔义和拳兵费四百兆。十六、日本亦需照乾隆时例入贡。十七、华人交通西人,及不遵官场约束者,归朝廷治罪。十八、所有东西洋人与中国官场相见,须行叩头之礼。十九、外人不准在中国游历。二十、俄罗斯西伯利亚及各处铁路,均须拆毁。二十一、英国需将新安九龙交还中国。二十二、各国运来中国货物应加倍收税。二十三、洋商船到口者,须先禀明该处守口中国官兵,方准入口。二十四、大米不准出口。二十五、凡货物运往外国者,亦须加倍收税。

(1)"和约"中第八、第十九项是针对哪两个不平等条约而提出来的?

(2)作者在"和约"中提出了哪几类要求?

(3)你是如何看待这份"和约"的?

评分标准:

(3)小问:本小题采用SOLO评分法。

答案1　能对材料进行抽象提炼,并结合事实进行论述。

材料与史实:运用充分;运用较充分。

视角:如"和约"反映了社会形态更替时农民阶层只能使用传统精神武器和物质武器进行抗争的无奈现实;"和约"反映了现代化后来者在反抗不平的资本主义现代世界体系的同时,却不自觉地运用西方国家"游戏规则"的矛盾心态。观点清晰;观点不清晰。

论述:论述充分;论述较充分。

叙述:叙述完整流畅形成结构。

答案2　能在多个线索或材料之间建立起联系,并对此作出解释。

材料与史实:运用充分;运用较充分。

视角:从两个以上角度展开分析,如指出"和约"中合理与不合理的要求;"和约"中反映爱国精神与盲目排外的要求;"和约"中抵御外来侵略的要求与传统天朝观念(华夷观念)的要求;"和约"中属于农业社会的要求和工业社会的要求。观点清晰;观点较清晰。

论述:论述充分;论述较充分。

叙述:叙述形成结构;叙述连贯流畅。

答案3　使用多个线索或材料,进行单一维度的解释。

材料与史料:运用较多材料;运用较少材料。

视角:提炼出一个视角。如"和约"反映了作者的排外心理(反帝、抗争、反对基督教文化);"和约"反映了作者的爱国主义精神;"和约"反映了作者的保守心理。观点清晰;观点不清晰。

叙述:叙述完整流畅;仅能列举。

答案4　找出一个线索或材料即得出结论。

其他答案　没有形成对问题的理解。回答和问题无关或同义反复。

该理论的意义在于把过去我们层次评分的实践理论化,从而能够在学理上论证清楚实行层次评分的必要性和可行性,并且摸索出层次评分的规律,让命题者、教师和学生都能够掌握共同的考试规则。

**2.PTA量表评价法研究**

PTA又可以称为"基本要素特征分析法",它是一种用来评价学生任何一种表现或者若干综合表现的评分方法。PTA量表法主要用于论文考试中的评分。在历史学科的考试中,它最适用的范围是分值较大的主观题。

PTA量表的设计一般分为三个步骤:一是确定对评价起作用的要素;二是根据要素编制评价量表;三是确定各个要素的权重,并对量表进行测试和修改。具体而言,要素是在两种情况下呈现的,一是针对一件事物而言,二是针对一项任务而言。近十年来,高考命题中的PTA量表评价法基本上是沿着这两种思路进行的。

第一种思路是根据某一事物而言的。当我们分析一个历史事物或历史问题的时候,可以先确定分析的要素,即从哪些方面对事物进行分析。

例8:(2007年上海历史)历史学的基本要素是:史料、史料解释、历史叙述和历史评价。阅读下列材料,回答问题:

孟子,名轲,邹人,是孔子的孙子子思的再传弟子。他认为人生下来就有仁、义、礼、智四端,即对他人苦难的同情,对不义之事的羞辱,辞让之心及辨别是非的能力。他把孔子的"仁"发展为"仁政",特别强调"民为贵,社稷次之,君为轻",即主张民贵君轻;又说"君仁莫不仁,君义莫不义,君正莫不正",认为社会上一切不仁不义不正行为的根源在于君主。这种带有民主色彩的见解,为后世儒家所不及,也为我们留下了珍贵的思想遗产。

(1)文中哪些属于史料?

(2)文中哪些属于史料解释?

(3)文中哪些属于历史评价?

第二种思路是针对某一项任务而言,即无论对于什么历史问题,都从任务的分类要素进行评价。在高考命题中,这种评价方法主要应用于分值较大的主观题。

例9:(2007年上海历史)从中外历史的进程来看,19世纪60年代具有重要的地位。那是一个风起云涌的时代,“资本主义”、“工人阶级”、“工程师”、“民族”、“自强”等词汇的出现和频繁使用就是最好的证明。

面对那个时代,每个人都在思考,其中一位政治家这样写道:

如果你们走在时代观念之前,这些观念就会紧随着支持你们

如果你们走在时代观念之后,它们便会接着你向前

如果你们逆着时代观念而行,它们就将推翻你们

试以“1860年代的诞生”为题,撰写一篇历史小论文。

评分标准:

第一部分:(1)史实:史实完整。(2)叙述:清晰连贯。

第二部分:(1)主题:能够依据材料和要求提炼鲜明主题。(2)观点:观点突出。(3)史实:所引史实典型而充分。(4)论述:论据与论证充分。(5)文字:文字通顺流畅。

从题目中我们可以看到,命题者认为小论文的写作可以分为两个部分,一是叙述,二是论述。叙述包括两个要素——史实和叙述。论述包括五个要素——主题、观点、史实、论述和文字。

**3.SOLO分层法和PTA量表法的适用性**

传统的采点评分法的特点,是寻找答案中的关键词,只要考生回答出与关键词一致或相近的词和概念,就可以得满分。这种方法的长处是简便可行,阅卷老师不需要经过专门的培训,评阅的速度也非常快捷。其短处就在于技术含量低,属于一种按图索骥的文字游戏,无从考查学生的高级思维能力,更与追求“能力、过程、方法”的新课程理念相悖。

能力评价法与采点评分法截然相反,它反对给主观题定出“标准答案”,而主张给阅卷教师很大的自主权。例如,在美国高中的AP课程历

史考试中,关于材料题的基本核心就有七点:论题是否成立？是否运用了所有的材料？是否运用了材料中的合理论据？是否真正理解了材料的意思？是否能够分析材料中的论点和偏见？是否懂得组合材料？是否能够运用材料外的知识来论述主题？无论是什么内容的材料题,这七个方面都是适用的。这种评价法的本质特征是细分能力的种类。但是,这种评价法对阅卷教师的素质要求很高,较难推广到大规模的阅卷工作中去。

SOLO分类评价法适用于具有明显的能力梯度或思维层次特征的探究型开放式试题,尤其适用于以考查某项能力为目标的开放性试题。

PAT量表法适用于论文型的开放性试题。例如,一道历史小作文题,它可能同时考查学生运用知识、处理材料、阐释事物、论证问题、抒发感情等多方面的才能。

SOLO分层法和PAT量表法可以说是各具千秋,值得在实践中不断地探索和完善。

## 二、近年来历史科高考题型若干问题分析[①]

### (一)填空题的能力立意

填空题指将某种材料隐去其部分造成形式上的不完整,要求学生根据对材料的理解使其完整起来的、对答案有强烈限制的供答型试题。根据材料形式的不同,可分为填文题、填表题和填图题三种情况。

例10:“我向你们保证,我对自己立下誓言,要为美国人民实行新政……要把一切形式的交通运输及其他明确属于公共事业的设施置于国家计划和监督之下,但资本主义自由制度不变。”

说这段话的人是____,“新政”实质是____资本主义。

例11:“……这地界我们这些个卖菜的、卖瓜的……都可以自由进出,洋人图个新鲜,喜欢买我们的。有时赶早,天不亮我们就去了。晚了,

① 本部分主要参考聂幼犁:中学历史学科各类题型的若干命题问题. http://www.doc88.com/p-681951356984.

搭个棚,就歇那儿……。二十七年后,洋人派兵站岗,也不准我们随便走动了,更不用说住夜了……说什么皇上把这地界划给了洋人……"

文中"这地界"指的是北京的 （地名）;"二十七年"是指公元 年;"划给了洋人"及"洋人派兵站岗"的依据是《 条约》。

例12:观察下列天津机器制造局的照片

从其建筑风格和实际功能来看,它从一个侧面反映了洋务运动的领袖们奉行的"______"的思想特征。

### (二)选择题的激活方法

选择题指通过一定的命题限制,使所有的反应只能落在由命题者规定的4~5个有着明确的性质、程度和价值量指令的选项内,并且每次只能确认一个选项的试题。它包括"多选一"和"多选多"两种情况。其激活方法主要有:

**1.深入法**

深入法是通过进一步提问原主题的背景、条件、原因、目的或特点、关键、作用、影响等,从而激活试题的方法。使用深入法的重要前提是进一步探究该主题的某一方面或局部确有知识依托和课程开发价值,有助于理解主题或强化理解问题的方法与思路。一般而言,这种方法会提升考查目标,较大地提高试题难度,但如果处理得当,也可使难度保持平稳。

例13:(原题)北京人的生活环境十分恶劣,为了生存,他们创造的工具是

A 木棒 石器　　　　B 石器 陶具

C 木棒 弓箭　　　　D 弓箭 陶具

修改案1:改史实判断为问判断依据。

北京人遗址中发现许多石片、石块,考古界认为有些是北京人创造的工具,最有力的依据是(　　)

A 数量很大,约有十多万件　　B 出土集中,可能是有意堆放

C 形状多样,有些还有锋刃　　D 便于使用,留有打制痕迹

修改案2:2004年3月,青浦区"惊现上海第一人"的同时,还出土一只几乎没有野猪特征的红彩猪形陶器,它(　　)

A 说明了吴越文化起源于畜牧　　B 反映了该地区驯化猪的历史

C 证实了上海曾经是陶瓷中心　　D 显示了青浦的先民只用红色

**2.特例法**

特例法是用一个或几个特例替换原题干中某一概念或判断,从而激活试题的方法。使用特例法的前提是原概念或判断具有集合性或归纳性,而且能找到一个或几个可以反映这个概念或判断的典型史实。一般而言,这种方法会改变试题的考查目标和难度。调节难度的手段是控制所举事例中的解题信息量及其显性程度。

例14:(原题)19世纪80年代中期,建议在新疆建立行省的清朝官员是(　　)

A 曾国藩　　B 左宗棠　　C 李鸿章　　D 张之洞

修改案:用一则史料——遗存或记载替换一般概述。

新疆有一座晚清名臣的祠堂,悬挂一副楹联:"提挈自东西……十年戎马书生老;指挥定中外……万里寒鸦相国寺。"它颂扬的是(　　)

(选项同原题,略)

**3.具象法**

具象法是用具体的史实形象或形象描述替换原试题中的抽象表述,从而激活试题的方法。使用具象法的前提是原抽象表述是某种特定的史实,可以用一种形象或形象描述还原。这种方法会改变考查目标,改变试题的难度。调节难度的手段是控制两者之间的相似性

例15:(原题)两牛一人的犁耕方式开始于(　　)

A 春秋战国　　B 西汉末年　　C 三国两晋　　D 隋唐时期

修改案:用形象——文物替换概念。

观察下图,图中的犁耕方式开始于

(选项同原题,略)

**4.换例法**

换例法是保持原题既定的考查目标,通过撤换题干中的事例,从而激活试题的方法。使用换例法的前提是原例已陈旧,并可以用与原例基本并行的新例替换。这种方法一般不会改变试题的难度,但对靠记忆训练答题的学生而言,这种方法会明显提高难度。

例16:(原题)据考古报道,安徽发现的繁昌人距今有180万年。这样,中国人类的历史又向前推进了约(　　)

A 10万年　　B 20万年

C 100万年　　D 120万年

修改案:用万年人替换繁昌人。

当人类通过栽培植物养活自己时,便进入了农业文明时代。考古工作者在江西万年仙人洞发现了距今约1万年的人工培育稻种,将我国进入农业文明的时代向前推进了(　　)

A 1 000年　　B 3 000年　　C 5 000年　　D 7 000年

**5.逻辑法**

逻辑法是利用原题有价值的主题内容,将考查知识目标变为考查思维逻辑目标,从而激活试题的方法。使用逻辑法的前提是该主题及其特征虽然很重要,但课本叙述不详或学生在这一问题上容易犯逻辑错误。一般而言,这种方法会提高试题的难度,其意义在于使课程更具思维价值。

例17:(原题)世界奇迹之一金字塔证明了

A 古代埃及非常富庶与强大　　B 奴隶们的聪明才智与力量

C 尼罗河是古埃及的母亲河　　D 古代埃及的科学非常发达

修改案:考查在演绎推理的情况下,用史实检验有关判断和质疑能力。

大前提:建造金字塔需要大量的人力和物力

小前提:古埃及的主要劳动力是奴隶

结论:所以,金字塔是奴隶劳动的成果。

(1)这个推理(　　)

A 大前提、小前提正确,结论错误

B 大前提、小前提错误,结论正确

C 大前提、结论错误,小前提正确

D 大前提正确,小前提、结论错误

(2)对这个推理最好的质疑是(　　)

A 建造金字塔确实需要大量的人力和物力吗?

B 金字塔可能是柏拉图所说大西洲人的创造。

C 肯定"主要劳动力是奴隶"有什么史实依据?

D 新课本已经不采用这个说法,难道也错了?

**6.双语法**

双语法是用外语替换原题干中的关键词、句,从而激活试题的方法。使用双语法的前提是对学生而言,将原关键词或句换成外语确有价值,并且所用外语的词汇、语法现象是学生熟悉的。一般而言,这种方法本身不提高试题的难度,其导向是很有意义的,有利于教与学在中学历史课程中贯彻"让我们走向世界,使世界了解我们"的精神。

例18:(原题)某欧洲文化旅游团在一所中学参观时问学生,"水能载舟,也能覆舟"这句话最早见于中国哪位古代思想家的著作?这位学生正确地回答(　)

A 老 子　　B 庄 子　　C 孟 子　　D 荀 子

修改案1:在解题的关键词上用英语替换汉语。

某欧洲文化旅游团在一所中学参观时问学生,"The river can carry a boat, yet, it can turn the boat over as well",最早见于中国哪位古代思想家的著作?这位学生正确地回答(　　)

A Li Er　　B Zhuang Zhou　　C Meng Ke　　D Xun Kuang

修改案2:换一个问题,并在解题的关键词上用英语。

某欧洲文化旅游团在一所中学参观时问学生,"The people are most

important , the state comes next while the ruler weighs the least."是中国古代哪位思想家说的? 这位学生正确地回答(　　)

A Li Er　　B Zhuang Zhou　　C Meng Ke　　D Xun Kuang

(三)简释题的设计思路

简释题指情景、问题、答案较为简洁明了的小型供答型。其主要设计思路有:

**1.文献诠释法**

例19:全国人大十届二次会议期间,温家宝总理在答记者问时,引用了清末诗人丘逢甲《春愁》:

春愁难遣强看山,往事惊心泪欲潸。

四百万人同一哭,去年今日割台湾。

问题:(5分)

(1)这首诗写于哪一年?(1分)

(2)为什么"四百万人同一哭"?(2分)

(3)"春愁"是中国古诗词中常见的词语,作者以此为题抒发了怎样的情怀?(2分)

答案:(1)1896年。(1分)(2)甲午战争失败或《马关条约》签订,日本强占台湾地区。(2分)(3)被迫离开祖国的悲愤或爱国之情。(2分)

**2.汲取信息法**

例20:文物是形象的历史。人们从商周青铜器不仅看到了那一时期的各种器皿、兵器和工具,而且了解到当时的冶炼技术、生产水平、文字、艺术和社会生活等各种情况。从下列秦砖、汉瓦与画像石中,你能获得哪些历史信息?(6分)

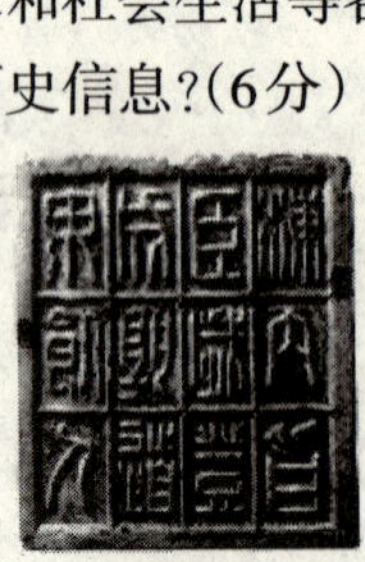
秦砖

西汉瓦当

东汉画像石

秦砖:秦砖的形状,秦朝文字的特点(或小篆)等。(2分)

汉瓦:汉瓦的形状,文字的特点(或隶书)等。(2分)

东汉画像石:东汉农民耕作、狩猎(或畜牧),或汉朝农业生产的状况和特点等。(2分)

(如答秦汉建筑水平、造型艺术等其他正确信息也可给分,但本题不超过6分)

**3.数据处理法**

例21:阅读下列材料。

轮船招商局创设于1872年,是中国第一家官督商办的民用企业。在此之前,中国轮船航运业全部由外商轮船公司经营。该局设立后,于1877年用220万银两盘购了美商旗昌轮船公司的全部财产。以下是轮船招商局初期发展和经营情况。

金额单位:万两

| 年　度 | 资　本 | 借　款 | 船只吨位 | 运费收入 | 付出借款利息 |
|---|---|---|---|---|---|
| 1873.8–1874.7 | 47.60 | 12.30 | 4 088 | 49.17 | 1.77 |
| 1877.8–1878.7 | 75.10 | 381.97 | 26 916 | 232.23 | 36.53 |
| 1881.8–1882.7 | 100.00 | 353.75 | 29 474 | 188.47 | 10.75 |
| 1883.8–1884.7 | 200.00 | 227.09 | 33 378 | 192.37 | 22.42 |

注:借款主要是官款(官府贷款)。

问题:

(1)轮船招商局在上表所涉时期内的经营状况怎样?(4分)

(2)综合上述材料,指出它在当时中国经济发展中起了怎样的作用。(2分)

(1)经营状况:一直在发展,轮船吨位增多,收入日增,私人资本不断增加,官款膨胀快于私人资本,利息负担加重等。(每答一点给1分,但总分不超过4分)

(2)引进了先进交通工具,或刺激了私人资本投入(1分),一定程度上抵制了外国资本的侵略(1分)。

**4.情景分析法**

例22:国民革命运动时期,陈赓曾在战场上背负蒋介石脱离险境。

1943年延安整风时,某人对陈赓说:“当年,如果你不救蒋介石的命,不就可以少打这么多仗了吗?”陈赓答道:“如果当时蒋介石死了,不就成了革命烈士了吗?”请对他们的谈话作一简要的评价。(6分)

“某人”的话是错误的,陈赓的话是正确的。这是因为:国民革命运动时期,蒋介石是革命的同路人(或革命者);1927年“四·一二”政变后蒋介石成了帝国主义、大地主、大资产阶级的代表(1分)。在中国革命的道路上,即使没有蒋介石,革命与反革命的斗争也是必然的(1分),长期战争不可避免(1分)。(如能进一步评论“某人”的话违背了历史唯物主义观点和陈赓回答之巧妙,则可各加1分,但本题不得超过6分)

**5.史论结合法**

例23:我国已有多处文化遗址、古迹被联合国列为世界文化遗产,如故宫、长城、北京人遗址、秦始皇兵马俑、敦煌莫高窟……。除上述例子以外,请你结合中国古代史,在今陕西、新疆、西藏范围内任选一个值得向联合国申报的文化遗产,并简要说明理由。(应包括名称、时期、内容和意义)(4分)

本题为开放型试题,按下列原则给分:

选点正确(1分)、时代正确(1分)、内容正确(1分)、意义正确(1分)。如半坡遗址(1分)、新石器时代(或答具体年代也给分)(1分)是我国较早的母系氏族时期的遗址(1分),反映了原始氏族部落完整面貌(1分)。

**6.多元理解法**

例24: 西方某学者说:“美国没有童年,只有青壮年。”这一说法你是否同意? 请简要解释你的回答。(3分)

本题旨在考查阅读和运用历史概念的能力,只要持之有据,言之有理即可给分。

例①:“美国从建国起就是资本主义社会,所以没有童年。”可给足3分

例②:“美利坚民族主要由欧洲移民所组成,又经过了殖民(或民族融合)阶段,因此是有童年的。”可给足3分

例③:“美国是个移民国家,缺乏共同的古老文化传统,所以没有童年。”可给足3分

## (四)问答题的教学导向

问答题指通过一个特定地考查学生历史思维能力的问题,要求考生按照试题的规定,重组已学知识,并用准确恰当的文字将自己对有关史实或史论的了解、解释或评价完整地表述出来的大型主观性试题。就问题所涉及的范围和逻辑来看,可分为“小切口”、“大跨度”或两者的内在融合三种情况。

**1.人与自然的文明问题(大跨度)**

例25:水是生命之源,水利是农业的命脉。

远古时代,长江、黄河流域就是我国先民聚族而居、繁衍生息的地方;在漫长的农业文明时期,防洪治水、农田灌溉和舟楫航运的进步与创新,也始终是经济发展的重要因素。请按前述四个方面分别举出我国从原始社会到明清时期的若干史实。(13分)

**2. 国际关系的文明问题(小切口)**

例26:阅读下列材料,回答问题。

2001年纽约“9·11”事件

希特勒和他的主要将领

"9·11"事件发生后,恐怖主义危害人类、破坏和平的罪行激起了国际社会的公愤和反对。然而,历史并非总是如此。当德、意、日法西斯势力横行肆虐,战火蔓延,成为世界公敌的时候,人们却屡屡坐失良机,终于酿成了人类历史上最为惨烈的灾难。江泽民主席在1995年的一次讲话中指出:"痛苦的回忆,胜利的喜悦,深沉的思考,使人们更加清醒。……历史表明,社会制度与意识形态不相同的国家能够联合起来,共同对付人类生存与发展面临的挑战。"

(1)1995年是世界反法西斯战争胜利____周年。(1分)

(2)举例说明第二次世界大战爆发前后,主要大国怎样"屡屡坐失良机"、自食其果?(10分)

(3)历史如何表明了江泽民主席总结的这一重要经验?(3分)

**3.科技创新的文明问题(大跨度——史实开放)**

例27:"创新是一个民族进步的灵魂,是一个国家兴旺发达的不竭动力。"在漫长的古代文明进程中,中华民族在科学技术领域群星璀璨,卓越的创新成果为人类文明的发展作出了不可磨灭的贡献,有些还成为近代文明的助推器或催化剂,影响了整个世界的发展。请按朝代顺序举出你认为最重要的十项成果,并逐项概要说明理由。(共13分)

例如:战国时期的"四诊法",奠定了中医诊断的基础。

汉代的造纸术,方便了文字记录,也是对世界文化交流的一大贡献。

**4.执政能力的文明问题(小切口——史实开放)**

例28:"苛政猛于虎。"秦、隋二世而亡是后世许多开国君主的前车之鉴。"天子者,有道则人推为主,无道则人弃而不用,诚可畏也。"一个"畏"字,促使不少统治者调整政策,从而出现了社会繁荣。请选择一个中国古代的繁荣时期,简要分析其原因与表现。(13分)

### (五)论文题的不同类型

论文题指按照一般学术方式呈现的,要求学生模仿学术论文方式组织自己的知识、观点的大型供答型试题。从试题提供的材料看,可分为史料题、观点题或两者的内在融合三种情况。从论文的性质看,可分为考释、论证或两者的内在融合三种情况。

1.史实型

例29:阅读下列材料,结合你的历史知识与理解,写一篇历史小论文。

材料一 当中日战争急迫之时,翁同龢衔西太后之命诣李鸿章问策时,“鸿章怒目向视,半晌无一语。徐掉头曰:‘师傅(指翁同龢)总理度支(户部),平时请款辄驳诘,临事而问兵舰,兵舰果可恃乎?同龢曰:‘计臣以樽节为尽职,事诚急,何不复请?’鸿章曰:‘政府疑我跋扈,台谏参我贪婪,我再哓哓不已,今日尚有李鸿章乎?’同龢语塞。”(陈旭麓.近代中国新陈代谢[M].北京:中国人民大学出版社,2012.)

材料二 亚细亚洲,我中日两国最为临近,且系同文,讵可寻仇?今暂时相争,总以友好为是,如寻仇不已,则有害于华者,未必与日有益也。试观欧洲各国练兵最强,不轻起衅,我中日既在同洲,亦当效法此意,应力维亚洲大局,永结和好,庶我亚洲黄种之民,不为欧洲白种之民所侵蚀也。(李鸿章《马关条约》签订时语)

要求:

一是观点明确,论述集中,不要泛泛而谈。

二是联系中外史实,详略以说明观点为度。

三是文字通顺,条理清晰,结构合乎逻辑。

2.史论型

例30:阅读下列材料,自拟题目,写一篇历史小论文。

材料一 科学革命作为现代世界和现代思想的起源如此赫然地耸现,以致我们对欧洲历史时期的通常的划分已成为一种时代错误,成为一种阻碍物。(赫伯特·巴特菲尔德)

材料二 马克思在评价启蒙运动思想家时说:“他们已经用人的眼光来观察国家,并且从理性和经验中而不是从神学中引申出国家的自然规律。”

材料三 马克思说:“1648年的革命和1789年的革命,并不是英国的革命和法国的革命,这是欧洲范围的革命。……它们宣告了欧洲新社会的政治制度。”

材料四 恩格斯说:“分工、水利、特别是蒸汽力的利用,机器的应用,这就是从18世纪中叶起工业用来震撼旧世界基础的三个伟大的杠杆。”

要求：

一是结合时代特征，理解人类文明转型时期的历程。

二是充分运用材料所提供的有效信息，确定撰写角度。

三是观点明确，史实详略以说明观点为度。

四是注意历史现象或事件间的相互关系与影响。

## 三、如何审题（以高中水平试题为例）[①]

一般而言，试题的审读应该从语言文字（语文）、学生情况（学情）、历史事实（史实）、史学理论（史论）、逻辑规则（逻辑）、处理技术（技术）六个方面进行，以下作具体分析。

### （一）选择题举例

例31：下图勾勒了世界历史发展的几个不同阶段。其中与③和④相对应的分别是（　　）

A.原始社会和封建社会

B.奴隶社会和封建社会

C.封建社会和资本主义社会

D.奴隶社会和资本主义社会

【分析】“五种社会形态说”涉及史学立场和价值观等重大问题，改革开放以来我国史学界争议已久而尚无共识。因此，无论全国还是上海市

① 本部分主要引用了聂幼犁教授的研究成果。

的课程标准和教材,都予以暂避。试题将其作为考查点不知有何依据?想告诉广大教师和学生什么?(史论)

图片突出了有史以来的阶级斗争,但前两幅图片似不足反映原始社会和奴隶社会的典型特征,难以合理判断。(命题技术)

例32:古希腊人在许多方面都胜古罗马人一筹,除了(　　)

A.哲学　B.文学　C.艺术　D.法律

【分析】课本突出了希腊政治制度和罗马法律,有《希腊古典文化》一课,内容较为详细。罗马文学、艺术等内容在小字部分作了抽象评论:"罗马人在吸收以希腊文明为主的各种文明的基础上,逐渐形成了自己的文明特色,在哲学、史学、文学、科学以及建筑艺术等多个领域都取得了令人瞩目的成就。"凭这些知识如何比较出"除了法律,希腊人在哲学、文学、艺术领域都胜罗马人一筹"的结论?(学情)

即使依据课外知识,罗马艺术的杰出贡献在建筑上,无论规模和影响都要远大于希腊,缘何将法律定为唯一正确答案?(史实)

另外从史观来讲,要求学生将两者在一句话式的推介中作比较,似有把历史上复杂的思想文化现象过于简单化之嫌。(史论)

例33:历史学家将商代的历史视为"信史"的依据是(　　)

A.活字印刷术的发明　　B.青铜工艺日臻完善

C.文献与文物相印证　　D.国家特征已经形成

【分析】从"历史学家将商代的历史视为'信史'的依据是……"这一提问的指向来看,答案当属史实资料,如"文物和文献"。可是,试题给出的正确答案却是史学方法"文献与文物相印证"。(语文)

例34:东汉末年,皇权日趋衰落的主要原因是(　　)

A.农民战争冲击　　B.地方豪强势力膨胀

C.外族入侵频繁　　D."柔道"政策影响

【分析】按常理,引起社会变革的"主要原因"并非只有一个。"地方豪强势力膨胀"固然是东汉末年皇权日趋衰落的主要原因,但"农民起义冲击"也是主要原因之一,为何只能选前者,不能选后者?似应改为"最主要的原因",以示进一步比较。(逻辑)

例35:体现"汉化风气下南北民族融合"的历史事件是(　　)

A.靖康之变　　　　B.清军入关

C.唐蕃联姻　　　　D.孝文帝改革

【分析】题干中加了引号的“汉化风气下南北民族融合”作为判断标准,很容易理解为被引用的原文或原话。如此,试题无解。因为试题没有告知这是谁说的,是否说对了。(语文)

即使理解为说对了,由于题干中无时间限定,习惯上“南北”只是表示大致方位,而历史上的民族“融合”又有多种途径和形式。因此,D并非唯一答案,B、C也是可选的,清军入关是战争途径的融合,唐蕃联姻是和亲形式的融合,且都以汉化为重要特征。(史论)

例36:阅读下列示意图,其中“?”代表了(　　)

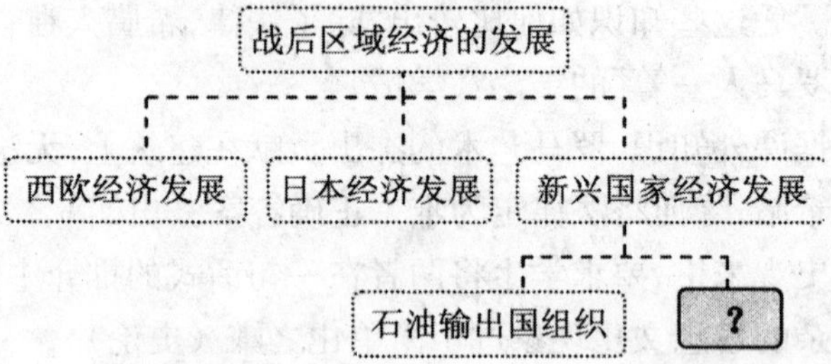


A.东盟　　B.亚非会议　C.不结盟运动　D.APEC会议

【分析】提问“其中的‘?’代表了……”不通,改为“其中的空格应填上……”可能更合理而明白;(语文)“战后”的意思是第二次世界大战以后,是一个相对的时间概念,广义上看,20世纪60年代可以算,80年代也可以是。另外,APEC会议成立初就包括了东盟的一些国家,后又有扩大,推进新兴国家经济发展是其重要议题。所以,“东盟”、“APEC会议”都符合题意。(史实)

(二)其他题型举例

**1.浩瀚的历史为我们留下了丰富的资料**

例37:下列材料对其所处时代的呈现有些是真实的,有些是虚构的,请据此对其进行分类。

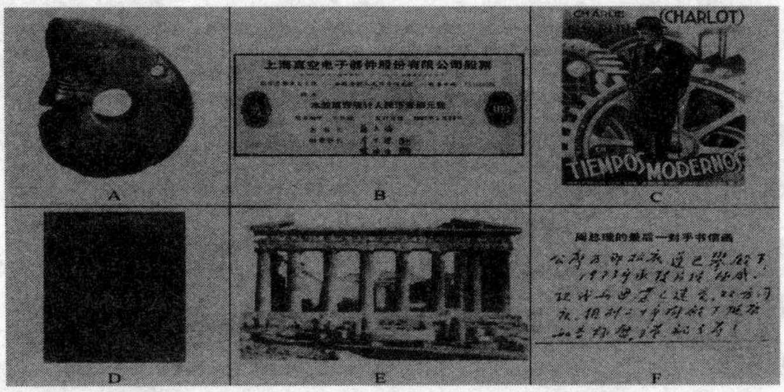


【分析】“下列材料对其所处时代的呈现”句式拗口,令人费解。不知是否是“下列材料,就反映其所处的时代而言”之意?(语文)

“真实”与“虚构”既不是史学术语,又模糊了本题判断的界限。一般认为,《摩登时代》、《三国演义》虽是文学、文艺作品,但都用艺术虚构手法彰显了时代的真实。如此,将两者归入“虚构”,还是“真实”类? 无法界定。(史论)

另外,第一幅照片中的玉猪龙没有任何说明文字,何以断定它一定是出土文物,并反映了“其所处时代”?(逻辑)

**2.历史学是作为主体的历史学家对史实的解读**

例38:下列陈述中有的属于“史实”,有的属于“观点”,请在表中相应的空格打“√”。

| 陈　述 | 史　实 | 观　点 |
|---|---|---|
| 自从有了农业,人类社会之间就变得日益不同,差异也越来越大 | | √ |
| 《汉穆拉比法典》规定,房屋的承建人必须对其所造建筑质量负责 | √ | |
| 公元前10世纪左右,印度逐渐形成了种姓制度 | √ | |
| 玛雅人从野生植物中培育了玉米、西红柿、烟草等40多种农作物 | √ | |
| 雅典民主政治在它鼎盛时期几乎达到了完美的程度 | | √ |
| 西罗马帝国灭亡的原因不是由于蛮族入侵而是由于经济衰退 | | √ |

【分析】公元前10世纪左右,印度存在种姓制度或在哪些地区有种姓制度是史实,而断定此时为“逐渐形成”阶段,已是对其做了前后比较后得出的观点。(史论)

**3.不同的历史时期具有不同的时代特征**

例39:请将下列左侧中国古代史的各个时期与右侧的主要特征相对

应(用序列表示)。

| 时期 | 特征 |
|---|---|
| 西周(F) | A 极端强化的皇权社会 |
| 春秋战国(D) | B 开拓中的大一统帝国 |
| 秦朝(B) | C 重文轻武的积弱时代 |
| 唐朝(E) | D 争霸与变革的激荡时期 |
| 两宋(C) | E 开放与繁荣的盛世 |
| 明朝(A) | F 以礼制为命脉的王朝 |

【分析】“特征”不唯一,如,中国“以礼制为命脉的王朝”始于西周,但不仅是西周的特征,也是唐、宋、明等朝代的特征。(逻辑)

“开拓中”表示的是一种过程,与“首创”、“开创”、“初开”不是一个概念,为何只能与秦朝“相对应”,唐朝就不是“开拓中的大一统帝国”?(语文)

**4.假设你乘上“时空穿梭机”,就可以体验不同的历史时刻,见证各种历史变迁**

例40:请根据下列信息在空格中填写史实。

·你来到了法老胡夫统治时期的埃及,作为奴隶参与了堪称世界建筑史上一大奇迹的金字塔的建造。

·你来到了19世纪中期的欧洲,作为思想家和圣西门、傅立叶一起宣传空想社会主义思想。

·你来到了咸丰皇帝在位时的中国北京,作为皇家园林的看护人亲眼目睹了英法联军火烧圆明园的罪行。

·你来到了19世纪60年代的普鲁士,作为士兵在俾斯麦的领导下,完成德意志统一的事业。

·你来到了1922年的苏俄,作为工人代表参加了苏联成立的庆典。

·你来到了20世纪90年代的荷兰,作为欧洲某国领导人签署了《马斯特里赫特条约》,促成了欧盟的成立。

【分析】要求考生“作为奴隶”参与金字塔的建造有违史实。奴隶建造金字塔之说早已被史学界否定,全国和上海市的中学历史课程摒弃此说至少已有十余年以上。(史实)

**5.中国疆域的沿革不仅呈现出空间范围的变化,更是一个国家形成的历史见证**

例41:

图一

图二

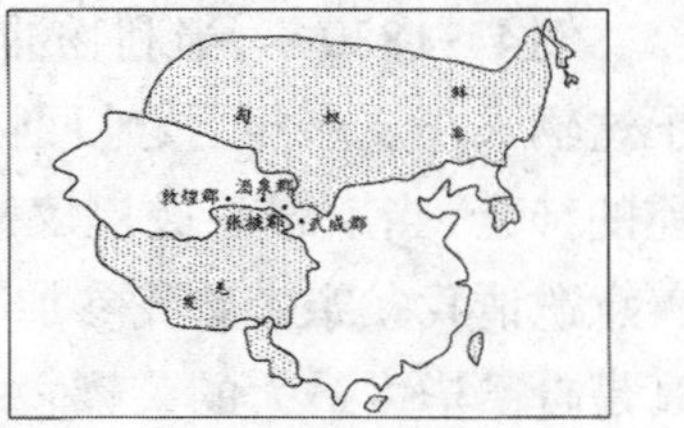

图三

【分析】“以上历史疆域的变迁”当有不同的理解:可以理解为这三个王朝本身的疆域变迁,也可以理解为以这三个王朝为“点”,纵贯所有中国古代王朝疆域之变迁。两者答案是不同的。前者,答“多民族融合”、“疆域拓展”即可。(史实、语文)

**6.18世纪是启蒙的世纪,也是启蒙思想广泛传播和革命的时代**

例42:(1)请将表格内所列的空格填写完整。

①三权分立、相互牵制;②直接民主制的共和国;③华盛顿;④法国大革命爆发。

(2)启蒙思想如何在美国的政治体制设计中得以实践?

美国独立战争胜利后,颁布了《合众国宪法》。宪法规定了联邦政府组建的原则为“三权分立(立法、司法、行政)、相互制衡”,正是源于孟德斯鸠的主张。

【分析】卢梭最重要的贡献是提出源于“天赋人权”的“主权在民”;

“民主制”不仅过去没有，而且以后永远不会有。（史实）

**7.历史学家通常认为，铁路是工业革命的标志之一。工业革命最早发生在英国的曼彻斯特，此后迅速向全世界扩展，包括中国的上海**

例43：1830年，当利物浦—曼彻斯特铁路试运行时，年幼的范妮搭乘了这辆火车。多年后，她回忆道：“我父亲认识几位对这一事业非常感兴趣的绅士，当斯蒂芬逊提议进行15英里距离的试运行时，他们以极大的善意邀请我父亲带着我参加，并且允许我坐在斯蒂芬逊的身旁，我认为这真是自己毕生最大的荣耀之一。”

1876年，英国商人在上海建成了淞沪铁路，也称吴淞铁路，它是中国第一条商用铁路。对于这一新鲜事物，时人尚持怀疑态度。不久，由于火车轧死一名士兵而招致抗议，一些当地绅士也以铁路破坏了风水，汽笛惊扰祖先的亡灵而大加反对，最后只好由清政府花巨资购买后拆除。

（1）如果以“从曼彻斯特到上海”为主题来列举工业革命内容的话，除了铁路之外，你还能列举出哪些？

蒸汽机、煤炭、钢铁、棉纺织业、机器制造业（江南制造总局、发昌机器厂）、工厂制、航运业等，写出其中三项即可。

（2）就工业革命的全球性扩展而言，从上述材料中可以看出两地间的工业革命具有哪些差距？

曼彻斯特的铁路修建要比上海早近半个世纪。曼彻斯特铁路是本国人创建的，而上海的铁路还是由外国人建造的。英国人对铁路持欢迎态度；而当时上海人则持质疑和反对的态度。英国成功地修建了铁路，发展了交通运输业，推动了工业革命的完成；而上海铁路被拆除，反映了当时在上海开展工业革命的艰难与曲折。

（3）回顾这段历史，对今天上海的发展有什么启示？言之有理即给分。

【分析】“两地间的工业革命具有哪些差距”应当从众多史实中得出，如何仅凭这两则“材料”得出结论？须知，英国初开铁路时，也遭到了相当强烈的舆论反对和抵制。如果用这个材料，是否就可以“看出”两地没有差别了？（史实）

**8.每个国家都有自己的集体记忆。近代以来中国历史留给我们的既**

**有被迫融入世界的屈辱记忆,又有找寻中国发展道路的革命记忆,还有追求国家富强的改革记忆**

例44:(1)请列举能体现以上三种记忆的历史事件。

屈辱记忆:鸦片战争等侵略中国的战争;签订一系列不平等条约;(任写其中一项得1分)

革命记忆:辛亥革命;中国共产党成立;中华人民共和国成立;(任写其中一项得1分)

改革记忆:洋务运动;十一届三中全会;改革开放;邓小平理论(中国特色社会主义理论)。(任写其中一项得1分)

(2)选择其中一种记忆来阐述它如何塑造了中国的历史进程。(要求:观点明确;运用不少于两项具体史实阐述;200~300字左右)

观点明确;史实充分;阐述恰当。

【分析】(1)问"请列举能体现以上三种记忆的历史事件"题意不清。从字面上看,还可以理解为举出"能同时体现以上三种记忆的历史事件"。似应改为:"请列举能体现以上三种记忆的历史事件各一项";(语文)

评分标准中,对革命、改革事件做了封闭式的范围限定,为何不见戊戌变法、新文化运动?另外,例43已经暗示和肯定中国也有工业革命,本题又将"洋务运动"规定为正确答案。按此逻辑,如果答民国或新中国的工业化建设,也可视作正确答案。(史实)

**思考题**

1.课程改革以来历史教学评价有哪些新进展?

2.简述学生历史学业评价的方法与程序。

3.近年来历史科高考命题观念有哪些新变化?

4.简述SOLO分层评价法的主要观点。

**参考文献**

[1]陈伟国,何成刚.历史教育测量与评价[M].北京:高等教育出版社,2003.

[2]黄牧航.高中历史科学业评价体系研究[M].长春:长春出版社,

2011.

[3]刘芃.历史教育测量与评价[M].北京:人民教育出版社, 1999.

[4]聂幼犁.中学历史教育论[M].上海:学林出版社,1999.

[5]中华人民共和国教育部.全日制义务教育历史课程标准(2011年版)[S].北京:北京师范大学出版社,2011.

[6]中华人民共和国教育部.普通高中历史课程标准(实验)[S].北京:人民教育出版社,2003.

**拓展阅读文献**

[1]布卢姆.教育评价[M].邱渊,译 上海:华东师范大学出版社,1987.

[2]戴忠恒.心理与教育测量[M].上海:华东师范大学出版社.1987.

[3]黄光扬.教育测量与评价[M].上海:华东师范大学出版社.2012.

[4]泰勒.课程与教学的基本原理[M].施良方,译;瞿葆奎,校.北京:人民教育出版社,1994.

# 第七章　持续地教：课程改革与历史教师专业发展

“持续地教”意味着教师具有全面、完善的专业能力与素质，这无疑需要教师的专业发展。历史新课程给一线教师提出了挑战，但同时也为教师发展提供了机遇。在机遇与挑战面前，只有那些敢于尝试、善于尝试的教师，才有可能在自己的教师生涯中取得成功，用自己高超的专业素养获取应有的尊重。在历史教师的专业素养中，深厚的专业知识是基础，史学研究能力是动力，教育教学能力是将教育教学专业知识和专业理论相结合并升华为教学专业技能的能力，它是历史教师专业性的最显性体现。一名优秀的历史教师，是三者的完美结合。

## 第一节　课程改革对历史教师的挑战与希望

新一轮课程改革打破了传统的教育教学模式，传统的教育观念、课堂模式、师生关系等正受到强烈的冲击。历史教师在教学过程中的角色地位也随之发生了重大的变化，不再是教育中的主体和高高在上的“填鸭者”。本着为一切人的发展和为人的一切发展服务的宗旨，历史教师要完成角色的转变，凸现角色的多元化，即指导型、伙伴型、科研型、学习型的教师；改变传统的程式化的教学，体现现代化教育理念，即以问题为纽带，化结果为过程，以综合为导向，追逐知识前沿。新形势下，历史教师专业如何发展，如何能够“持续地教”，无疑是处于教学第一线的广大历史教师最值得探讨的和不能回避的话题。

## 一、课程改革对历史教师的挑战

### (一)教学理念急需更新

新课改前,教师的一般教学观念是传递学科知识,认为历史教育的根本在于帮助学生掌握基础知识和基本技能。这种知识本位的价值观在教师的观念世界里仍占着主导地位。在学生观上,评价学生仍主要以分数高低为主要标准;忽视学生作为生命体的整体性和独特性;将教材而不是学生视为教学的出发点,无视学生的主体地位;以静止的眼光看待学生,认识不到学生是发展中的人,具有无穷发展的可能性等。在知识观上,认为知识具有客观性、普遍性和中立性等特征,而且,教师普遍地重陈述性知识,轻程序性知识和从策略性知识。表现在教学上,知识授受成为教学的基本任务,接受性学习成为学习的主要方式,教师很少关心学生对知识的自主选择和建构。在教材观上,部分教师仍持"圣经式"的、封闭的教材观,教师自己迷信教材,还要求学生对教材盲目崇拜。教师将教材视为唯一的教学资源,这就限制了学生学习活动的空间,割断了教学与社会和学生生活的联系。

### (二)角色塑造有待定位

新课程改革要求教师把更多精力放在培养学生的思维能力、价值观、创新精神和实践能力上,这必然带来教师角色的转变,也加大了教师的工作难度。不可否认,有很多教师正在积极响应新课改的要求,努力实现自身角色和职能的转变。但是,也有一些教师已习惯于自身角色的传统定位:将自己视为知识的占有者和真理的化身。这样,教师在教学中信奉知识至上,把掌握知识的数量和速度当做评价学生优劣的尺度,迷信知识的权威性和真理性,排斥学生对知识的选择和判断;教师往往以长者和权威自居,要求学生对自己绝对服从,无视学生的个性差异,忽视学生的独立思考;教师把教科书看做教学的主要内容,教学方式过于简单,不能激发学生的学习兴趣。

### (三)创造能力需要提升

“三级课程”实施意味着原本属于国家的课程开发权力部分地下放给学校和教师,从而使教师也成为课程开发的主体之一。按理说,教师的创造性有广阔的空间,然而事实却是,教师的创造性表现贫乏。造成这一现象的原因之一是长期以来教师只是国家规定课程的忠实执行者,在课程开发中没有体现自己的主体价值。即使新课改赋予了教师比过去更多的自主权,他们也倾向于“你告诉我怎么做就行了”,并不热衷于开发校本课程。即便开发出来的课程,也只是在学校原有课程的基础上稍加改造,贴上新的标签,而在设计思路上并无多大新意;有些只是对其他先进学校开发的课程的简单移植,没有体现鲜明的“校本”特色;还有些校本课程零散杂乱,随意性大,缺乏整体思路和长期规划。

## 二、历史教师的理想与发展

### (一)教师的理想

#### 1.学高为师

推进新课程改革,开展素质教育和创新教育,需要丰厚的学识为基座。新课程的开放性、研究性、选择性、多元性、尊重学生的个性差异等诸多特性使教师面临着更为严峻的挑战。历史教师应树立终身学习的观念,不断更新知识结构。只有多读书,多学习,并且在读书学习的同时不断进行理论研究、实践反思,才能成为博学多才的教师。

#### 2.身正为范

教师在人们心目中的形象是高尚文雅、端庄友善的,是真、善、美的传播者,是人类灵魂的塑造者,是莘莘学子人生的导师和引路人。其特殊身份决定了教师首先应是一个品德高尚的人。人们常用“学高为师,身正为范”形容教师,其中的“身正”即意味着具有高尚的德行,为人正直,对事业充满高度的责任感,兢兢业业,不图名利,立足三尺讲台,以自己的正气、良好的道德品行对学生产生潜移默化的作用,促使学生形成健康的知、情、信、意、行。因此,高尚的德行、一身正气是为师之要素。从育人的角度讲,身教重于言传。要实现教育的“真”,教师先要“真”。百年大计,教育为根本;教育发展,教师是关键;教师素质,师德最重要。师德是执教者的魂,是耕耘者的根。作为教师,一定要守住自己的魂,扎牢自己的根,真正担负起人类文化的传播者、学生灵魂塑造者的重任。

**3.专家型教师**

专家型教师,是教师成长的最终目标。从课堂教学的角度,专家型教师的特点有:教学专长的形成需要一定的教学情景、时间和教学经验;专业自主性强;关注教学情景;灵活应变能力;创造性地解决问题;能够对课堂教学事件进行合理的、一致的解释;审慎的问题解决方式。教学有三个环节:计划、课堂的管理与教学、课后的评价。专家型教师在这三个方面的教学技能有其特点。如在教学计划上,专家型教师能以学生为中心,表现出灵活性和预见性;在课堂管理上,能明确地规定课堂规则并持久地执行;在知识的解释与演示上,能灵活运用知识解释的技术,能意识到回顾先前知识的重要性,知识的解释有明确的目的,等等。

概括地说,专家型教师就是在教育工作所要求的动力、人格、业务等专业素养方面达到了成熟的水平的教师。他们有自我效能感、成功感和成就感、自我实现感。

### (二)历史教师的发展阶段

最能反映教师的成长和变化的,就是他们的素质和工作成绩或成果。据此,可把教师的成长分为四个阶段:准备期、适应期、发展期、创造期。在每个阶段结束时,他们可以分别称为新任教师、合格教师、骨干教师、专家教师。

准备期:职业准备期是指历史教师从事教育工作以前的阶段,是接受教育和学习的阶段。这个阶段的活动是学习,包括在基础教育阶段的学习和专业阶段的学习。这个阶段的学习,对他们成为教师或者成为一个什么样的教师是大有影响的。这一阶段的教师被称为新任教师。

适应期:职业适应期是历史教师走上工作岗位,由没有实践体验到初步适应教育教学工作,具备最基本、最起码的教育教学能力和其他素质的阶段。这一阶段的主要矛盾是,实现从书本知识到实际操作,从间接经验到直接经验的转化，解决适应实际工作和环境所需要的基本功的矛盾。经过这一阶段，一个新任教师可以达到合格教师。

发展期：发展期是历史教师在初步适应教育教学工作后，继续在教育教学实践中锻炼自己的教育教学能力和素质，使之达到熟练的程度的时期。这一时期的主要矛盾是学生和学校对教师提出的更高的素质要求与教师的实际素质还不熟练之间的矛盾。经过这个阶段，一个合格教师就成了骨干教师。

创造期：职业创造期是教师开始由固定的、常规的、自动化的工作进入开始探索和创新的时期，是形成自己的独到见解和教学风格的时期。经过这个阶段，骨干教师可以成为专家教师。

## 第二节　历史教师的专业素养

历史教师的专业素养，包括树立牢固的唯物史观，全面掌握历史学的基本知识，精通历史教学理论，熟悉中学历史教学方法，开发和利用历史课程资源等。[①]以下从教师的专业知识积累、史学研究能力，以及教育教学能力三个方面加以阐述。

### 一、历史教师的专业知识积累

历史贯穿于古今中外人类社会发展的整个过程和人类活动的各个领域。历史学科的特点决定了历史教师必须具备系统的、扎实的历史知识，而系统的、扎实的历史知识需要长期的学习、积累才能形成。

#### （一）历史教师专业知识的内容

**1.通史及相关历史知识**

作为历史教师，首先要精通中国通史、世界通史，夯实自己的专业基础知识。掌握课程标准所涉及的主要专题史、地区史、国别史、断代史等，拓宽自己的历史专业知识。现行的初中、高中历史课程都涵盖了中国通史和世界通史，高中历史课程还呈现出专题史特点。很多专题，如古希

① 赵克礼.历史教学论[M].西安：陕西师范大学出版社，2008：274–279.

腊、古罗马、西方政治制度、西方文学艺术等,既需要系统的通史知识,还需要相关的其他方面的知识。

**2.系统的政治理论知识**

历史学科的功能,要求学生运用历史唯物主义的基本原理,具体地分析历史问题。作为历史教师,首先要具备一定的政治理论修养。包括熟悉马克思主义哲学、政治经济学和科学社会主义原理,把握好生产力和生产关系、上层建筑和经济基础、主要矛盾和次要矛盾、现象和本质、量变和质变、认识和实践等矛盾的对立和辩证统一关系,以及国家与政党、阶级和阶级斗争、民族与宗教、人民群众及个人在历史上的作用等历史唯物主义的基本观点,并能够以正确的立场、观点和方法去讲解、分析、评价历史人物和历史事件。

**3.历史学和考古学最新动态知识**

随着史学研究能力的发展,史学界的考证和研究也不断得到发展。每一次历史教材的修订,都体现着史学研究成果的更新。但由于中学历史教材编写的周期性,不可能即时反映当今史学最前沿的成果。历史教师应及时地通过专业书籍、学术期刊等捕捉历史学科研究和考古学的最新信息,并将其运用到教学中。如夏商周断代工程的新成就,改变了"公元前841年共和元年是我国历史上有确切纪年的开始"这样的结论。历史教师通过密切关注历史学和考古学的新动态、新成果,及时更新自己的知识结构。

**4.丰富的地理学知识**

文科综合科目中,地理是空间载体,历史是时间载体,政治是价值观灵魂。学生只有形成了地理空间概念,在学习历史过程中才能更好地融会贯通,减轻记忆的负担,以空间区域和时间长度为线索构建起历史知识的结构和体系。

**5.文言文、现代文阅读知识**

目前的初中、高中历史教学中,培养学生史料解读能力是一项重要的任务。历史教师要能看懂文言文和现代文的材料,分清材料的层次,提炼材料的观点,最大限度地挖掘材料的有效信息,并能够运用历史唯物辩证法的观点进行分析和评价。要做到这些,需要历史教师有一定的文言文和现代文阅读知识作为基础。

**6.其他文化知识**

“在我国新的课程文件《基础教育课程改革纲要》当中规定，今后中小学的历史教育主要由‘历史’或者‘历史与社会’学科承担。”①为了搞好历史教学，特别是为了适应“历史与社会”课程的教学以及高考3+X模式的推行，教师应广博地学习相关学科的知识，如地理学、经济学、政治学、社会学等学科的知识，提高自己的综合知识素质。同时历史教学要从多角度对重要历史问题做微观分析，做综合的、整体的研究，即宏观地由前后（时间）、中西（空间）的角度来审视历史。这些都要求历史教师不仅要掌握历史学科专业知识，还要掌握相关学科、交叉学科的基础知识。

### （二）历史教师专业知识的积累途径

**1.研读史学名著**

早在20世纪80年代初，我国著名史学家白寿彝先生曾嘱咐北京师范大学历史系毕业生，毕业后要继续学习，要读点史学名著。例如，中国史方面有司马迁的《史记》、司马光的《资治通鉴》、赵翼的《廿二史札记》、顾颉刚的《古史辨》、梁启超的《中国历史研究法》等，世界史方面有希罗多德的《历史》、塔西佗的《日耳曼尼亚志》、凯撒的《高卢战记》等。也可以从现当代一些杰出的史学家，如陈寅恪、陈垣、傅斯年、钱穆、郭沫若、翦伯赞等的大量传世的学术论文中，选择若干精彩的篇章阅读。

历史教师还可以根据自己的知识特点选择阅读有代表性的通史著作，如罗荣渠的《现代化新论——世界与中国的现代化进程》，斯塔夫理阿诺斯的《全球通史》、费正清的《剑桥中国史》、陈旭麓的《近代中国社会的新陈代谢》等。多角度地了解历史问题的侧面，体会史学家是如何使用史料、诠释史料以及进行论证与说明的，从而使历史教师专业知识得到有效提高。

**2.阅读历史学术刊物中的史家学术论文**

通过历史学术刊物及时了解史学最新动态知识，如《史林》《史学月刊》《史学史研究》《历史研究动态》《近代史研究》等。研读这些具有较高

① 白月桥.历史教学问题探讨[M].北京：教育科学出版社，2001：29-30.

学术价值的史学名著和论文,一是可以提高历史专业素养;二是可以了解史学研究的基本动态,一定程度上掌握学科的前沿;三是通过阅读史籍,特别是古代史籍,可以增强分析史料和分析历史问题的能力;四是研读史家名著和论文,还可以领略史家的研究态度,受到严谨的学术规范的熏陶,有利于研究型、学者型教师的健康成长。

## 二、历史教师的史学研究能力

具备一定的史学研究能力,对于历史教师有尊严地从事自己的职业,轻松驾驭课堂历史教学具有非常重要的意义。史学研究能力的养成需要有扎实的史学专业理论、丰富的教学实践经验和可持续发展的学习能力等。

中学历史教师的史学研究有别于历史学家的史学研究。它主要是指历史教师结合历史教学实践的需要或个人条件,对历史教科书或历史研究中的某个具体历史问题进行考证、辨伪、分析、综合,进行新的叙述,得出新的结论,以丰富和完善历史教科书的内容。

### (一)历史教师进行史学研究的前提

**1.全面提高自己的史学理论修养**

历史教师要熟悉马克思主义哲学、政治经济学和科学社会主义的有关原理,把握正确的人民观、英雄观、发展观、宗教观、民族观等历史唯物主义的基本观点,从而更好地掌握解决历史人物评价、历史事件分析、历史运动规律解读等问题的方法。历史教师可从一些杰出历史学家,如陈寅恪、傅斯年、钱穆、翦伯赞、郭沫若等大量的传世著作中,选择一些精彩篇章来学习,提高自己的史学理论修养。定期阅读《历史研究》《历史档案》《中国史研究信息》《世界史研究信息》等史学理论研究刊物,积累更多的史学理论知识。还应多阅读中学历史教学专业期刊,如《历史教学》《中学历史教学》《中学历史教学参考》等,这些刊物中有许多学术论文和经验文章值得我们学习和借鉴。

**2.把握史学研究最新史观的变化**

改革开放30多年来,史学研究成果层出不穷,尤其令人注目的是研究历史的史观、范式有了很大的变化。长期以来的阶级斗争史观被全球化史观、文明史观、现代化史观、社会史观等取代,取得了许多突出成果。历史教师通过把握这些以扩充自己的学术视野,并将其有机地渗透至自己的教学过程中。如果教师能够适时引进史学研究的新见解、新观点,介绍有关问题的学术动态,有利于激活课堂气氛,启迪学生的创新思维,培养学生的"独立之精神、自由之思想"(陈寅恪语)。尤其是高中历史课程标准规定的专题,有基于革命史观设计的"中国近代民主革命",有基于现代化史观设计的"近代中国经济结构的变动与资本主义的曲折发展",有基于全球史观设计的"新航路的开辟、殖民扩张与资本主义世界市场的形成与发展",也有基于文明史观设计的"中国近现代社会生活的变迁"等内容。①

**3.要具有良好的史德**

我们知道,历史是已经逝去的客观存在,是不能改变也无法改变的。秉笔直书,是我国历史学家的优良传统。因此,作为历史教师,面对的是学生,更要有良好的史德,坚持实事求是、客观公正地评价历史,说真话,讲真史,做到字字有出处,事事有根据,不随便下结论,要做到论从史出。在史实之外凭空捏造不存在的"史实",或随心所欲想当然,用虚假不实、模糊不清的东西教学生,那无异于欺骗。

### (二)历史教师的史学研究能力

历史教师与史学家研究历史,尽管有相同之处,但也有许多不同。相同之处在于:都要理解历史材料,解释历史现象,评价历史人物和事件,探讨历史问题等。不同的是:历史学家面对的常常是未知的领域,历史教师研究过程中,虽然也要面对未知的问题,但更多的时候,他们通过查询资料就可以解决。

**1.历史阅读能力**

历史学科阅读的材料可以按不同的标准分成不同的类型,按知识的内容可分为:政治、经济、文化等方面的材料;按材料形式可分为:文字材料、地图、表格、实物或历史场景照片等;按文字材料种类可以分为:历史课本、历史档案、历史著作、历史评论等。不论哪种类型,阅读的核心是理

① 杨志才.运用新史观,应对新高考[J].历史教学(中学版),2010(10).

解,因此,我们按历史理解的层次来分析历史阅读能力。历史阅读能力包括两种类型:一是历史知识的理解能力;二是历史知识的整理能力。历史阅读能力是历史研究的重要组成部分。

**2.历史阐述能力**

历史阐述的方式有口头与书面两种,按照阐述能力的水平,分为五个层次:复述;描述;解释;比较说明;论述。其中论述层次要求最高,它包括论证与叙述,这是由历史学科的特点决定的,中学历史学科要求论证时要以史实为依据,史论结合。逻辑论证依靠演绎推理、归纳推理、类比推理。历史的论述不仅需要逻辑论证,还需要事实证明。

**3.历史评价能力**

评价是指按照一定的标准衡量事物。我们将历史的评价能力分为三种:第一种是鉴别,指辨别真伪,其标准是历史事实的真实性。第二种是鉴赏,指人们对艺术形象感受、理解与评判的过程,其标准是在真实基础上的审美标准。历史鉴赏包括鉴别与欣赏,鉴别是一种在科学精神指导下的技术,欣赏则是在个人生活经验、知识基础、艺术观点与情趣影响下的个人感受与评价。第三是评论,是指对历史上的事物、人物或思想等现象按照一定标准进行分类、鉴别、比较、分析后,依据事实判定真假,并对其在历史上的地位、价值进行的评判与论证。真实与否可以依据客观性原则,地位高低、价值大小或者历史作用的进步性与消极性都依据唯物史观的原则。如经济基础与上层建筑、生产力与生产关系、社会存在与社会意识等之间的辩证关系。

**4.历史思维能力**

针对历史学科的学科性,教师必须首先能用马克思主义的观点辩证地认识历史、分析历史。辩证唯物主义与历史唯物主义是深层次挖掘教材的一把拓荒犁。有了这种思维能力,就会用全面的(不是片面的)、联系的(不是孤立的)、发展的(不是静止的)观点去正确分析历史,才能深刻地看到社会制度更迭和历史事件的演变有其残酷的一面,也有进步的一面;有腐朽的一面,也有发展的一面;有破坏的一面,也有建设的一面;历史的发展既是曲折的,也是前进的;既是复杂多样的,也是有选择性的;有暴力,也有和平。

## 三、历史教师的教育教学能力

就历史教师教育教学能力而言,包括先进的教育理念、全面的教学能力以及教育教学研究和反思的能力等。

### (一)先进的教育教学理念

先进的教育理念是教师专业发展之魂,是支撑教师专业可持续发展的动力,它指引着教师专业发展的方向。因此,历史教师应深刻领会《全日制义务教育历史课程标准(实验稿)》和《普通高中历史课程标准(实验)》的精神,摒弃与历史新课标不相符的观念,结合教育教学经验,重新构建专业理念体系,其中包括课标意识、课程资源观、教学观、学生观等。

**1.强烈的课标意识**

课标意识是确立以《全日制义务教育历史课程标准(实验稿)》和《普通高中历史课程标准(实验)》为教学依据的思想;在课程标准指导下钻研教材,将历史课程标准的精神,特别是知识与能力、过程与方法、情感态度与价值观三维目标落实到备课、课堂教学、课后作业、教学反思等教学过程的每个环节。

**2.正确的课程观**

新课程改革实施后,国家明确规定,试行国家课程、地方课程和学校课程三级课程制度,课程管理也由国家统管制逐步走向国家、地方和学校的分权决策制。这就意味着教师不必过分强调教材的权威性,不必完全忠实于教材,而是将教材作为一种材料和资源,一种帮助学生学习的工具。教师也不应仅仅是国家和地方课程的执行者、使用者,也应结合本地区、本校的实际情况,充分挖掘与利用历史课程资源。

**3.全新的教师观**

新课程将“过程与方法”作为课程教学的目标之一,并且突出强调发展学生的探究式学习方式。历史教师的角色已不再是历史结论的灌输者,而是引导学生体验历史学习过程、掌握正确的学习方法的促进者;由历史教学的“权威”转变为历史教学的参与者、学生学习的合作者;由强制式的教学管理者转变为学生成长的引导者。

#### 4.平等的学生观

新课程站在民族复兴和素质教育的高度,将学生视作教学的主动探索者、参与者、与教师平等的合作者,将他们视作学校教育教学关注的中心和重要的教学资源。他们是独立存在的人,是正在成长中的人,是终究将独立生活的人。以生为本,就需要尊重他们的正常需要,关注他们的全面成长。

#### 5.发展的教学观

新课程要求建立和形成能够充分发挥学生主体性的多样化的教学方式,以促进学生的创造性和个性的完善发展。要求历史教师的教学也应发生以下的转变:从片面的历史知识传播转变为更关注三维(知识与能力、过程与方法、情感与价值观)的发展;从偏重教师的"教"转变为重学生的"学";从单一的讲解、单向的提问转变为师生多向互动,让学生参与社会实践、自主探究、合作学习和阅读自学,多给学生独立思考的时间与空间;从重结果转变为重过程,关注学生主动参与的过程;必须从单一的"灌输式"教学模式转变为灵活多样的教学模式,使学生的个性特长得到发展。

#### 6.多元的评价观

历史课程标准明确指出,历史新课程的设计和实施要形成以评价学生综合素质为目标的评价体系,全面实现历史教学评价的功能。也就是说,历史教学评价必须实现多元化,必须纠正将升学考试作为日常测验或考试的唯一模式。当然,要改变和健全评价体系,首先要改变教育主管部门对学校的评价体系,其次是改变学校对教师的评价体系,再次是改变教师对学生的评价体系。

### (二)全面的教育教学能力

#### 1.了解学生学情的能力

教师要想教好学生,就要具有全面、深入地了解学生的能力,这是取得教育教学成功的前提。历史教师应熟悉授课的对象——学生的历史学习情况:要熟悉他们获取历史知识的主要途径,已有哪些历史知识;熟悉他们学习历史的兴趣以及历史学习中的疑难点、兴奋点;熟悉他们学习历史的习惯和方法;熟悉他们学习历史的愿望和要求;熟悉他们的接受程度等。敏锐的观察力是洞察学生内心世界、掌握学生心理活动特点,并以此为基础进行有针对性教育的前提条件,是一个优秀历史教师必须具备的基本能力。

**2.历史教学设计能力**

教学设计是以先进的教育教学理念为依据,对教学过程中的各种因素进行分析,以期达成教学目标的系统化的设计。我们过去所写的教案只是教学设计的表现形式之一,并且是不全面的。与传统的教案相比,教学设计更注意理论和实践的结合,更强调教学情境的创设和教学手段的运用,更具有灵活性和创造性。作为历史教师,需要有出色的教学设计能力。

历史教学设计要体现新课改理念,要根据不同的课型,充分考虑学生的特点灵活设计,必要时也可与学生共同设计。历史教师在教学设计时要充分考虑各种情况。教学目标要明确具体,不要过高、过空。教师要仔细研究历史课程标准和学生所学教材,在此基础上结合学生的实际进行设计。由于历史学科内容的多样性,复杂性,教师在设计教法、组织教学时一定要注意详略得当,统筹规划,真正将教学设计落到实处。

**3.课堂组织能力**

为了保证教育教学工作顺利而又生动活泼地进行,教师应具备较强的组织能力。教师必须善于制订计划、动员发动、培养和使用骨干、组织指挥、总结评比等;在组织历史教学活动中,教师必须善于启发诱导,能激发学生兴趣,集中学生注意力,善于机智地处理偶发事件等。教师的课堂组织管理还包括怎样让学生会学习。作为教师,引导学生会学习,应多让学生动手、动脑、动口。课堂上让学生留有思考、探索的时间,给学生提供尝试、创新的机会。另外,教师应尊重学生主体,关注个体差异,并针对不同个体有效组织教学,协调与学生的关系,解决个体发展过程中发生的问题。

**4.课程资源开发能力**

历史课程资源指有利于历史课程目标实现的各种资源。从资源的分布看,除校内资源外,还包括校外资源,如图书馆、博物馆、纪念馆、网络资源、乡土资源、社区资源等。从资源的内容看,包括影视资源、文物、遗址等。教师要具备对这些资源进行有效开发和整合的能力,带领学生进行探究性学习,从而拓展学习内容,深化历史感受,提升学习效率和学习兴趣。

**5.历史试题编制能力**

一个合格的历史教师,理应是一个称职的命题人。历史试题又有其独特的地方,任何一次国家大型考试的历史试题,不仅命题技术有讲究,其思想内涵也不容忽略。除具体的教学活动外,不时地尝试命题,以提高自己的历史试题编制能力是非常必要的。

**6.多媒体开发制作能力**

21世纪是知识经济时代、信息时代,这就要求教师掌握现代教育技术。学会计算机技术的运用和计算机多媒体辅助教学技术,能够熟练地制作多媒体课件,充分运用一切媒体资料(如电影、电视、图片等)制成生动形象的、丰富多彩的计算机多媒体课件,如果条件允许,还应当把一些科技发明、著名战例制成软件,在课堂上让学生动手演示。这样,不但能激发学生的兴趣、好奇心,更能由此提高他们的科学精神、人文精神。

**7.历史教学教研能力**

历史教师要善于及时总结自己的经验,并使之不断升华,达到理论的高度;要能够自觉地运用、验证教育理论,从大量的现象中研究探索出规律性的东西。教师只有具备一定的教育科学研究的能力,以先进理论为指导,不断改进工作,才能充分发挥自己的才干,有所突破,有所创新,为教育事业作出更大的贡献。

**8.历史教学反思能力**

反思性教学源于教师自身的教学实践,贴近教师的专业生活,能不断更新教学观念,改善教学行为,提高教师教学的自主性和目的性,对教师的教学水平和专业地位的提升大有帮助。教学反思应从多角度加以审视。历史的教学反思最好以文字的形式体现出来。教学日记、教育叙事、教学小论文等都是较常见的几种类型。教学日记能较忠实、系统地记载本人教学反思的过程和内容,见证自己专业发展的历程,并能为教学研究积累大量的原始素材。

## 第三节　历史教师如何做研究

### 一、历史教学研究的方法

历史教学既是理论的,更是实践的。教师在实际研究过程中,无论选择哪种研究方法,都需要根据理论与实践的具体情况来确定。下面介绍几种主要教学研究方法。

#### (一)叙事研究

叙事研究通常指研究者对日常教学、课堂活动中所发生的教育事件所作的叙事陈述。此研究的基本特点是研究者以叙事的方式表达对教学活动的理解,促进教师在叙事陈述中对教学活动进行反思。对历史教师而言,叙事研究可以有三种方式:一是可以写历史教材研究的故事,相当于历史校本课程开发过程的讲述;二是可以写历史教学研究的故事,包括教学事件或者某节历史课的"课例研究",相当于历史校本研究;三是可以写人的故事,要么是学生的故事,要么是历史教师同事的故事,也可以写历史教师自己的教育故事,相当于学生个案或教师个案研究。[①]教师通过叙事研究,不断修正自己的专业知识,提升专业判断能力。

#### (二)行动研究

行动研究与叙事研究有交叉,也有不同。行动研究是"进行研究、实情调查、概念化、计划实施、进一步实情调查或评价;然后重复这一整套活动;事实上就是螺旋式的循环过程"[②]。行动研究是基于课堂教学目标而产生,它不仅不会扰乱正常的教学工作,反而有利于对课堂教学的了解与资料收集。行动研究能够使教师从被动执行课程任务中解脱出来,成为能够主宰自己职业的专业研究者。以下是一位教师在与同行教师进行课例研究的感受:

① 朱汉国,郑林.新编历史教学论[M].上海:华东师范大学出版社,2008:168.

② [英]戴维·霍普金斯.教师课堂研究指南[M].上海:华东师范大学出版社,2009:32.

一直无法下笔把刚刚过去的那段“磨课”经历写下来，或是因为思绪仍在飘絮尚无定性，或是觉得文笔粗糙无法还原“真相”以至于“糟蹋”那样一种不平凡的经历，或许是沉溺在不断进步的喜悦中尚未完全清醒……总之是思绪万千。如果一定要把那段经历提炼成文字表达出来，那我只能说，让我印象最深刻的就是“磨课”的日夜里，我并不孤独，那种集体思想的碰撞，那种智慧交流的喜悦，那种合作团结的力量，那种专业学术的执著探讨，让科组的每一人都深陷其中不可自拔，痛并快乐着。①

### （三）“在线研讨”

所谓“在线研讨”指借助于博客平台所进行的历史教学研究。目前，较大的历史博客群组主要有：

历史教学中学版博客：http:// blog.cersp.com/userlog2/61822/index.shtml；

中学历史教学参考博客：http:// blog.cersp.com//userlog6/80343/index.shtml；

中国历史课程网博客群组：http:// blog.cersp.com/4006/forum.aspx；

上海历史二期课改：http:// blog.cersp.com/userlog/6865/index.shtml；

广东历史教育博客：http:// blog.cersp.com/userlog/6353/index.shtml。

“在线研讨”适合于教师结合自己的历史教学工作所做的教育叙事、案例分析等。它能够使教师的教学研究更便捷，教师与教师、教师与专家之间的探讨更直接，从而使教师的历史教学研究更便于理论与实践相结合。

### （四）比较研究

将国内外的历史教学理论与方法做比较性的研究工作。进行这类研究，可以有三种做法：一是综合研究某个国家、地区的历史教学沿革，从中比较其历史教学课程、理论、方法发展的轨迹，了解和分析发展的原因，以

① 夏辉辉.问题解决：历史教学课例研究[M].北京：北京师范大学出版社，2012：136.

及对改进教学、提高质量的作用;二是专题研究某一教学理论、方法(包括大纲、教材、教具、活动等)在不同国家或地区的研究、实施情况,通过比较,分析其理论价值和实践意义;三是双向研究我国历史教学与世界主要国家(地区)历史教学的异同点,通过相互比较,分析各自的特点,为改进我国的历史教学提供参考。无论采取哪种做法,最重要的是要占有一定的资料,不能空洞无物;要坚持实事求是的科学态度,不能强加于人;要明确研究的目的,不能杂而无论。

### (五)观察法

观察法是指对研究对象做全面周密的观察,是一种常用的研究方法。观察前,先制订计划,确定目的,明确观察对象。观察不能以一两次为限,应该是较长时间系统地观察,避免以偏概全,拿偶然的或个别的事实作为研究根据。在取得大量资料后,要进行深入、细致的分析,概括出比较准确的结论。观察法不限于眼看、耳听和手记,录音、录像等现代化视听工具,都可以用来作为观察的手段。

### (六)调查法

以问卷、座谈等形式,调查了解学生对学习历史的目的、兴趣、认识等方面的情况,调查实验中期与末期学生的一些情况。调查前也要制订计划、确定目的、选择对象、规定范围。首先,可以将有关文字材料,如历史教研组的教学工作计划,教师的教案、工作小结、经验总结,学生的作业、笔记、试卷等收集来,进行研究分析,从中发现问题和看法。其次,为了解决矛盾,全面了解情况,可以和观察法结合起来,在积累大量资料的基础上,再进行分析综合,找出解决问题的途径或总结出较完整的经验。

## 二、历史教研论文的撰写

### (一)教研论文的类别①

确定论题后,就可着手撰写论文了。无论哪一种论文,基本上都以材

① 李真微.中学文科教师科研论文导写[M].长沙:湖南师范大学出版社,2000:272.

料为论据来证明、支撑论文的论点。当然,除标题、摘要、关键词外,不同类型的科研论文也有不同的结构特点,撰写时应该注意它们的区别。

**1.教育科学论文**

它是对某个问题的看法,要明确提出自己的观点,并用充分的理由证明这一观点。其基本结构一般由引言、正文、结论三部分组成,其核心部分是正文。它和一般论文的写作差不多,论证方法主要有并列式和递进式。并列式是先提出总论点,然后用几个分论点作为支撑作并列论证;递进式则是先提出总论点,然后将几个分论点按层次顺序作递进论证,一步一步地深入下去。

**2.教育教学调查报告**

它是根据调查计划实施调查研究,并将收集的材料进行整理分析之后再进行撰写的。其基本结构一般由三部分构成:①基本情况,包括调查目的、时间、对象、范围、步骤、方法、内容等;②调查结果,包括调查所获得的事实、数据以及根据调查材料所形成的结论,这是调查报告的主体部分;③建议(对策)或体会。

**3.教改经验总结**

它是对教育教学改革的成功经验或失败教训作的总结性汇报,并无固定格式。其结构一般由引言、正文、体会三部分组成。正文就是主要经验。主要经验分点叙述,并用典型事例说明。

**4.教改实验报告**

它是在完成一项教改实验之后,根据实验验证结果而形成的总结性报告。其基本结构一般由实验背景(目的)、实验内容、实验结果三部分组成。主体是实验内容,包括实验的具体内容、方法及实验的过程和操作。

### (二)历史教研论文撰写的基本步骤

**1.了解动态,选好题目**

历史研究的范围非常广泛,可以就自己的兴趣、能力及愿意钻研的具体问题进行了解。了解其最新研究动态,掌握其进展,选题应尽量避免重复,力求创新。摸清行情,除了自己平时掌握的史学情报外,还可以通过文献检索和网络技术获得史学研究信息。历史学文献检索的书刊主要有

《近八十年中国史学论文索引》《中国古代史论文资料索引》《中国近代史论著目录索引》《中国现代史论文著作目录索引》《世界史论著目录索引》《世界近代史论文资料索引》《历史地理研究论著索引》《全国报刊论文索引》(史学部分)等历史研究论著索引及《中国史研究动态》《世界史研究动态》《中国历史学年鉴》等相关研究动态,以及报刊上有关历史研究的最新动态。通过“禹贡网”、“教学资源网”、“中学历史课程网”、“中学学科网”、“中学历史教与学”“学术批评网”等网站可搜寻了解与中学教研相关的信息。

**2.搜集资料,打好基础**

史学论文强调“论从史出、史论结合”的原则。大量的第一手资料是撰写史学论文的基础。史料有的是靠平时积累,有的是在题目确定后集中搜集。“好记性不如烂笔头”,“抄书不如摘录”,说明做读书笔记的重要。摘录资料用笔记本、活页纸、文献卡均可。卡片收集资料最为普遍。因为卡片便于分门别类、排列组合,便于构思、归纳整理。卡片也可分三种:一般用于摘录不易借到的书或资料,摘录其有关部分的摘录卡片;一般用于手中易于借到的书和资料的索引卡片;主要记录看书和阅读资料过程中所产生的一些想法的心得卡片。在文献摘录卡上应填上资料的类别、著译者、题目、内容、杂志或书名,并注明杂志的卷、期或报纸的年、月、日或书的卷、页、行、出版社名称和出版时间。抄录卡片时一定要细心,要抄准、抄全(包括引文的出处)。若要把网络资料输入自己的资料库,还需注明详细的网址等。

历史教学科研论文材料的采集,一靠有的放矢地查阅研究文献资料,二靠平时有意识地记录和积累,三靠教改实验时收集和整理,四靠多渠道地调查研究。只有全面掌握资料,说话才有权威性。搜集资料极为重要,等到材料搜集得很完备时才开始撰写,这样可以一气呵成。写成之后,只能续作补定,若要大改,就很麻烦。“此如艺术品一般,绘一张画,写一幅字,布局着墨,都该有一定意趣与匠心;绘成写成之后,若要改动,一定很难显得完美。写文章也是如此,运用材料作实证的文章更是如此。如写成后发现反面证据,改动势必较多,更是牵一发而动全身,就很困难。”[①]所

① 严耕望.怎样学历史:严耕望的治史三讲[M].沈阳:辽宁教育出版社,2006:92.

以，资料尽量要收集齐全，要“一网打尽”式地搜寻资料：来源于原始材料的基本史实及来自于当代人的论著之中的研究动态，尤其要注意及时掌握新发现的考古资料、文物资料和文献资料。

**3.拟好提纲，剪裁材料**

拟出提纲、占有材料固然重要，但是只有一大堆建筑材料，没有图纸就成不了大厦。所以，在动笔撰写论文之前应深思熟虑、草拟提纲，从而先粗线条地勾勒出文章的基本轮廓、结构和布局，后再伏案提笔。有了这样一个框架便从宏观上把握了文章的内在联系，尽可能做到详略得当、主题突出、观点鲜明。现以论文《清代—民国时期昆明城会馆研究》为例①，列以下提纲：

**清代—民国时期昆明城会馆研究**

绪论：选题的价值和意义；选题的前人研究情况；本文资料来源、研究时期、地域范围

一、昆明会馆名实辨：会馆含义；会馆辨别

二、昆明会馆的类型和数量：会馆类型；会馆数量

三、昆明会馆的空间分布及特征

（一）试子会馆分布：试子会馆存在和兴起的原因；试子会馆分布特征及其原因

（二）移民会馆的分布：移民会馆建立的前提和基础；移民会馆分布特征及其原因

（三）行业会馆的分布：昆明行业会馆兴起的因素；行业会馆分布及其原因

四、昆明会馆的兴衰

（一）咸同以前——昆明会馆的形成时期

（二）咸同时期——昆明会馆的遭创、停滞时期

（三）清末民初——昆明会馆大发展时期

（四）民国后期——昆明会馆的衰亡时期

五、昆明会馆活动举隅

---

① 陈树志.清代—民国时期昆明城会馆研究[D].云南大学，2008年硕士论文.

(一)昆明会馆与滇剧:滇剧的形成与演出;梨园会馆;会馆与滇剧演出

(二)昆明会馆善举——以“浙江会馆”为例:会馆慈善设施的创立意图与资金筹措;会馆慈善设施的分布与规模;会馆慈善设施的管理运作

紧扣主题,依据大纲,决定对现有材料的取舍,这就叫剪裁。正像一个裁缝依照所画式样剪裁,然后再做衣服。这往往需要作者忍痛割爱。剪裁材料的原则是:用真不用伪;用典型材料,用代表性的材料,而不用一般性的材料;有第一手资料不用第二手资料;去掉重复材料;删掉与论点关系不甚密切的材料;材料应紧紧围绕中心,不枝不蔓。

**4.写好初稿,做好注释**

在拟出大纲、选好材料的基础上,就应该思考如何谋篇布局,怎么开头、怎么结尾、怎么论证、怎么过渡。当这些都考虑成熟了,就可以将资料卡片按思路排序,动笔撰写。在撰写的过程中还有引文和注释的问题。史学论文作者在阐明自己的观点、完善或否定别人的结论时往往还要引用别人的观点。引用别人的观点应在文中或文章最后加以注释、说明,一定要忠于作者的原意,应该反映出你的文章吸收了哪些人的成果,你在别人的基础上有何推进,特别是驳斥别人的观点先要领会人家的本意。史学论文引用史料可引用整段、整句,也可以只引用个别字词。在内在关系比较密切的一段话中,又只引用其中某一部分词句可视其引文在这段文字中的位置,在其前边、后边或中间使用省略号。史学论文中所引用的史料、观点有的需注明出处。注明出处,又因材料的来源不同,著录的要求也就不同。注释因其在文中的位置不同又分为夹注、脚注和尾注三种情况:夹注是将注释置于引文后的括弧内;脚注也叫做“边注”或“页后注”,即列在本页正文下面的附注;尾注也叫做“篇末注”、“文末注”。

**5.加工润色,修改定稿**

初稿写成之后,首先,要从宏观上审视论文的整体布局是否合理,结构是否严谨,是否需要调整。其次,要看论述是否集中,观点是否明确;论证是否有说服力。也就是说,文章逻辑性一定要强,要“有隙必弥”,能自圆其说。再次,在材料的运用上要防止史料堆砌,防止记流水账,要去粗取精,可要可不要的材料就要删掉。论据不充分,如属小问题可以删掉,主要论点材料不足的要进行补充。同时,要核对原文,最后,进行文字上的修改。遣词造句都要推敲,保证文理通顺,书写规范。文章初稿写成之后的修改很重要,有时还要不惜大改。因为“初稿往往只是讲出大致意旨,或论证主体,也可说是文章的粗胚,很可能有毛病,或有漏洞,或者还有要深入讨论的地方,这一切都有待于改定时的审核与补充”。[①]审核补充最好是趁热打铁,因为由排比材料到初稿写成,脑海中对于此问题已有深度了,再进一步不难;若写成初稿就搁置下来,时过境迁,对于材料也生疏了,或再为其他工作拖住,以后再去审核补订,就较困难。

### (三)论文的结构、格式及发表

论文有论文的结构、格式,必须规范、完整。就论文而言,其结构格式依次为文题、署名、内容提要、关键词、正文、注释、参考文献、附录等。

(1)文题就是文章的题目。文题很重要,它可表明其论文的观点,也可说明论文讨论的范围或研究的对象。问题一般要言简意赅,字数不宜太多。有的论文在正题之下还有一个副标题。文题要醒目、简单、明了。

(2)署名。署名是作者的权利,署真名、笔名均可。如果与人合写还有一个顺序问题。社会科学类文章署名一般不超过三人。为了便于联系,署名时还要注明作者单位的全称,单位所在地以及邮政编码。

(3)内容提要。内容提要也叫做“内容摘要”,一般200字左右,旨在概括介绍论文的主要内容、观点、方法,为读者提供方便。如果是向外投稿,有的刊物还要求附有英文摘要。

(4)关键词。关键词是指从文章的主要内容或摘要中抽取出来的、能反映论文特征的、通用性强的、为同行所熟知的单词或词组,一般3~5个为宜。其目的是便于现代化的文献检索和学术交流。

(5)正文。

(6)注释。

(7)参考文献。

---

① 严耕望.怎样学历史:严耕望的治史三书[M].长春:辽宁教育出版社,2006:93.

(6)附录。与论文相关的辅助内容。有的附表,有的附图,有的作出有关说明。是否有附录,根据论文的需要而定。

论文写好后,如果是有价值的研究,应让其发挥社会效益,争取在报刊上发表。即使不能发表,也应让它在校内、校际交流。科研论文的投稿,也有一点讲究,主要是要了解有关刊物的性质和服务对象,力求有的放矢,对门对路。目前我国主要的历史教学杂志有《历史教学》(中学版)《中学历史教学参考》《中学历史教学》《历史教学问题》《教学月刊》(中学文科版)《中学文科参考资料》(高中)《中学政史地》《试题研究》等杂志,各大专院校的学报也刊发少量的历史科研论文。历史类报纸则有《中学历史报》《中学生学习报》(高中版)等,它们属中学生的辅导读物,虽然也刊发一点科研文章,但主要是刊登学生学习的学法指导。

**思考题**

1.作为一名历史教师,你的专业理想是什么?

2.你认为一名历史教师专业素养中最重要的组成部分是什么?为什么?

3.在你的教学生涯中,你进行过哪些历史教学研究?你认为什么样的历史教学研究对于自己专业水平提高最有效?

**参考文献**

[1]黄牧航.历史教学与学业评价[M].广州:广东教育出版社,2005.

[2]柳海民.现代教育学原理[M].长春:东北师范大学出版社,2011.

[3]聂幼犁.历史课程与教学论[M].杭州:浙江教育出版社,2003.

[4]叶澜.教师角色与教师发展新探[M].北京:教育科学出版社,2001.

[5]于有西.中学历史教学法[M].北京:高等教育出版社,2009.

[6]朱煜.走进高中新课改:历史教师必读[M].南京:南京师范大学出版社,2005.

[7]赵亚夫.理解与实践高中历史新课程:与高中历史教师的对话[M].北京:高等教育出版社,2005.

[8]赵亚夫.历史课堂的有效教学[M].北京:北京师范大学出版社,2007.

**拓展阅读文献**

[1]李振宏.历史学的理论与方法[M].郑州：河南大学出版社，1989.

[2]聂幼犁.中学历史学科学业评价[M].郑州：河南教育出版社，1989.

[3]瞿林东.历史·现实·人生——史学的沉思[M].杭州：浙江人民出版社，1994.

[4]王继平.中学历史教学研究方法概论[M].长春：长春出版社，2012.

[5]赵亚夫.历史教育学[M].北京：中国建材工业出版社，1997.

# 后　记

本书是集体合作的结晶。由王德民提出提纲，几经讨论，通力协作，完成书稿。参与本书撰写的人员主要有：王德民（安徽师范大学，副教授）、沈为慧（安徽怀远三中，特级教师）、赵剑峰（安徽淮北实验高中，特级教师）、朱启胜（安徽芜湖市教研员，特级教师）、赵玉洁（江西师范大学，副教授）、刘文良（江西新余市教研员，特级教师）、纪桂麟（安徽合肥六中，高级教师）、石银生（安徽合肥六中，高级教师）、陈树志（安徽灵璧一中，高级教师）。具体分工、撰写任务如下：

第一章：王德民；

第二章：沈为慧；

第三章：赵剑峰；

第四章：朱启胜；

第五章：赵玉洁；

第六章：第一、二、三节刘文良，第四节王德民；

第七章：第一节纪桂麟，第二节石银生，第三节陈树志。

衷心感谢丛书组织者与安徽师范大学出版社领导的鼎力支持，衷心感谢责任编辑的辛勤劳动。由于编写时间仓促，水平有限，本书肯定存在疏漏与不足，真诚地希望各位读者批评、指正。

王德民

2013.8